sweet ZEICHNEN

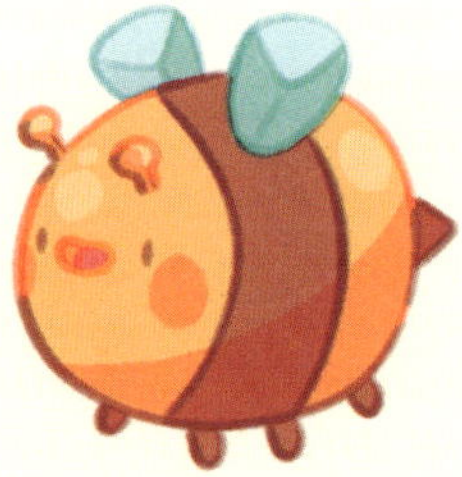

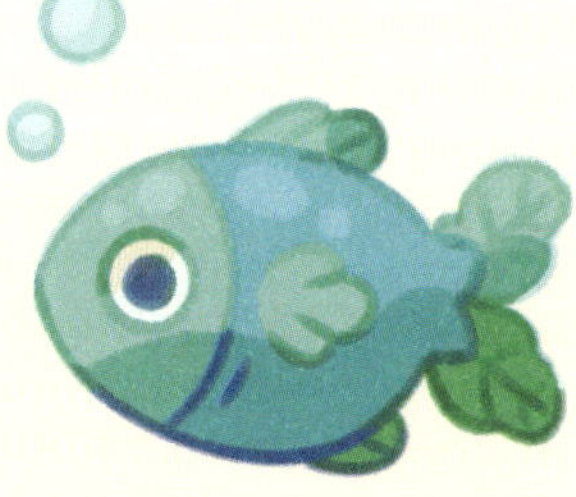

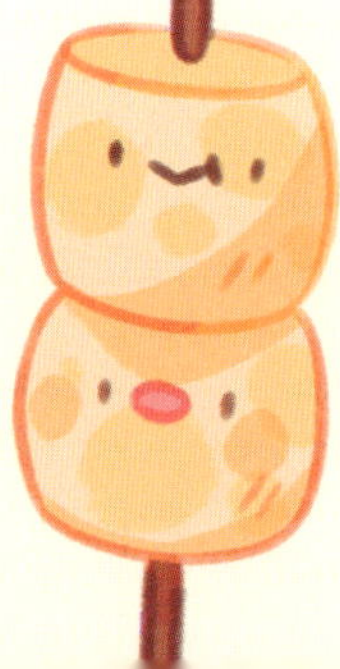

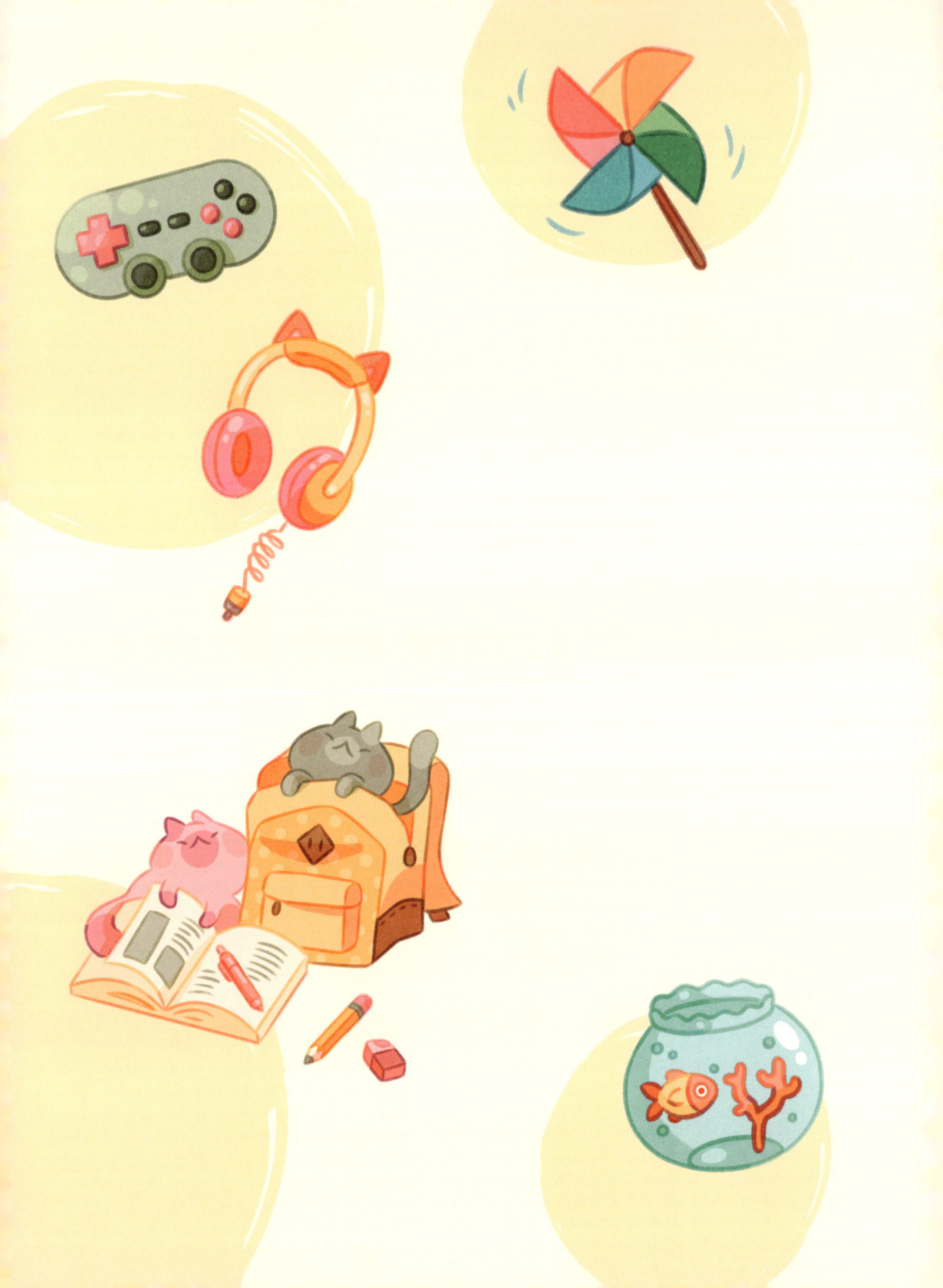

OLGA ORTIZ

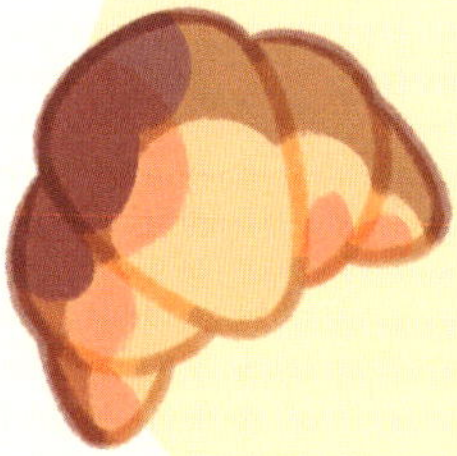

sweet ZEICHNEN

200 süße Motive
Step by Step

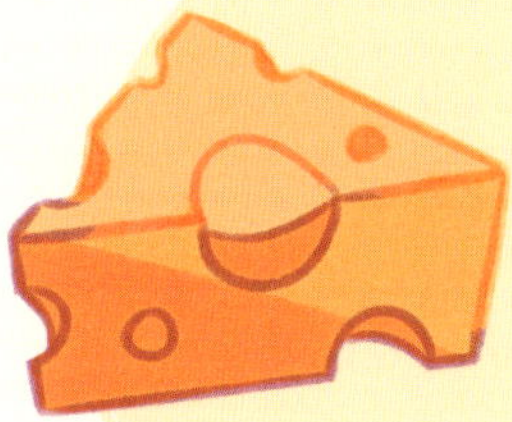

EIN BUCH DER
EDITION MICHAEL FISCHER

INHALT

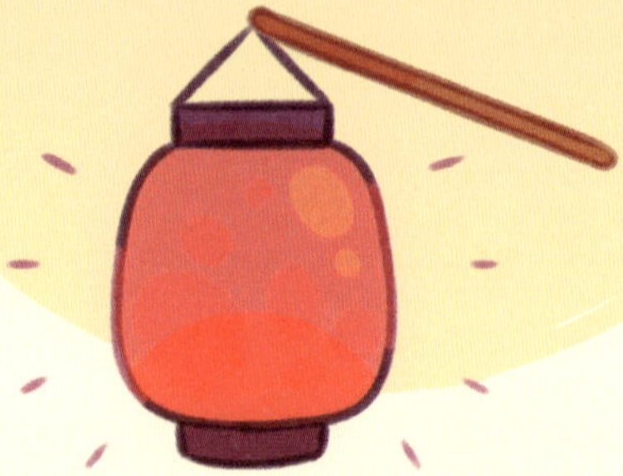

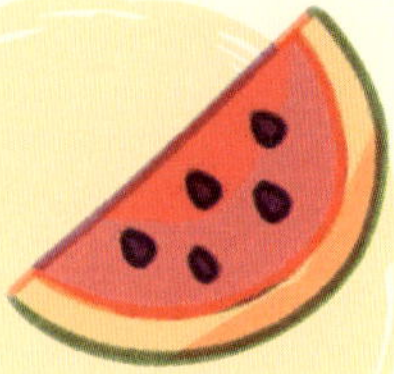

Materialien & Techniken

Let's draw!

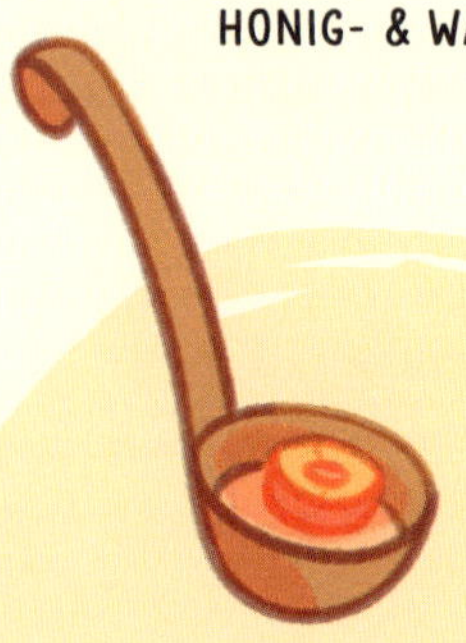

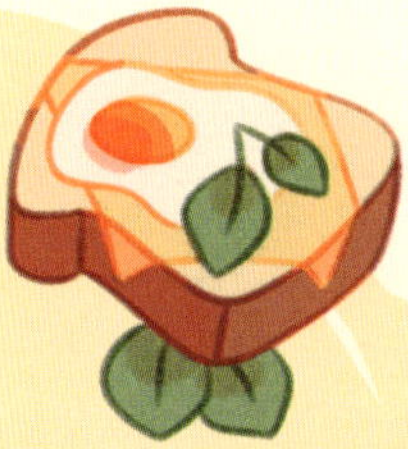

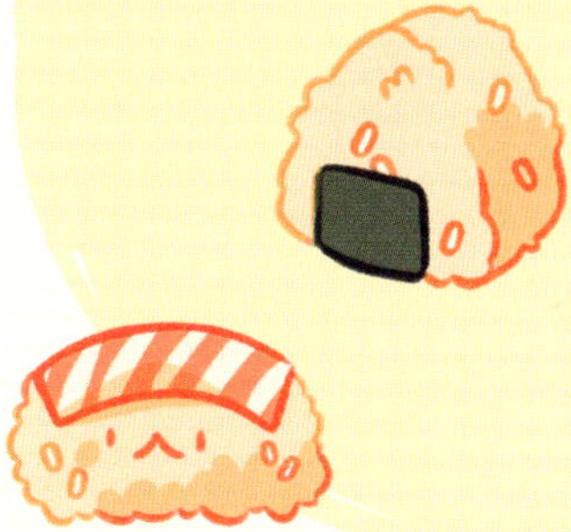

NIEDLICHE DINGE AUS JAPAN 50

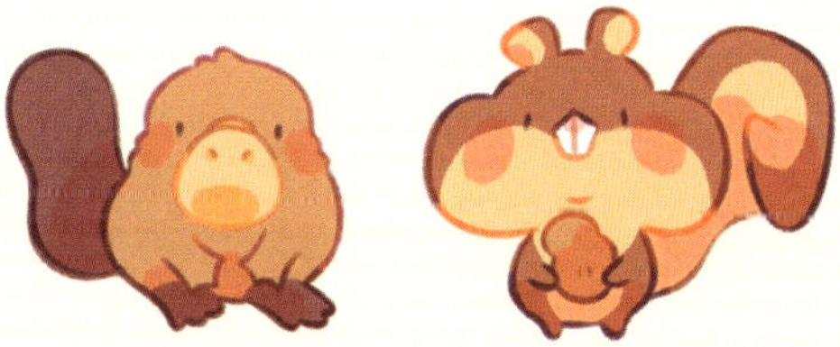

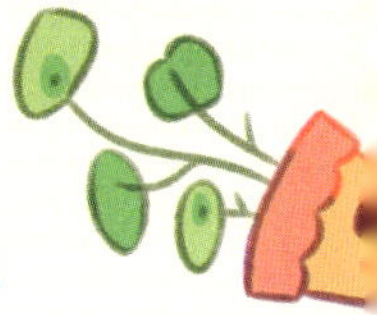

IM GARTEN 62

PUTZIGE TIERCHEN 70

IN DER SCHULE 88

IN DER ZAUBERSCHULE 96

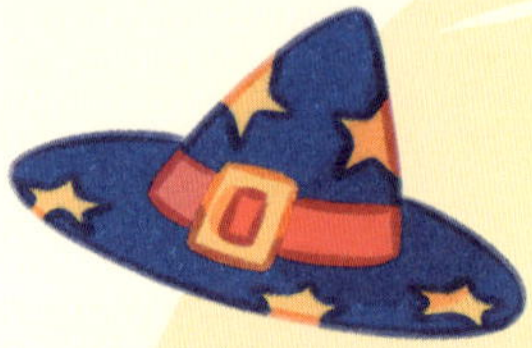

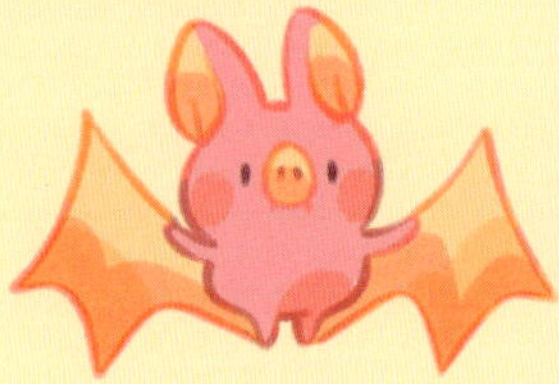

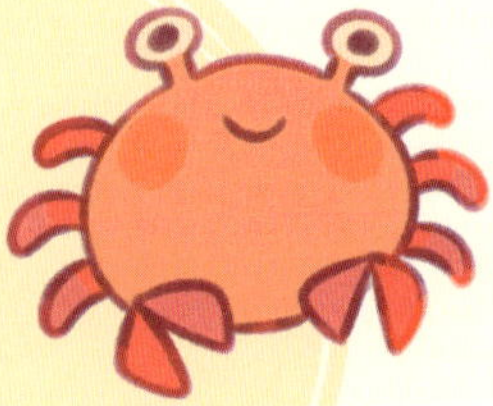

NIEDLICHES ZU JEDER JAHRESZEIT 110

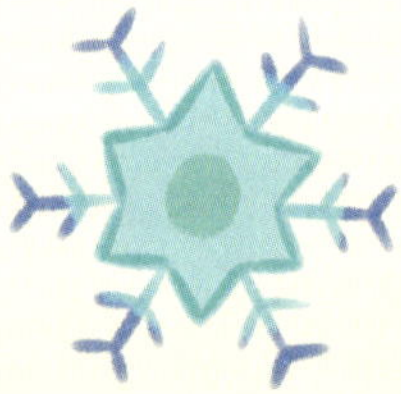

ZEIT ZUM SPIELEN 120

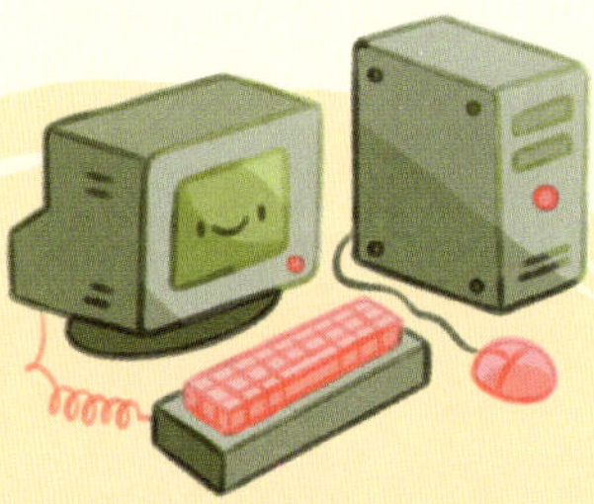

VORWORT

In diesem Buch möchte ich all das mit dir teilen, was ich in den Jahren gelernt habe, in denen ich als Illustratorin gearbeitet habe. Meistens zeichne ich ganz alltägliche Dinge, Pflanzen, japanische Objekte, Tiere und so ziemlich alles, was niedlich ist.

Ich mache es mir gern mit meinem Skizzenbuch und einer Tasse Tee gemütlich und zeichne dann süße, einfache kleine Motive, dabei kann ich mich wunderbar entspannen.

Diese lockere Atmosphäre möchte ich gern mit meinem Buch vermitteln, sodass du mit ein paar Arbeitsschritten und ein wenig Übung auch in der Lage bist, solche niedlichen Motive zu zeichnen.

Du brauchst dazu kein aufwendiges Handwerkszeug, du musst auch gar nicht besonders gut zeichnen können: Alles, was du mitbringen solltest, ist die Lust zu lernen!

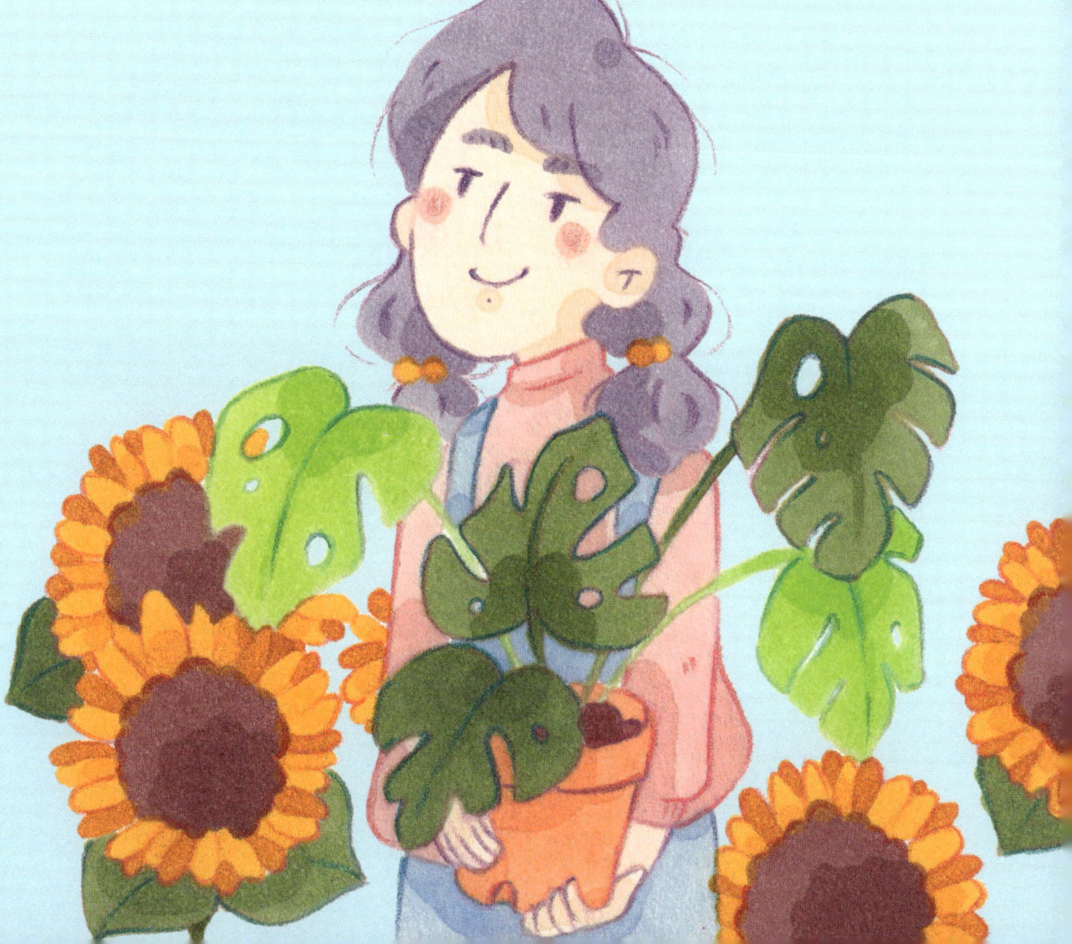

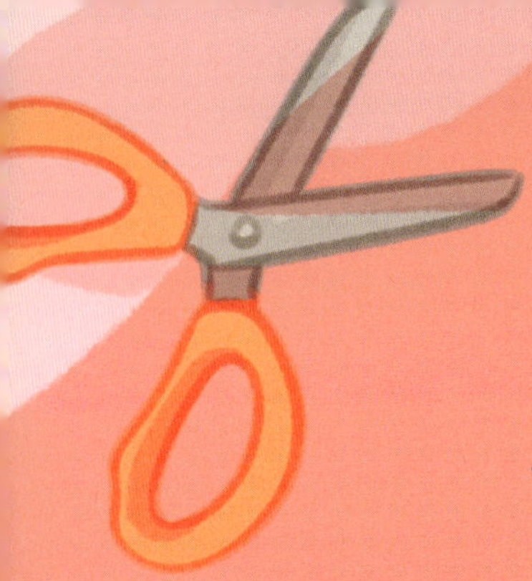

Bevor wir anfangen, zeige ich dir
noch meine Zeichenutensilien und
verrate ein paar Tipps & Tricks,
die mir beim Zeichnen nützlich sind.

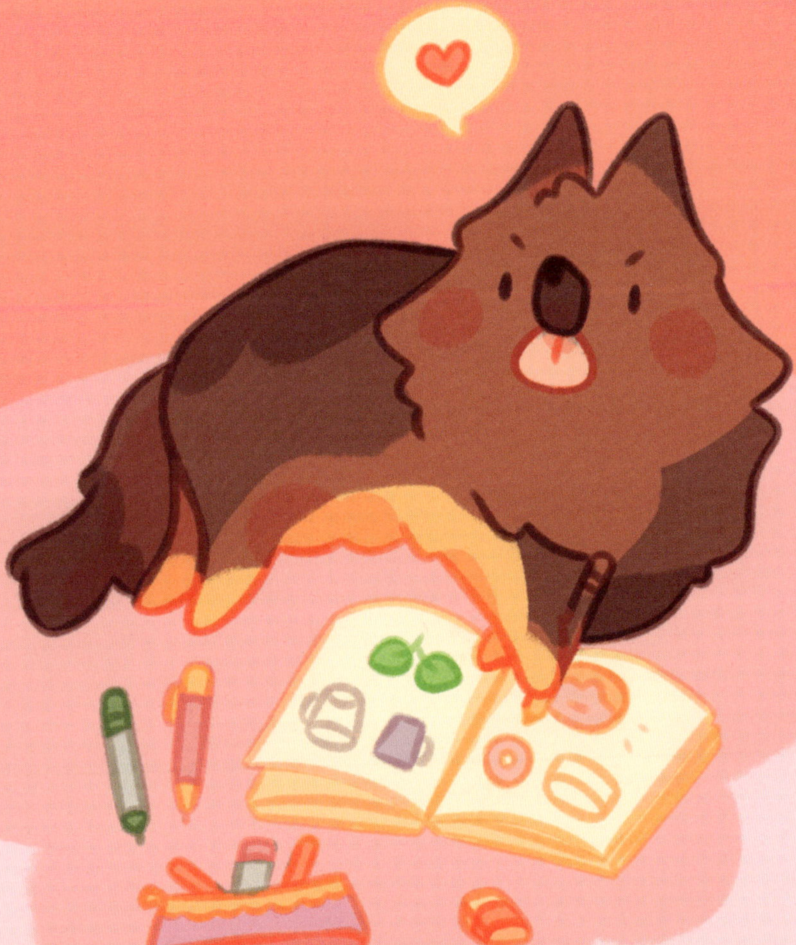

MATERIALIEN & TECHNIKEN

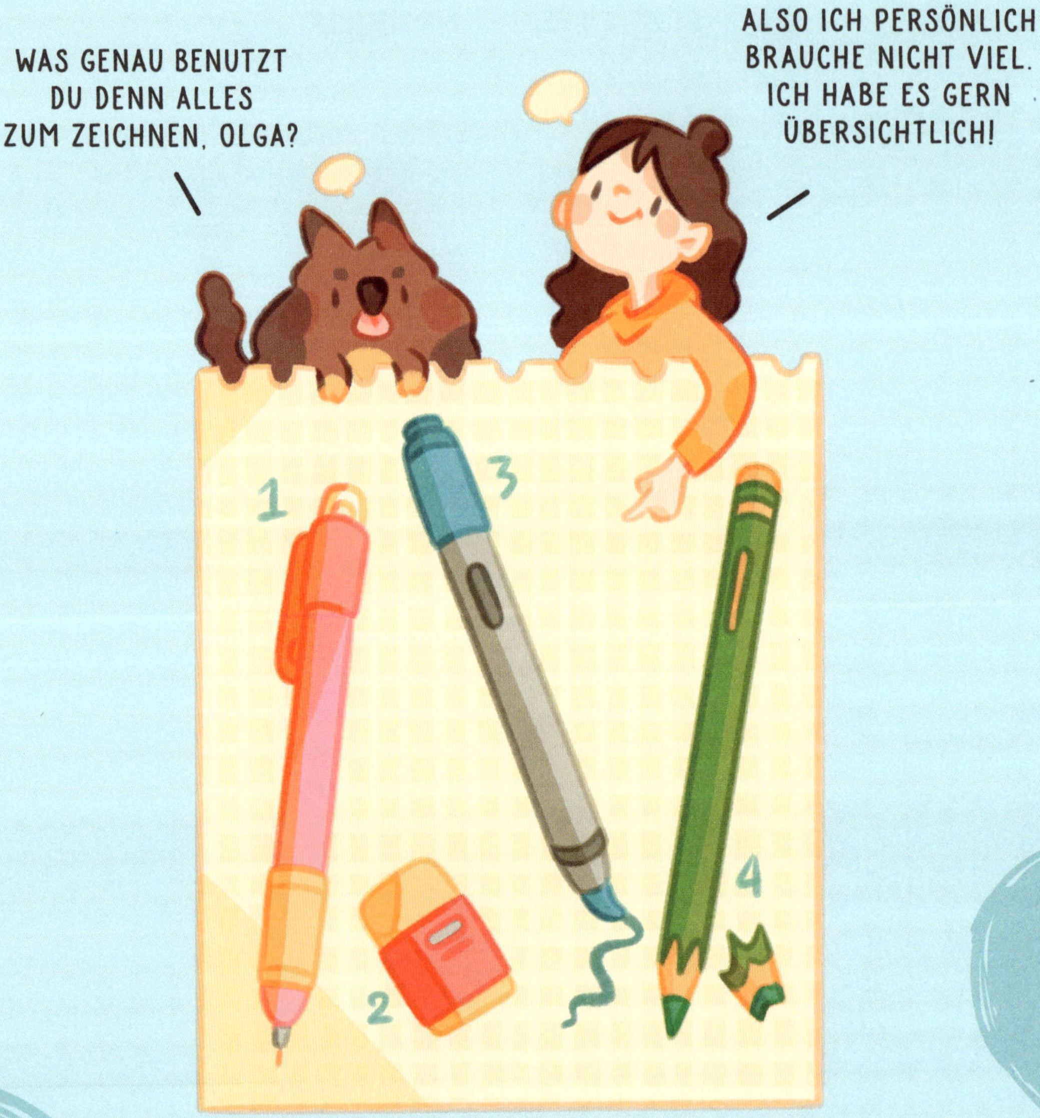
WAS GENAU BENUTZT DU DENN ALLES ZUM ZEICHNEN, OLGA?
ALSO ICH PERSÖNLICH BRAUCHE NICHT VIEL. ICH HABE ES GERN ÜBERSICHTLICH!
1
2
3
4

ZEICHENUTENSILIEN

JEDE KÜNSTLERIN UND JEDER KÜNSTLER HAT VORLIEBEN FÜR BESTIMMTE MATERIALIEN ODER MARKEN. DAS PERFEKTE ZEICHENWERKZEUG IST IMMER DAS, WOMIT MAN SELBST AM BESTEN ZURECHTKOMMT. DESHALB IST DAS BUCH SO KONZIPIERT, DASS ES FÜR JEDE*N NÜTZLICHE ANREGUNGEN BIETET. SCHNAPP DIR ALSO DEINE LIEBLINGSSTIFTE UND AUF GEHT'S!

Zum Skizzieren nehme ich am liebsten einen Drehbleistift mit 7 mm Strichbreite (1). Ich zeichne immer in sehr kleinem Format, deshalb müssen die Linien ganz präzise sein. Übrigens benutze ich nur farbige Minen, damit das Papier nicht mit Grafit verschmiert wird. Meine Lieblingsfarben sind dabei Pink und Orange.

Dann habe ich noch einen staubfreien Radiergummi (2). Er hinterlässt keine Rückstände auf dem Papier, und mein Arbeitstisch ist jetzt auch viel sauberer.

Zum Kolorieren meiner Zeichnungen benutze ich Marker auf Alkoholbasis (3). Diese trocknen langsamer aus als wasserbasierte Stifte.

Mit Alkoholmarkern kann ich so eine ganze Zeichnung fertigstellen, ohne dass hässliche Streifen an den Rändern des Farbauftrags entstehen. Solange die Farbe noch nass ist, lässt sie sich gut vermalen, und das fertige Bild wirkt fast wie ein Aquarell. Ein Nachteil von Alkoholmarkern ist, dass die Farbe vom Malgrund stark aufgesogen wird. Sie schlägt auf die Rückseite durch, wenn man kein Spezialpapier benutzt. Mich stört das jedoch nicht besonders.

Letzte Details ergänze ich mit normalen Farbstiften (4). Ich benutze ähnliche Farbtöne, dann wirken die Linien weicher.

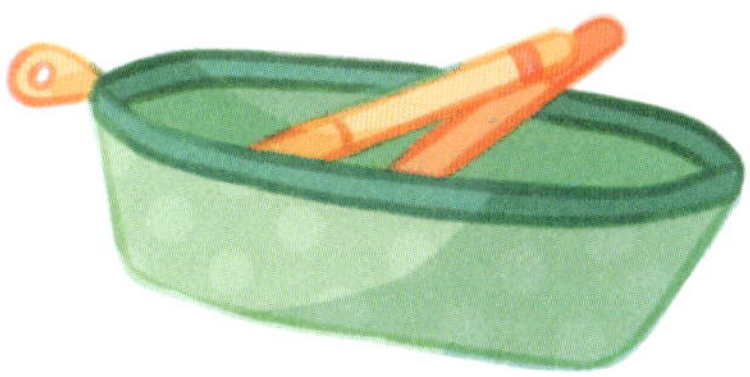

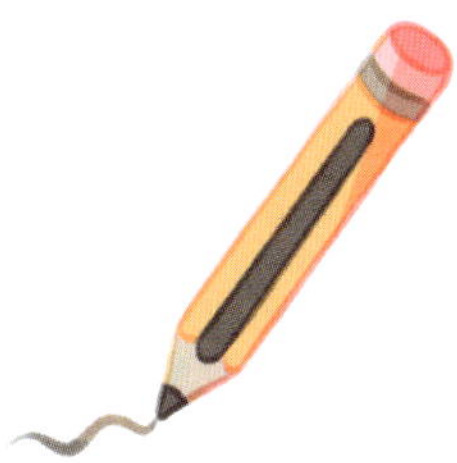

PAPIER

Mein Lieblingsskizzenbuch hat ganz weiches, dünnes Papier in einem zarten Gelbton. Auf diesem Untergrund wirken die Farben leuchtend und warm.

Der einzige Nachteil ist, dass ich nur eine Seite des Blatts benutzen kann und beim Kolorieren immer ein Stück Pappe zwischen die Blätter legen muss, damit die Farbe nicht auch noch auf die nächste Seite durchschlägt.

Da das Papier so dünn ist, kann es aber nicht viel Farbe aufnehmen, und die Stifte halten recht lange.

Ich habe auch noch ein zweites Skizzenbuch, in dem ich schnell meine Ideen mit dem Stift festhalte. Da ich dazu keine Marker benutze, hat das Papier eine leichte Textur, auf der es sich besonders gut skizzieren lässt.

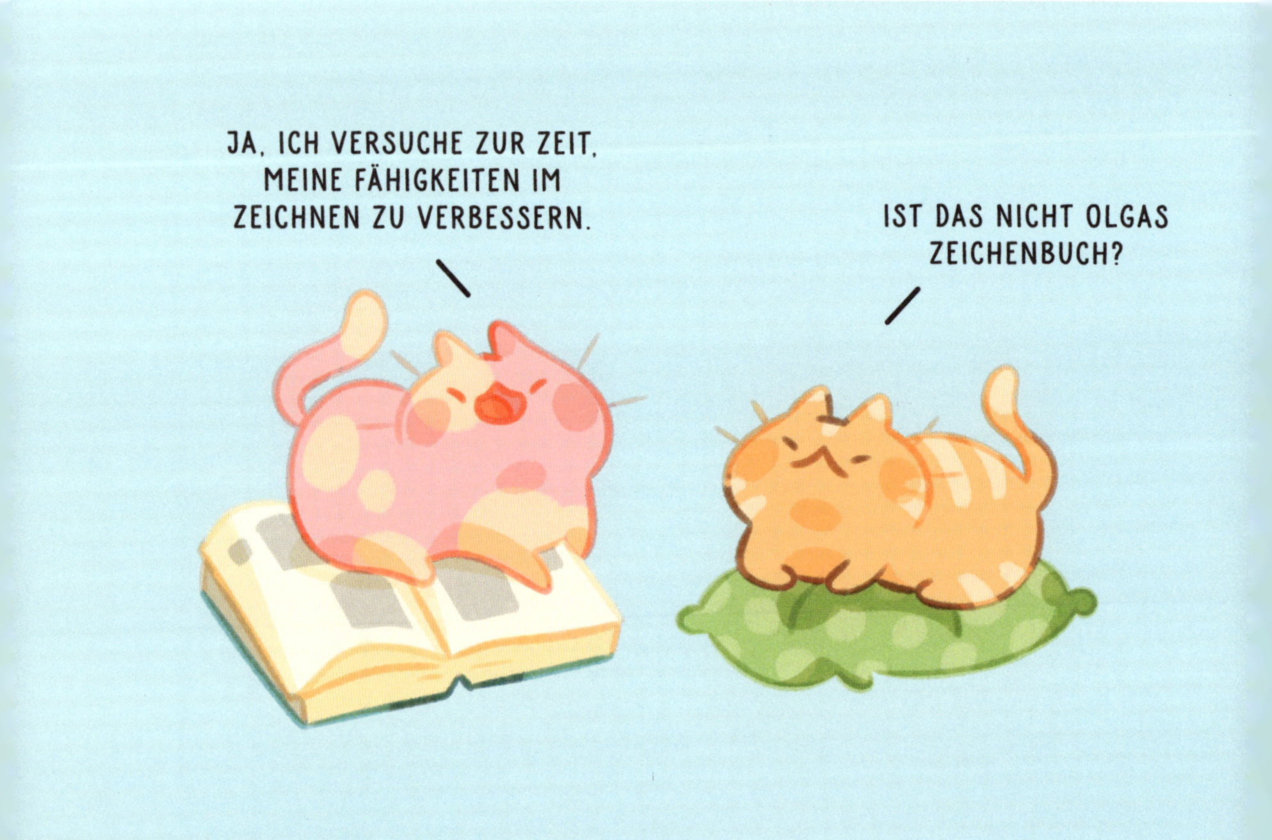

SKIZZIEREN

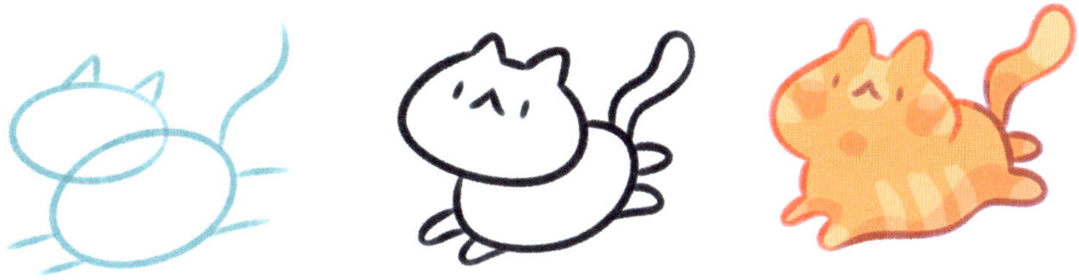

Wenn du eine Vorstellung von einem bestimmten Motiv hast, halte sie zunächst mit ganz einfachen geometrischen Formen auf dem Papier fest. Danach kannst du dich auf die einzelnen Teile der Komposition konzentrieren und Details ergänzen.

TIPP: BEIM SKIZZIEREN SOLLTEST DU NUR LEICHT AUFDRÜCKEN, DANN LASSEN SICH DIE LINIEN EINFACHER MIT DEM RADIERGUMMI ENTFERNEN. SOLLTE BEI EINER ZEICHNUNG EIN TEIL NICHT MEHR SO GUT AUSSEHEN, WEIL DU IHN OFT ÜBERARBEITET HAST, KOPIERST DU DIE SKIZZE AM BESTEN AUF EIN NEUES BLATT UND FÄNGST NOCH EINMAL VON VORN AN.

ZEICHNUNGEN VEREINFACHEN

Du brauchst gar nicht immer perspektivisch zu zeichnen. Viele der Anleitungen im Buch beginnen mit einer Vorderansicht.

Erst wenn die Komposition steht, befasse ich mich mit der Perspektive.

Wenn du erst einmal ein bisschen Übung hast, fällt es dir leichter, gleich von Anfang an perspektivisch zu zeichnen.

TIPP: ALLE KÜNSTLER*INNEN BENUTZEN BEI BEDARF VORLAGEN. ES ZEICHNET SICH VIEL LEICHTER, WENN MAN SICH AN EINER VORLAGE ORIENTIEREN KANN.

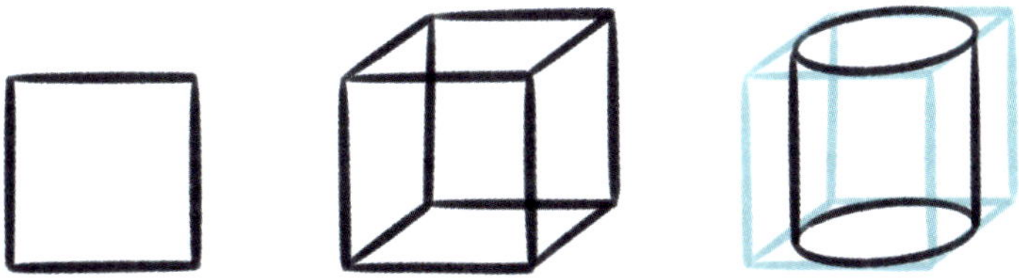

MIT MARKERN KOLORIEREN

Wenn du bisher noch nie mit Markern gearbeitet hast, fängst du am besten mit hellen Farben an. Zeichne die Skizze nicht mit dem Bleistift; das Grafit ist so dunkel, dass die ganze Zeichnung schmuddelig wirken kann. Nimm stattdessen lieber einen Farbstift in Hellblau oder Pink.

Mit Markern lässt sich die Farbintensität nach und nach aufbauen. Wenn du also eine kolorierte Fläche noch einmal mit derselben Farbe übermalst, wird der Farbton dunkler. So kann man ganz wunderbar Schatten herausarbeiten. Das ist auch ein Grund, weshalb ich empfehle, mit hellen Farben zu beginnen.

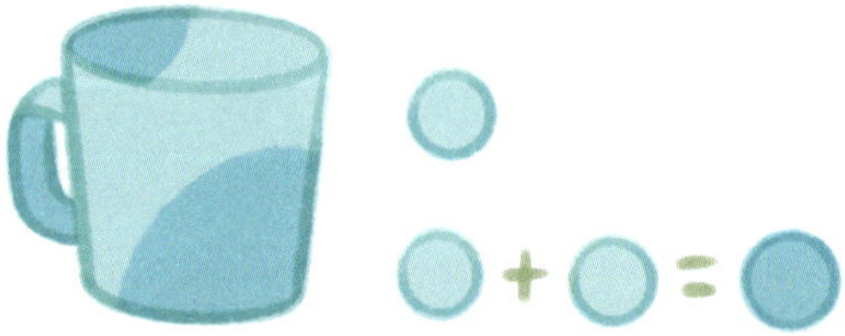

TIPP: WENN DU EINEN DUNKLEN FARBTON NEBEN EINEM HELLEN VERWENDEST, ACHTE UNBEDINGT DARAUF, DASS DER ERSTE FARBAUFTRAG TROCKEN IST, SONST BLUTEN DIE FARBEN AUS, UND ES ENTSTEHEN UNERWÜNSCHTE MISCHTÖNE.

Wenn die Farbe deines Markers nachlässt, kannst du eine Fläche nach und nach mit Kreisbewegungen füllen. Lass dir dabei ruhig Zeit! So wird das Malen zur Meditation.

Farben auszuwählen, kann für Anfänger*innen eine ganz schöne Herausforderung darstellen. Beschränke dich für deine ersten Bilder am besten auf wenige Farbtöne, auch wenn das Ergebnis dann nicht unbedingt realistisch wirkt. Pastelltöne und helle Farben eignen sich gut, besonders wenn es warme Farbtöne sind. Du kannst mein Buch übrigens nicht nur als Anregung für deine Zeichnungen benutzen, sondern auch für die Auswahl deiner Farbpalette!

TIPP: ICH ARBEITE AM LIEBSTEN MIT DEN FARBEN SENF, PINK, HELLBLAU, VIOLETT, HELLBRAUN UND OLIVGRÜN. ALL DIESE TÖNE HARMONIEREN SEHR GUT MITEINANDER.

AUF DIE DETAILS KOMMT ES AN

Um der Zeichnung Textur zu verleihen, male ich kleine Kreise mit einer dunkleren Farbe in das Motiv hinein. Besonders bei Früchten, Fell und Brot ist das der Fall.

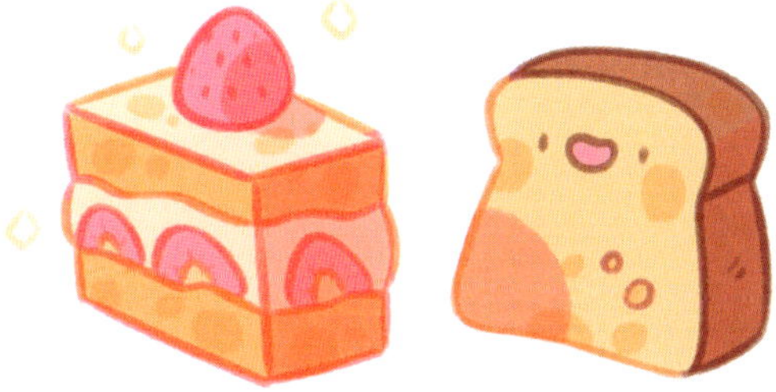

Niedliche, einfache Muster machen eine langweilige Zeichnung lebendiger. Aber bitte nicht übertreiben, sonst wirkt dein Bild schnell überladen!

Beim Zeichnen von Glas oder anderen glänzenden Oberflächen sollte immer eine Seite heller sein, dort, wo das Licht auf den Gegenstand fällt. Wenn du das einmal vergessen hast, kannst du die Glanzlichter mit einem weißen Stift auch nachträglich ergänzen.

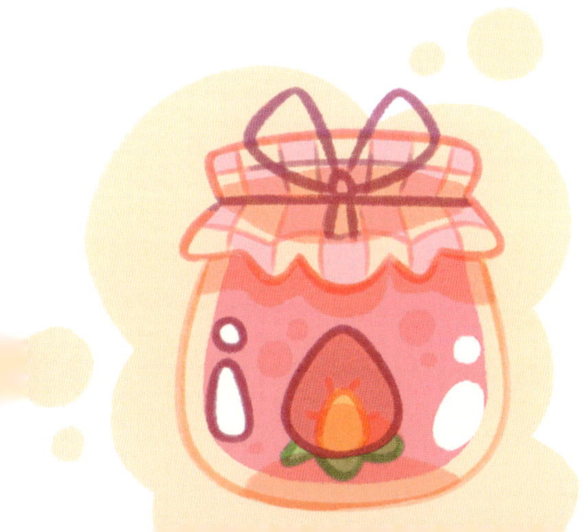

Ich zeichne eigentlich selten einen Hintergrund. Meine Zeichnungen sind so einfach gehalten, dass das zu viel wäre. Stattdessen deute ich mit einer farbigen Wolkenform den Boden, auf dem meine Motive stehen, an. Ich finde, das sieht viel besser aus und erdrückt die Zeichnung nicht. Ein simpler Trick mit großer Wirkung!

NIEDLICHE DINGE ZEICHNEN – EIN PAAR TIPPS

WENN DU NUN LUST HAST, DEINE EIGENEN IDEEN UMZUSETZEN, KANN ICH DIR EIN PAAR TRICKS VERRATEN, DIE DEINE ZEICHNUNGEN NOCH NIEDLICHER AUSSEHEN LASSEN, GANZ GLEICH, WAS DU DIR ALS MOTIV AUSGESUCHT HAST.

FORMEN

Benutze lauter runde Formen und runde jede Ecke ab, so erreichst du, dass die Dinge, die du zeichnest, weich und niedlich aussehen.

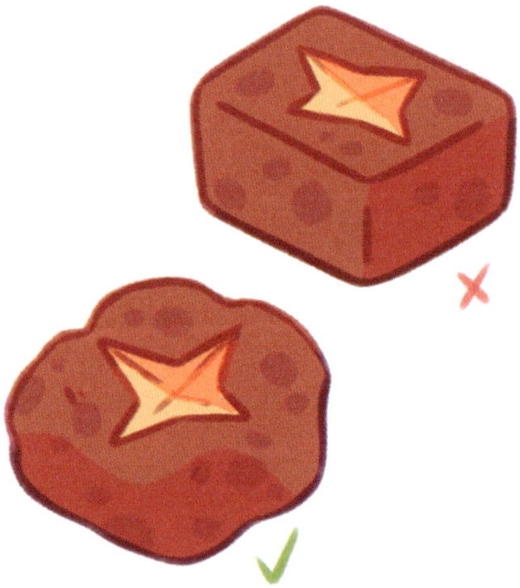

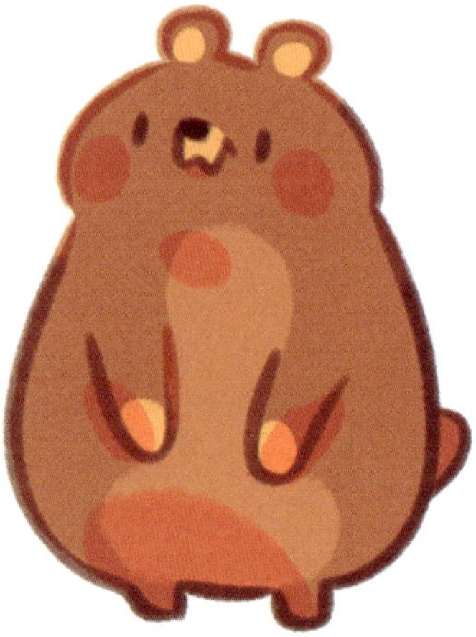

Wenn etwas pummelig aussehen soll, zeichne einfach alles etwas größer, als es eigentlich sein sollte. Ich halte mich dann auch nicht mehr an die „normalen" Proportionen und male Tierbabys mit großem Kopf und winzigem Körper. Große Tiere bekommen ganz weiche große Körper und sehen dann gar nicht mehr furchterregend aus.

WENIGER IST MEHR

Du musst gar nicht Unmengen von Details zeichnen, oft ist weniger mehr, und du kannst dich dafür auf die Einzelheiten konzentrieren, die es wert sind, gezeichnet zu werden. Anstatt beispielsweise das Fell eines Tieres bis ins Kleinste auszuarbeiten, guck dir lieber die Silhouette an. Hat dein Tier lockiges oder glattes Fell? Der Effekt ist derselbe, wenn du das bei den Umrissen festhalten kannst, und das Ergebnis ist viel hübscher.

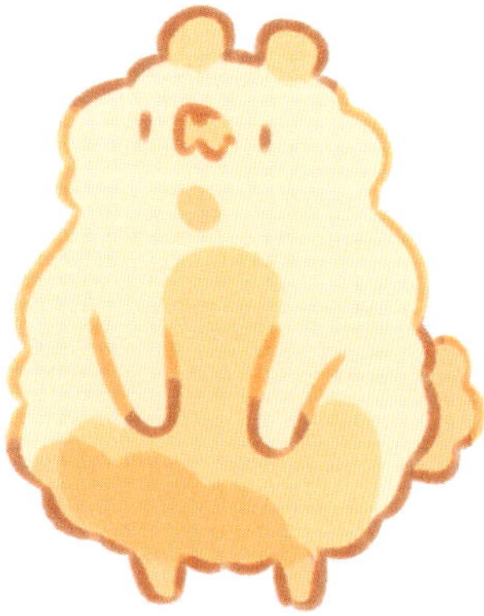

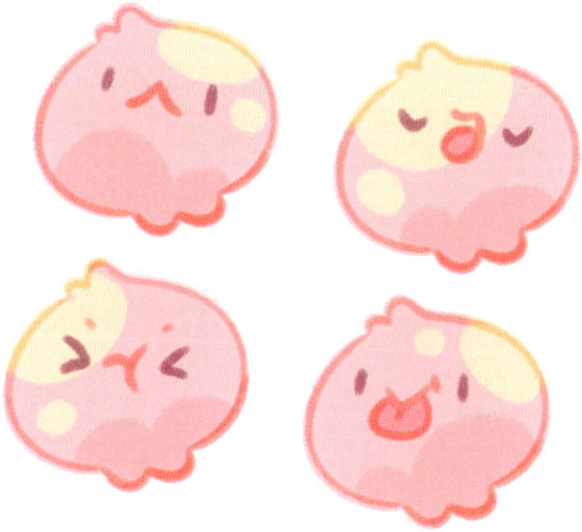

Einfache und fröhliche Gesichter sind immer die besten. Man kann sie auch Kawaii-Gesichter nennen. Sie können wirklich überall auftauchen: Lebensmittel, Gegenstände und auch Pflanzen können dich fröhlich anlächeln.

EIN FRÖHLICHES DURCHEINANDER

Deiner Kreativität sind keine Grenzen gesetzt! Ich zeichne zum Beispiel gerne Tiere bei menschlichen Beschäftigungen, das ist immer sehr lustig. Gerne gebe ich Dingen auch einen Platz, an den sie so gar nicht zu passen scheinen. Was hältst du von diesem Stiefel als Blumentopf?

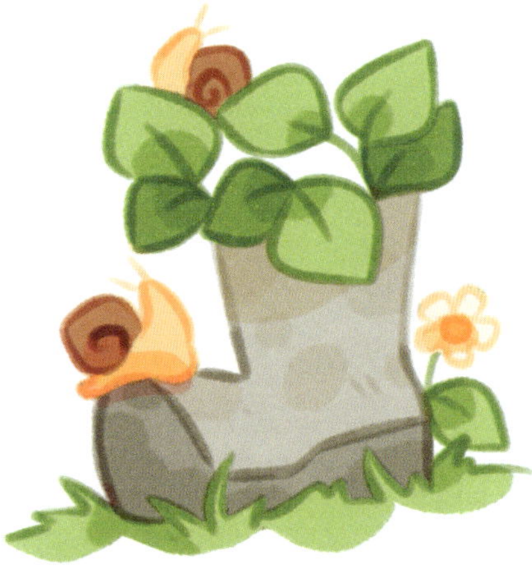

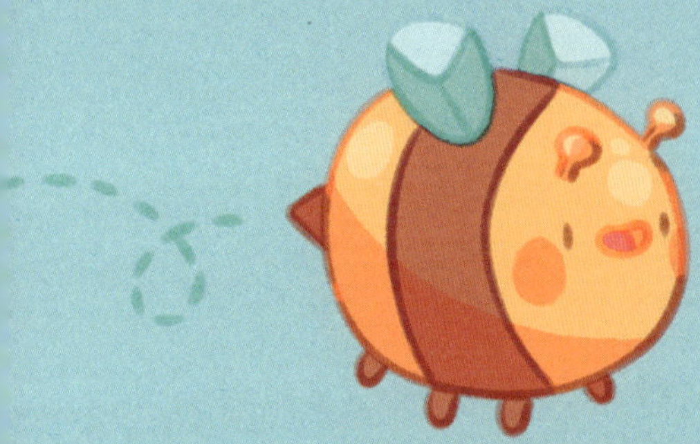

In diesem Kapitel findest du 9 verschiedene Themen und dazu jede Menge niedlicher Motive, die du zeichnen kannst. Natürlich darfst du gern alles so kombinieren, wie es dir gerade in den Sinn kommt.

Zu jeder Zeichnung gibt es leicht verständliche Anleitungen, die dir Schritt für Schritt zeigen, wie du all diese niedlichen Motive am besten zeichnest. Ergänze Details ganz nach Lust und Laune und mach deine eigenen Bilder daraus!

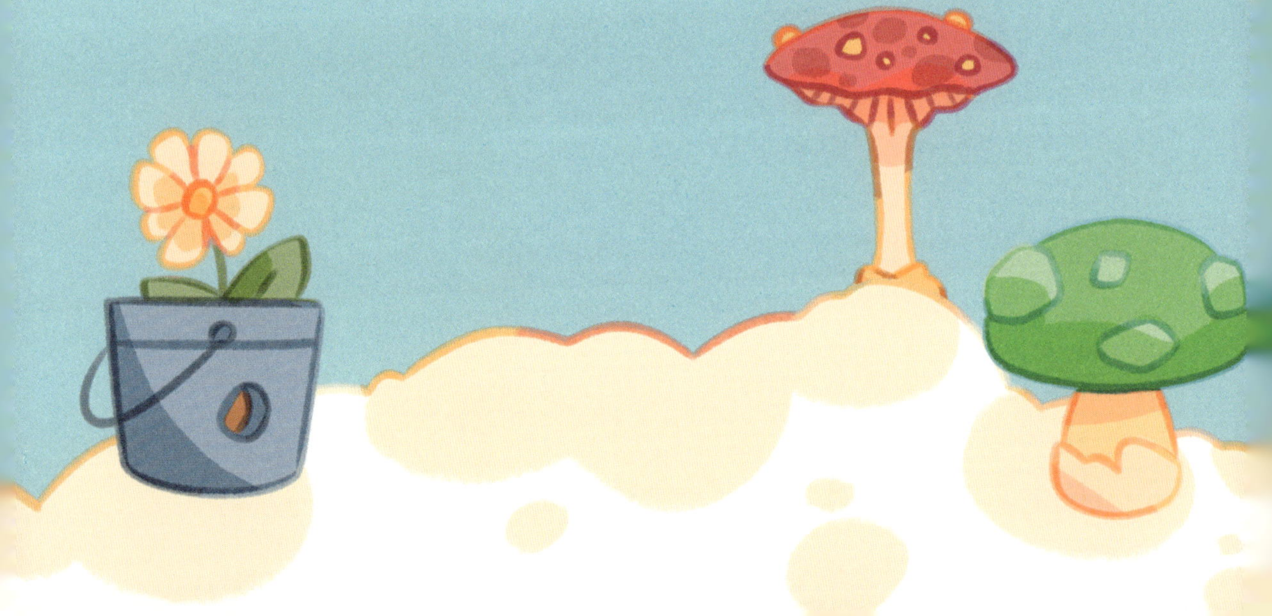

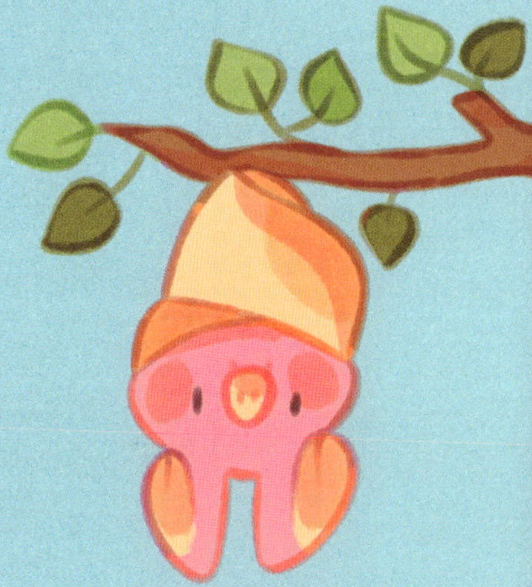

LET'S DRAW!

WAS MÖCHTEST DU ZUERST ZEICHNEN? EIN KÄTZCHEN IM BLUMENTOPF? ODER VIELLEICHT EINEN BÄREN, DER MIT EINEM DRACHEN KÄMPFT?

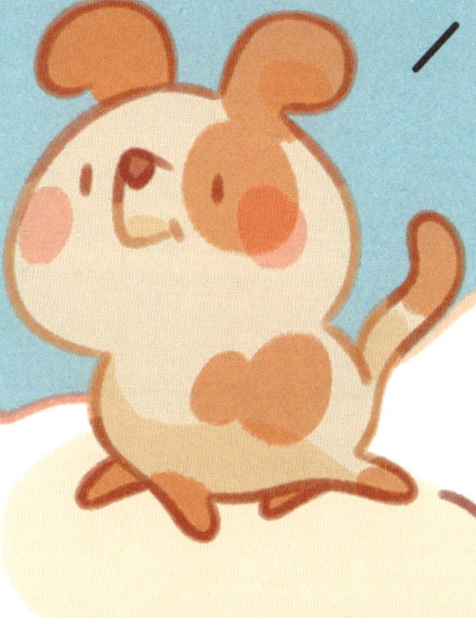

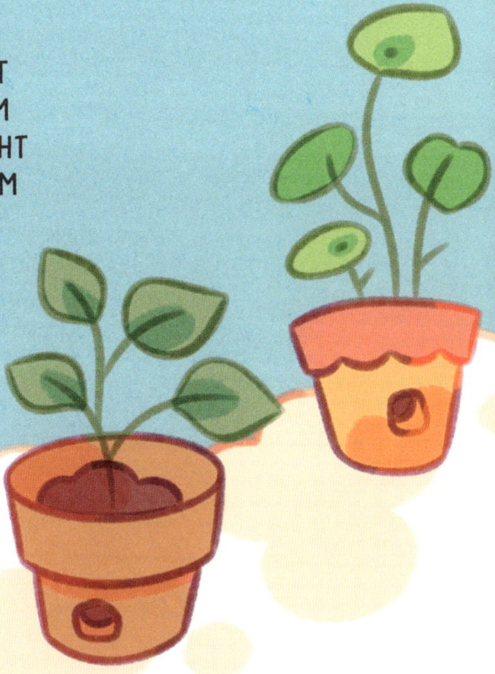

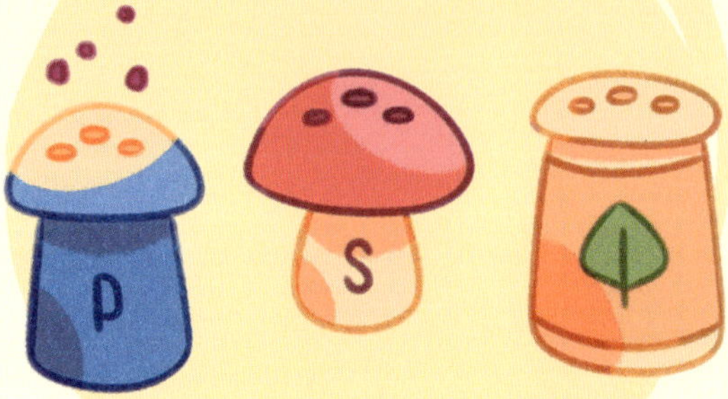

IN DER Küche

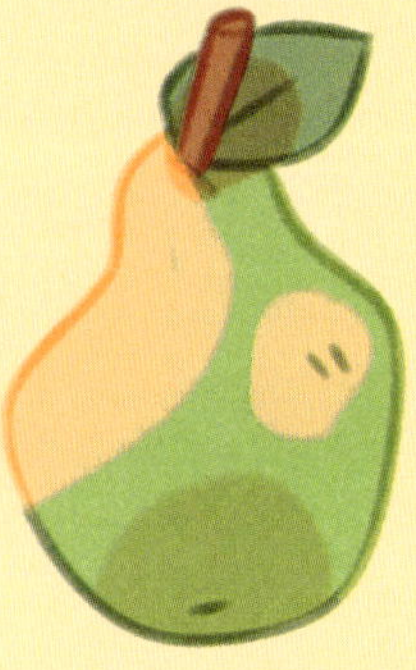

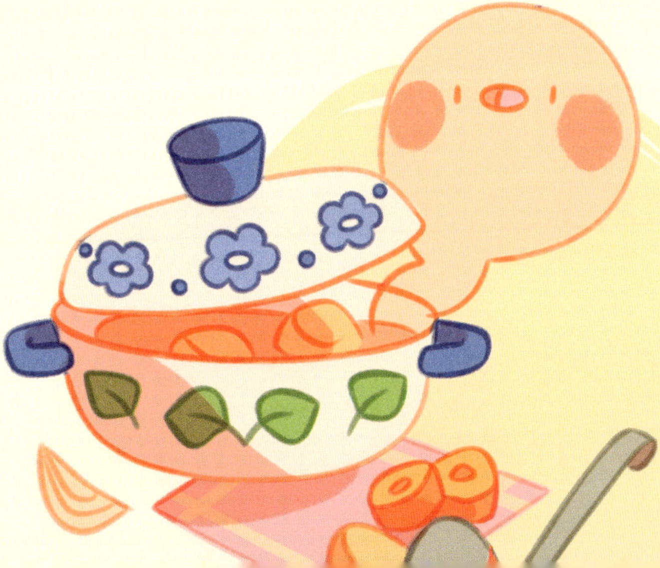

KAROTTE

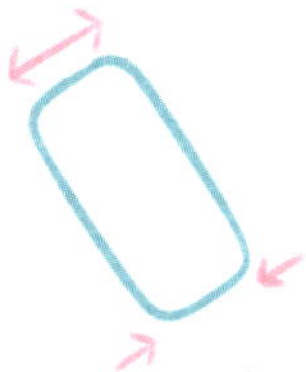

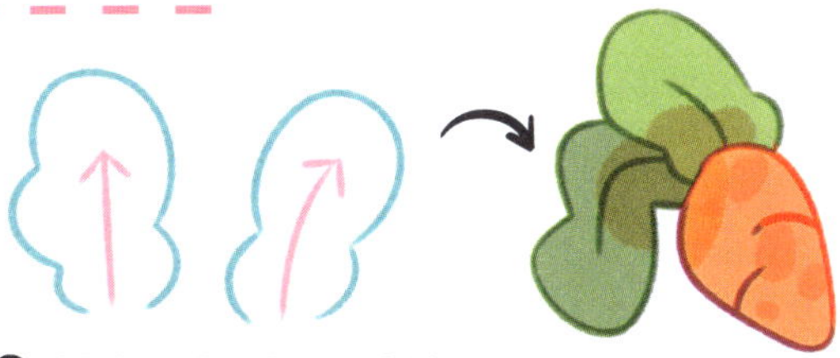

❶ BEGINNE MIT EINEM OVAL. ES IST OBEN BREITER ALS UNTEN.

❸ ZEICHNE SIE IN FORM VON WOLKEN …

❷ DIE BLÄTTER WACHSEN OBEN HERAUS.

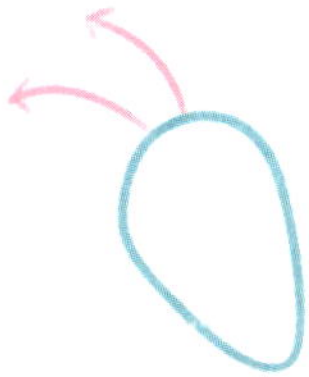

❹ … ODER ALS LANGGEZOGENE RECHT-ECKE MIT ABGERUNDETEN ECKEN.

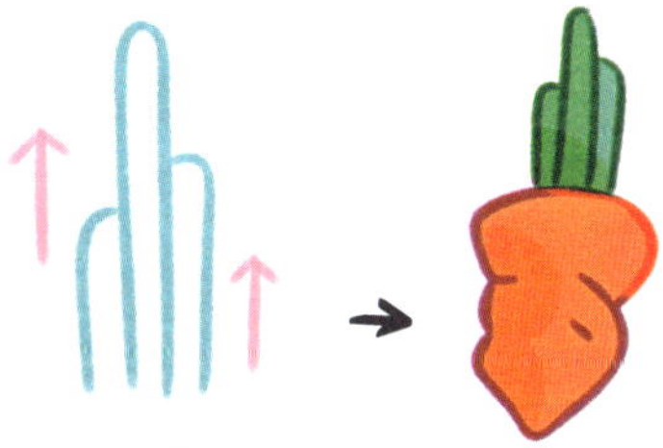

GESCHNITTENE KAROTTEN

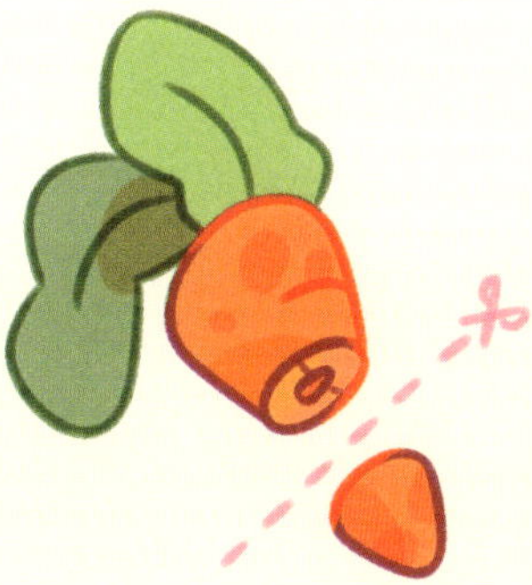

← ❶ ZUM KOCHEN MUSST DU DEINE KAROTTE ZERKLEINERN.

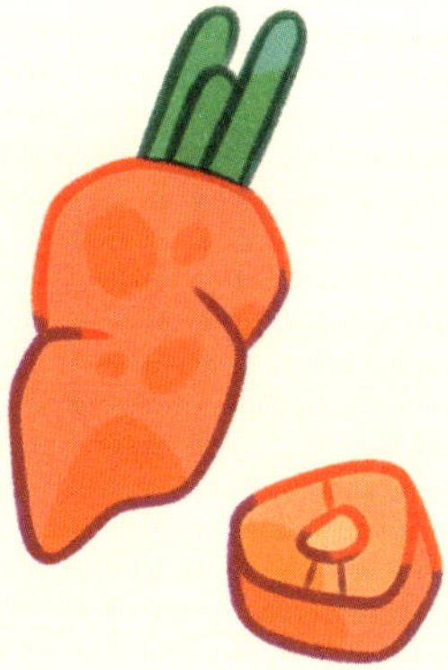

❷ DIE SCHEIBCHEN KÖNNEN RUND ODER EHER QUADRATISCH SEIN.

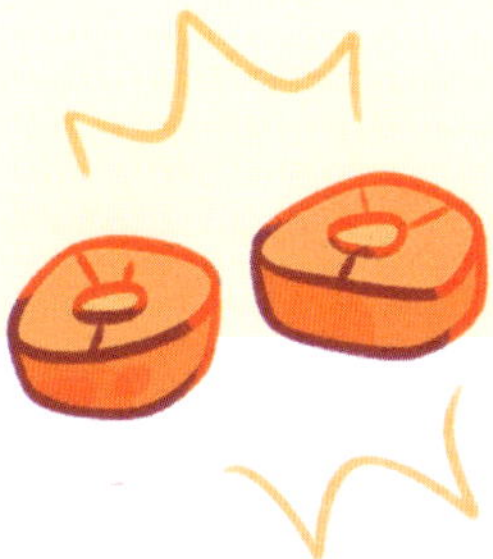

ZWIEBEL

❶ ZEICHNE EINE TROPFENFORM.

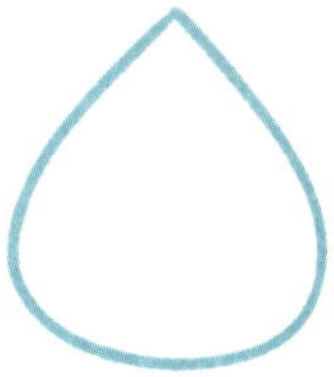

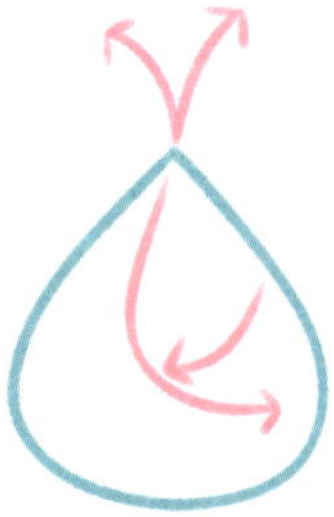

❷ DIE SCHALEN VERLAUFEN IN EINEM BOGEN VON OBEN NACH UNTEN.

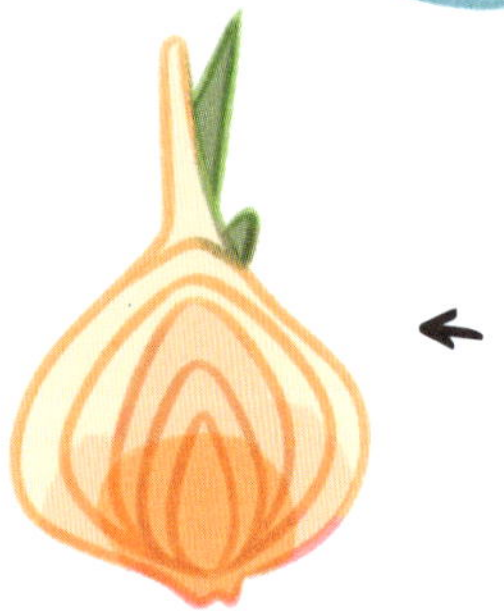

❸ BEI EINEM LÄNGSSCHNITT ERKENNT MAN, DASS DIE SCHALEN IM UNTEREN BEREICH KLEINER SIND.

❹ ICH ZEICHNE DIE AUFGESCHNITTENEN TEILE IMMER GERN ZUSAMMEN MIT EINER GANZEN ZWIEBEL.

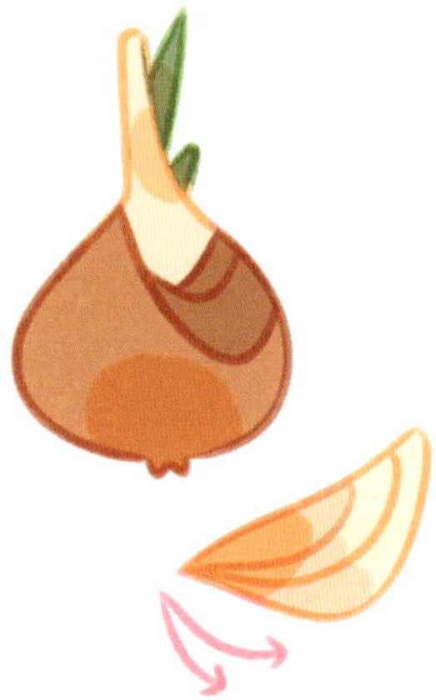

PAK CHOI

GEKRÄUSELTE BLÄTTER SIND NICHT GANZ LEICHT ZU ZEICHNEN, ABER WENN MAN DIE FORM VEREINFACHT, SEHEN SIE AUS WIE VERTIKALE WOLKEN.

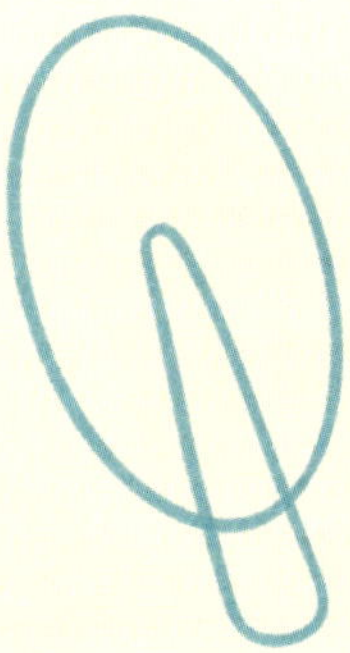

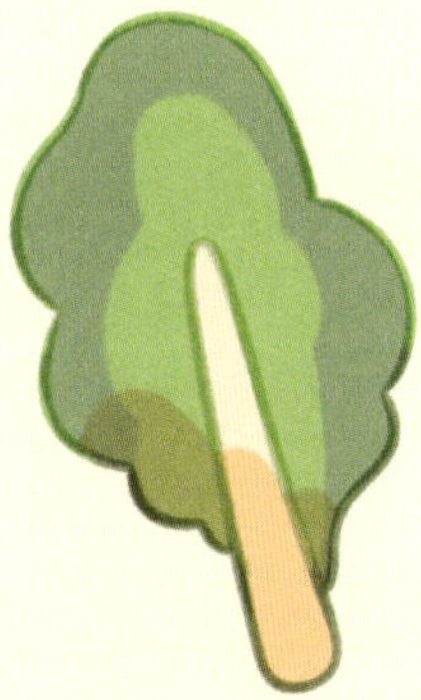

❶ DIE AUSGANGSBASIS IST EIN OVAL, DAS RUNDHERUM MIT HALBKREISEN ERGÄNZT WIRD.

❷ ZUM SCHLUSS ZEICHNEST DU NOCH EIN PAAR BLÄTTER, DIE AN DEN SEITEN ABSTEHEN.

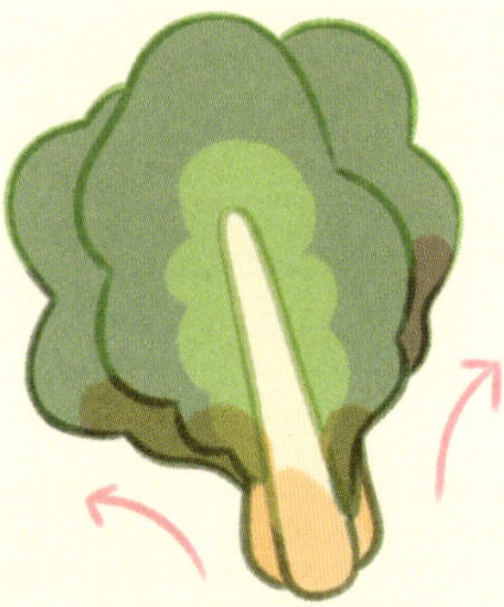

KOHLKOPF

❶ BEGINNE MIT EINEM KREIS.

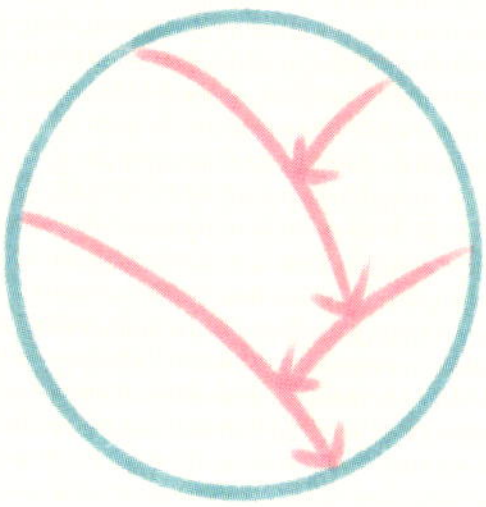

❷ TEILE IHN MIT VON OBEN NACH UNTEN VERLAUFENDEN BÖGEN AUF, SIE DEUTEN DIE BLÄTTER AN.

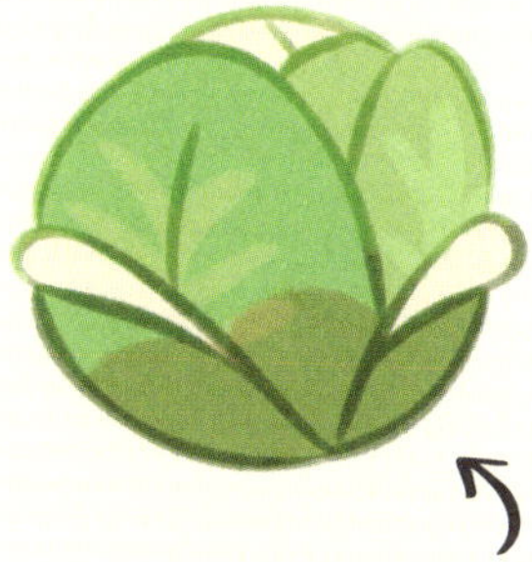

❸ DIE LETZTEN BLÄTTER DÜRFEN RUHIG ZUR SEITE ABSTEHEN.

RÜBE

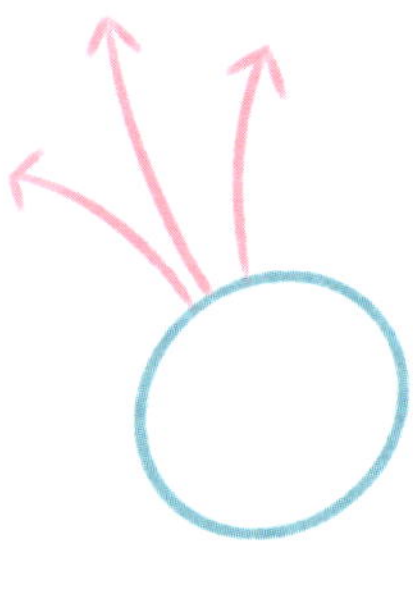

❶ ZEICHNE ZUNÄCHST EINEN OVALEN KREIS.

❷ ERGÄNZE AN DER OBERSEITE RUNDE, WOLKENFÖRMIGE BLÄTTER.

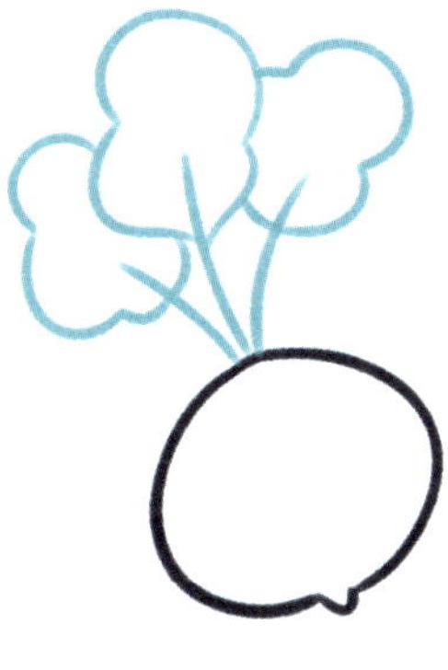

❸ BEACHTE, DASS DIE BLÄTTER EINEN LANGEN STIEL HABEN.

LAUCHZWIEBEL

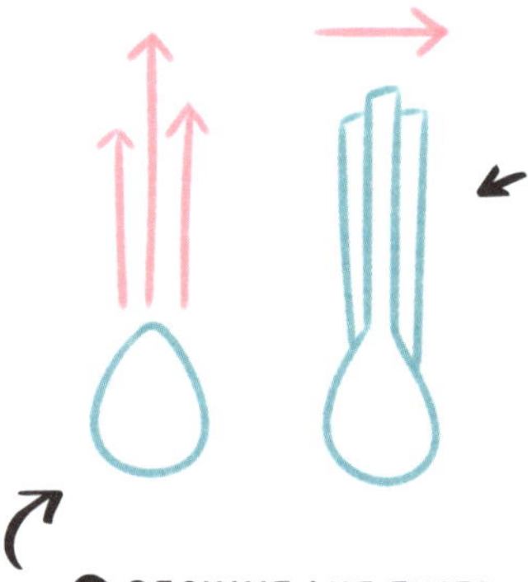

2 ZEICHNE DIE BLÄTTER ALS SEHR LANGE RECHTECKE, DIE OBEN GERADE ABGESCHNITTEN SIND.

1 BEGINNE MIT EINER TROPFENFORM.

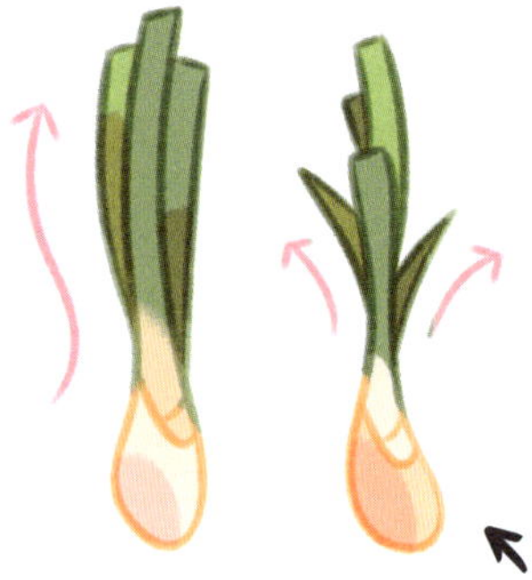

3 EINIGE DER BLÄTTER KÖNNEN NACH RECHTS UND LINKS ABSTEHEN.

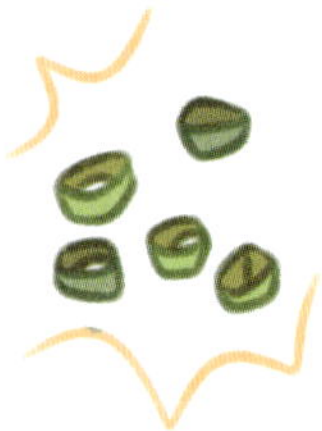

4 WERDEN DIE BLÄTTER GESCHNIPPELT, SEHEN SIE AUS WIE KLEINE RINGE, DIE ABER NICHT EXAKT KREISFÖRMIG SIND.

SALZ & PFEFFER

SALZ- ODER PFEFFERSTREUER ALS KLEINE PILZE SEHEN BESONDERS NIEDLICH AUF DEM TISCH AUS.

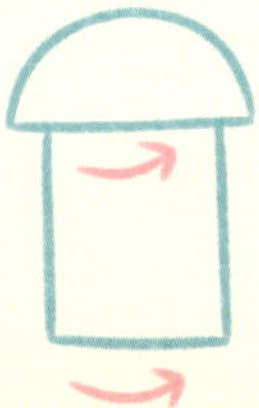

1 ZEICHNE EINEN HALBKREIS AUF EINEM RECHTECK.

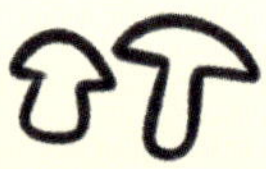

2 INDEM DU DAS GRÖSSENVERHÄLTNIS DER BEIDEN GRUNDFORMEN ZUEINANDER VERÄNDERST, KANNST DU DEIN EIGENES PILZCHEN KREIEREN.

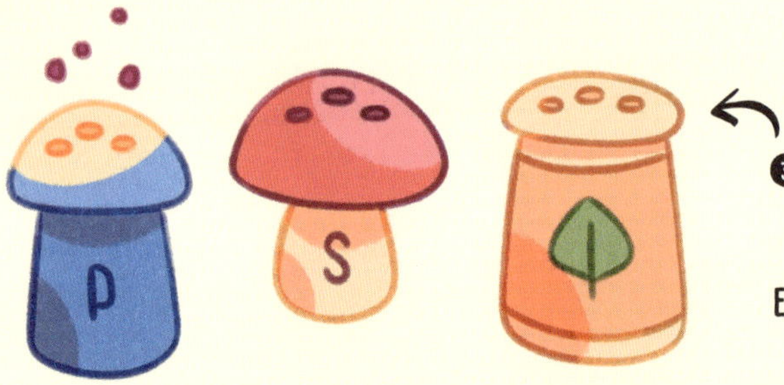

3 DIE KLEINEN LÖCHER AUF DEM HUT NICHT VERGESSEN, SONST ERFÜLLEN DIE STREUER NICHT IHREN ZWECK!

SCHNEIDEBRETT

❶ ZEICHNE EIN EINFACHES RECHT-ECKIGES BRETT MIT LANGEM GRIFF.

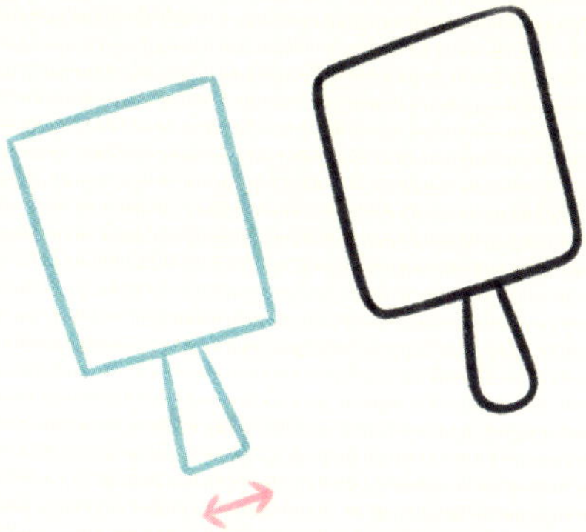

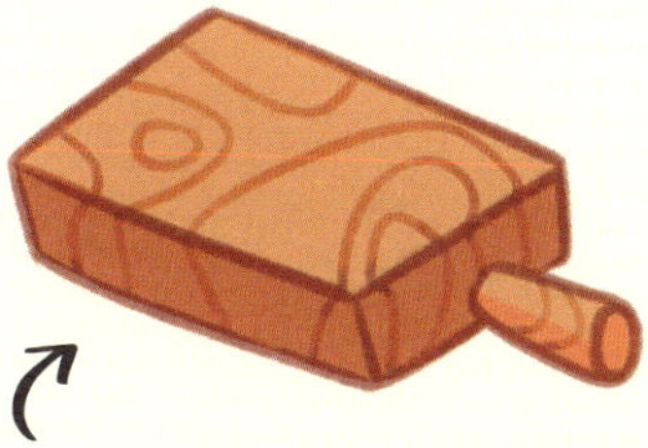

❷ WICHTIG SIND DIE UNREGEL-MÄSSIGEN KREISE, DIE DIE MASERUNG ANDEUTEN, DAMIT MAN SIEHT, DASS ES SICH UM EIN HOLZBRETT HANDELT.

SCHÖPFKELLE

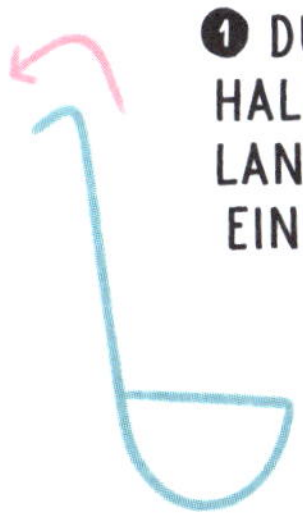

❶ DU BRAUCHST EINEN HALBKREIS MIT EINEM LANGEN GRIFF, DER IN EINEM BOGEN ENDET.

❸ VERÄNDERE DIE PERSPEKTIVE UND ZEIGE, WIE DER EINTOPF AUSSIEHT.

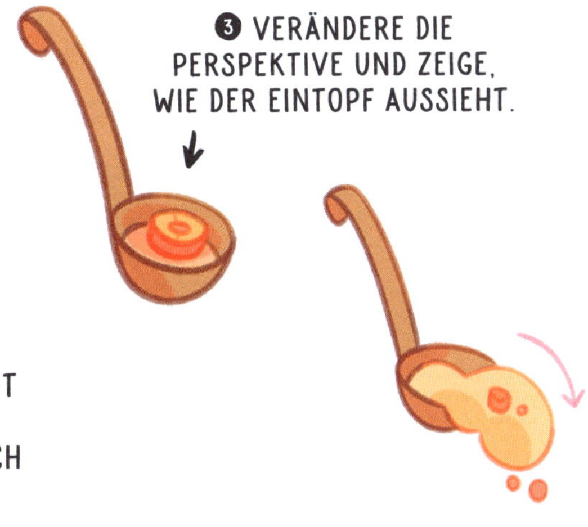

❷ DIE KELLE IST BESTIMMT MIT EINEM EINTOPF GEFÜLLT. DEUTE DIES DURCH EINE HALBE KUGEL AN.

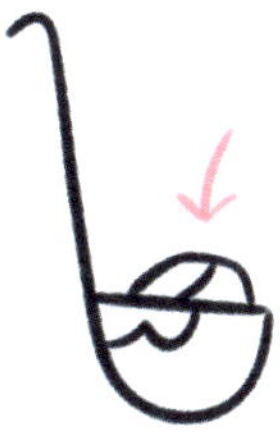

❹ WENN DER FLÜSSIGE INHALT DANN NOCH VOM RAND HERUNTERTROPFT, LÄUFT MIR SCHON DAS WASSER IM MUND ZUSAMMEN.

KASSEROLLE

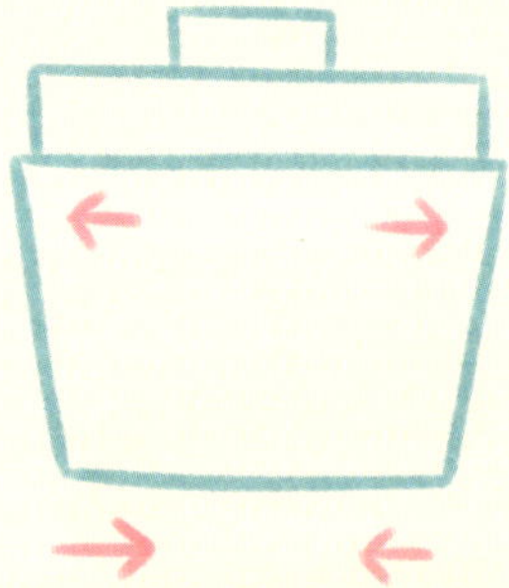

❶ DU BEGINNST MIT EIN PAAR RECHTECKEN, DIE DU ÜBEREINANDERSETZT. DAS UNTERSTE WIRD NACH UNTEN HIN ETWAS SCHMALER.

❷ ERGÄNZE DIE GRIFFE AN BEIDEN SEITEN UND VERZIERE DEN TOPF.

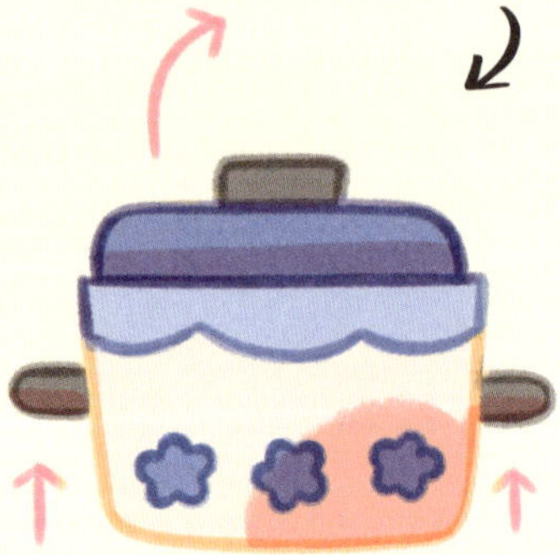

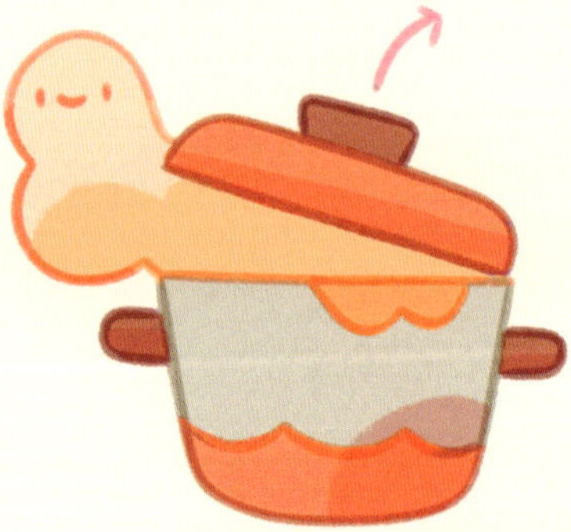

❸ ÖFFNE DEN DECKEL EIN WENIG, SODASS EINE KRÄFTIGE DAMPFWOLKE ENTWEICHEN KANN. SO WIRKT DEINE ZEICHNUNG REALISTISCHER – UND VIEL NIEDLICHER.

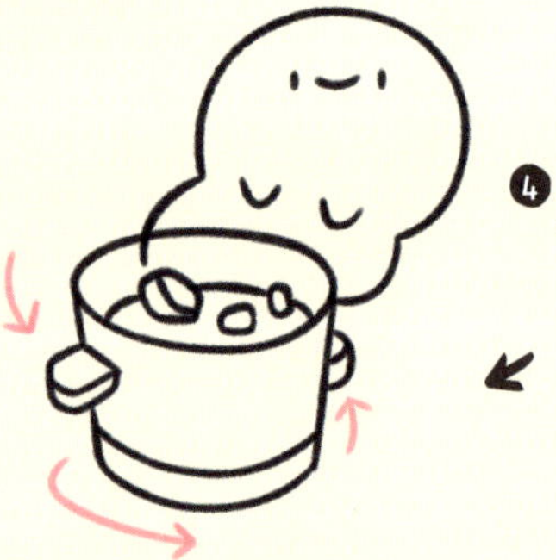

❹ WENN DU MÖCHTEST, DASS MAN IN DEN TOPF HINEINSCHAUEN KANN, ERSETZT DU DIE RECHTECKE DURCH ZYLINDER UND DREHST DIE GRIFFE UM 45°.

❺ SO LÄSST SICH ÜBRIGENS AUCH EIN NIEDLICHER STIELTOPF ZEICHNEN. ER BRAUCHT KEINEN DECKEL UND BEKOMMT NUR EINEN LANGEN GRIFF.

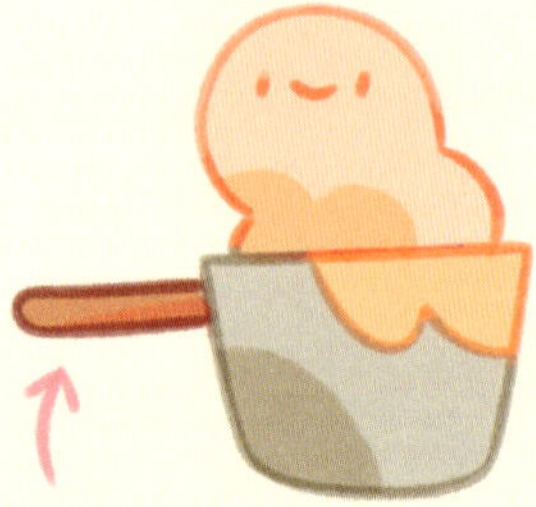

KÄSE

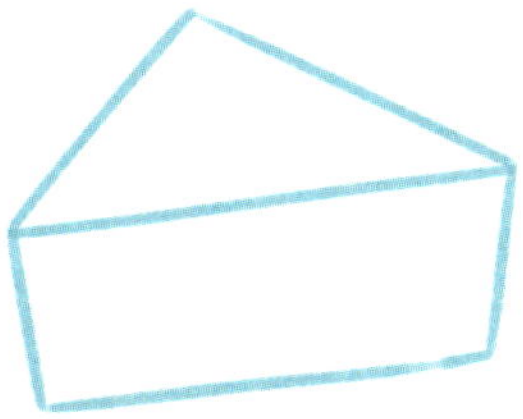

1. ZEICHNE EIN GROSSES DREIECK WIE EIN TORTENSTÜCK.

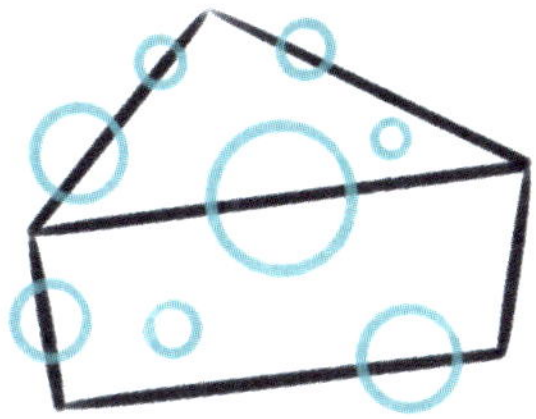

2. VERSIEH ES MIT BELIEBIG VIELEN KREISEN IN UNTERSCHIEDLICHER GRÖSSE.

3. AN DEN KANTEN HÖHLST DU DIE KREISE AUS.

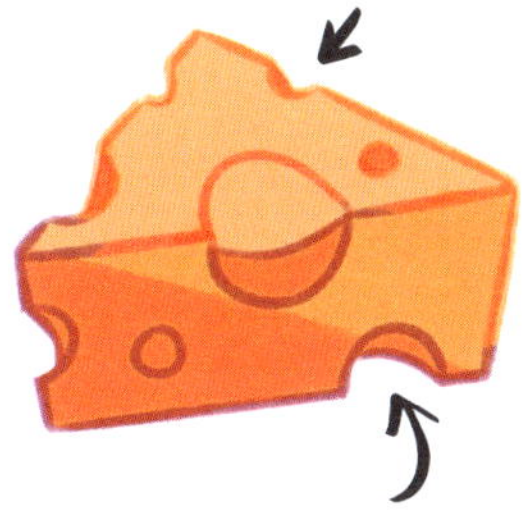

4. INNERHALB DER FLÄCHE TÖNST DU DIE KREISE DUNKLER, DAMIT SIE WIE LÖCHER WIRKEN.

EMPANADA

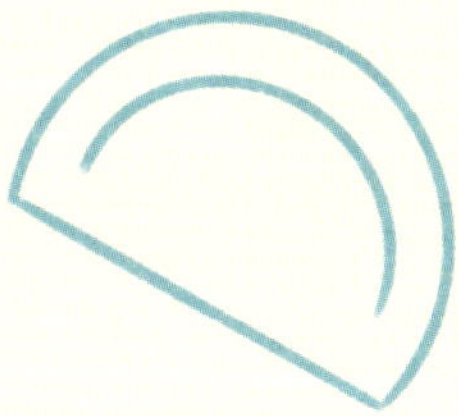

1. DU ZEICHNEST EINEN HALBKREIS. VERSIEH DEN ÄUSSEREN RAND MIT EINER WELLENLINIE.

2. DIE RÄNDER DER TEIGTASCHEN WERDEN VOR DEM BACKEN MIT EINER GABEL FEST ZUSAMMENGEDRÜCKT. DIE GABELSPUREN DEUTEST DU MIT KLEINEN STRICHEN AN.

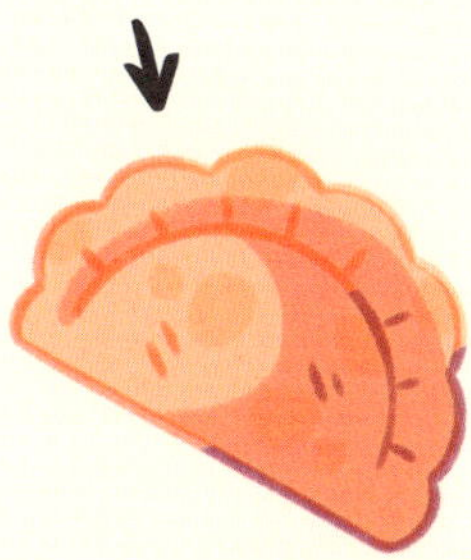

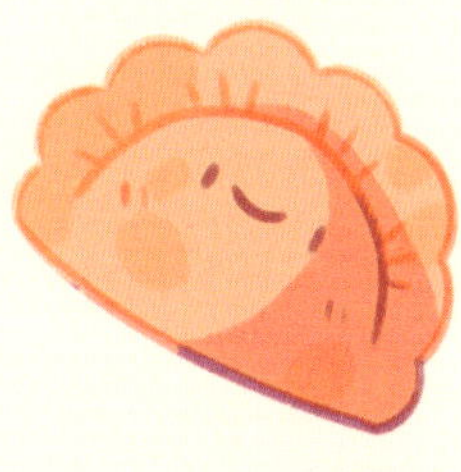

3. GIB DER EMPANADA EIN GESICHT UND SCHON WIRD SIE SÜSS.

APFEL

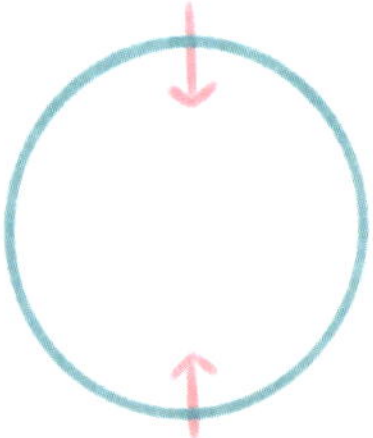

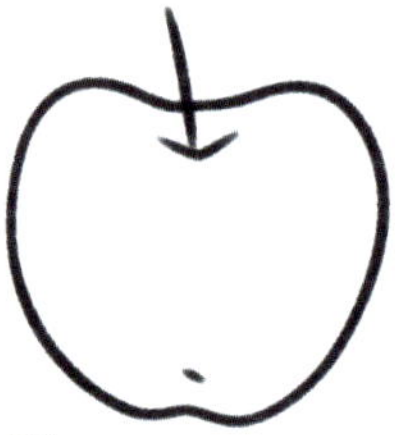

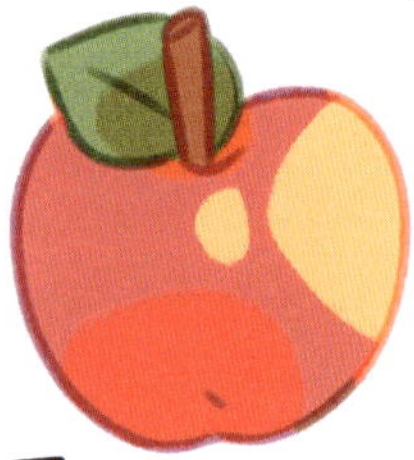

❸ BEI EINER APFELHÄLFTE ÄNDERT SICH NICHTS AN DER FORM, ABER BITTE DIE KERNE NICHT VERGESSEN!

❶ DIE GRUNDFORM EINES APFELS IST EIN KREIS MIT EINER KLEINEN DELLE OBEN UND UNTEN.

❷ ERGÄNZE DEN STIEL UND EIN BLATT, UND ER SIEHT ZUM ANBEISSEN AUS!

BIRNE

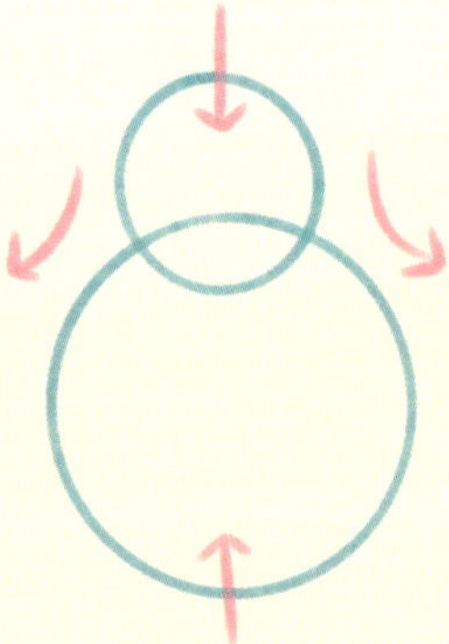

❷ BEI DEN WEITEREN DETAILS GILT DASSELBE WIE BEIM APFEL.

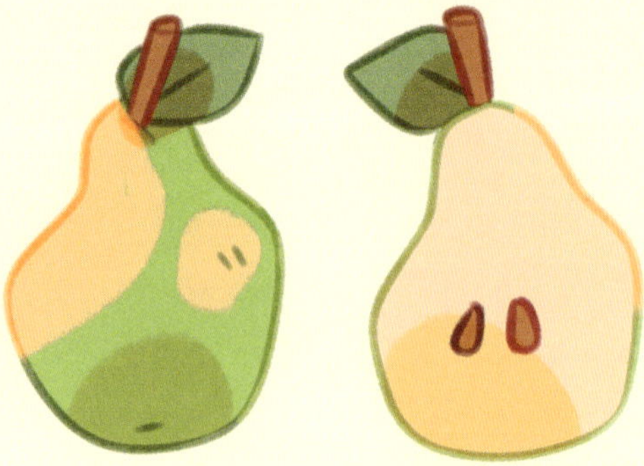

❶ FÜR EINE BIRNE ZEICHNEST DU ZWEI KREISE ÜBEREINANDER, DIE AUCH JEWEILS EINE DELLE HABEN.

BANANE

EINE BANANE SIEHT AUS WIE EIN FREUNDLICH LÄCHELNDER MUND MIT GERADEN MUNDWINKELN.

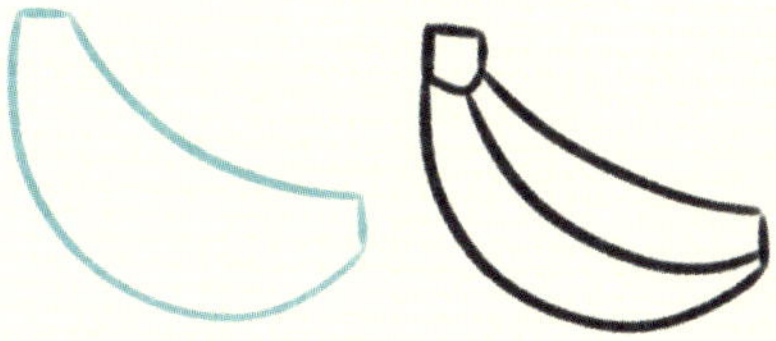

❶ ERGÄNZE AN EINER SEITE EINEN ECKIGEN STIELANSATZ UND ZIEH IN DER MITTE EINE LINIE, DIE DEM BOGEN DER KONTUREN FOLGT.

❷ ZUR ABWECHSLUNG KANN MAN EINE BANANE AUCH EIN BISSCHEN ECKIGER ZEICHNEN.

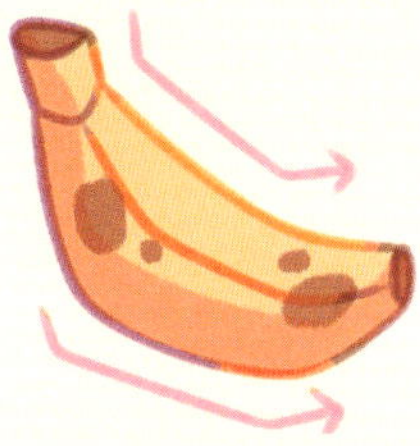

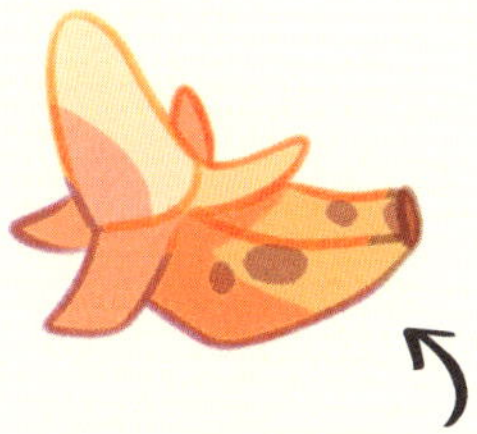

❸ ZUM ÖFFNEN DER BANANE ZEICHNE VIER GEBOGENE DREIECKE AN JEDE SEITE. ZUM ANBEISSEN!

ZITRONE

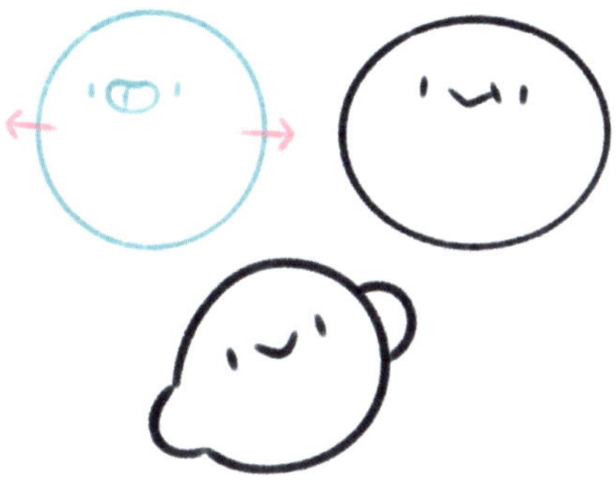

❶ ZEICHNE EIN OVAL MIT EINEM KLEINEN OHR AN JEDER SEITE, UND SCHON HAST DU EINE ZITRONE!

❷ ICH HABE BEIM KOLORIEREN ZWEI VERSCHIEDENE GELBTÖNE VERWENDET, UM DER FRUCHT TEXTUR ZU VERLEIHEN.

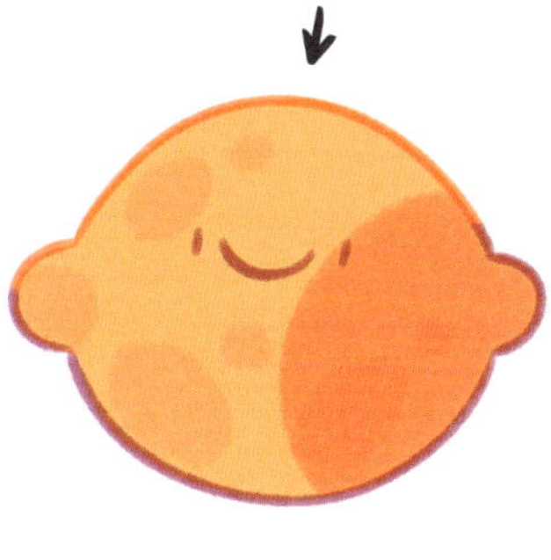

ERDBEERE

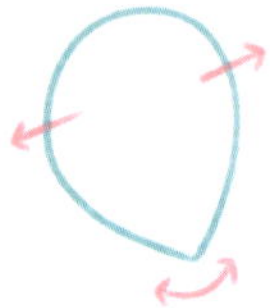

❶ FANGE MIT EINEM DICKEN TROPFEN AN, DER AUF DEM KOPF STEHT.

❸ NOCH VIER BIS FÜNF BLÄTTCHEN OBEN ERGÄNZEN. FERTIG!

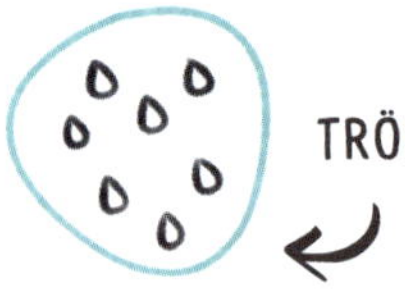

❷ SETZE LAUTER KLEINE TRÖPFCHEN INS INNERE DER FORM.

❹ DAS FRUCHTFLEISCH DER ERDBEERE IST HELLER. AUF DEM KOPF STEHEND GEZEICHNET, FÄLLT SIE NICHT UM.

BLAUBEERE

❶ BEGINNE MIT EINEM KREIS UND ZEICHNE EINE KLEINE BLÜTE HINEIN.

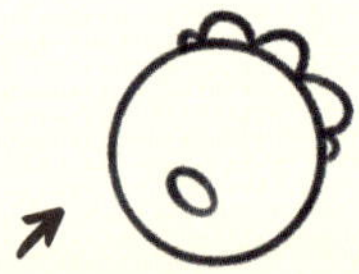

❷ WILLST DU DIE BEERE VON DER ANDEREN SEITE ZEIGEN, BEKOMMT SIE NUR EINEN KLEINEN PUNKT, UND DIE BLÜTE AUF DER ENTGEGENGESETZTEN SEITE IST KAUM ZU SEHEN.

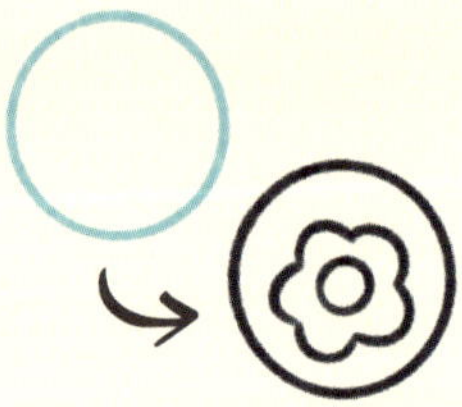

❸ MEISTENS ZEICHNE ICH GLEICH MEHRERE BEEREN, WEIL SIE SO KLEIN SIND. ERGÄNZE NOCH EIN PAAR BLÄTTER, DAMIT DIE ZEICHNUNG HARMONISCHER WIRKT.

HIMBEERE

❶ WIR BEGINNEN MIT DREI KLEINEN KREISEN.

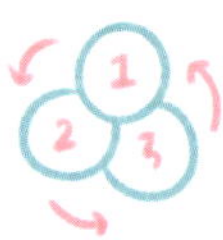

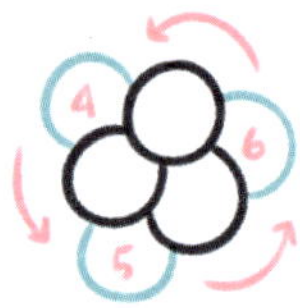

❷ ERGÄNZE WEITERE KREISE UM DIE BEREITS VORHANDENEN HERUM. BIS ZU 13 DÜRFEN ES WERDEN.

❸ FÜGE NOCH EIN PAAR BLÄTTCHEN UND DEN STIEL HINZU.

HONIG- & WASSERMELONE

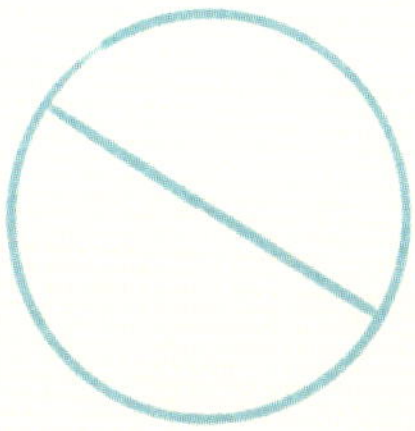

❶ ZEICHNE EINEN HALBKREIS UND ERGÄNZE ZUR INNENSEITE HIN EINEN ZWEITEN FÜR DIE SCHALE.

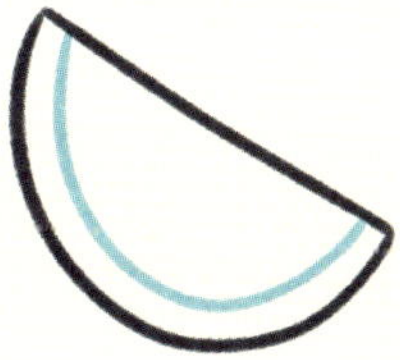

❷ DIE WASSERMELONE BEKOMMT JETZT NOCH EIN PAAR TROPFENFÖRMIGE KERNE.

❸ BEI DER HONIGMELONE ERGÄNZT DU NEBEN DEN KERNEN NOCH EINEN KLEINEN HALBKREIS, UM DAS KERNGEHÄUSE ANZUDEUTEN.

AUFGESCHNITTENE HONIG- & WASSERMELONE

WENN DU EINE DREIECKIGE PORTION DER FRUCHT ZEICHNEN MÖCHTEST, BEGINNE MIT DER FORM EINES PIZZASTÜCKS UND VERGISS NICHT, DIE HONIGMELONE OBEN ABZUSCHNEIDEN.

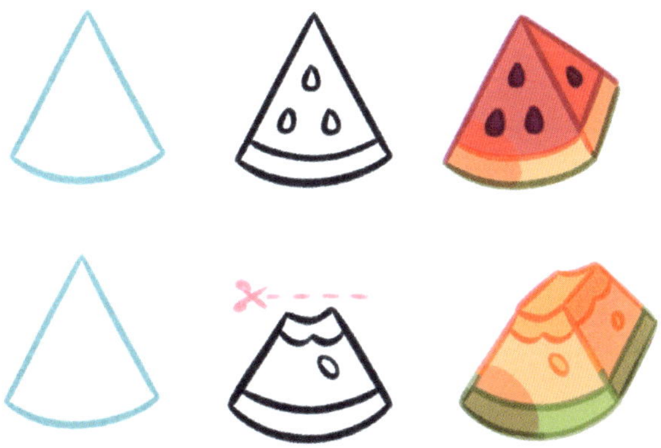

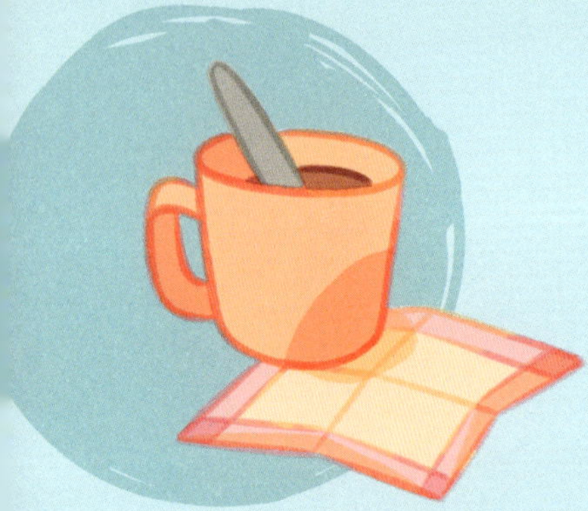

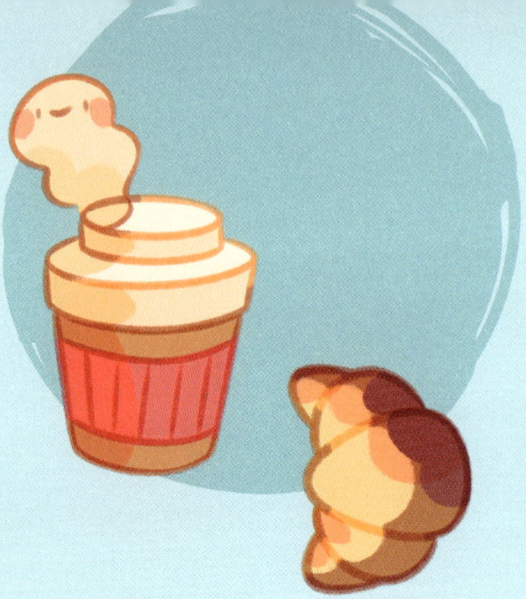

IN DER Bäckerei

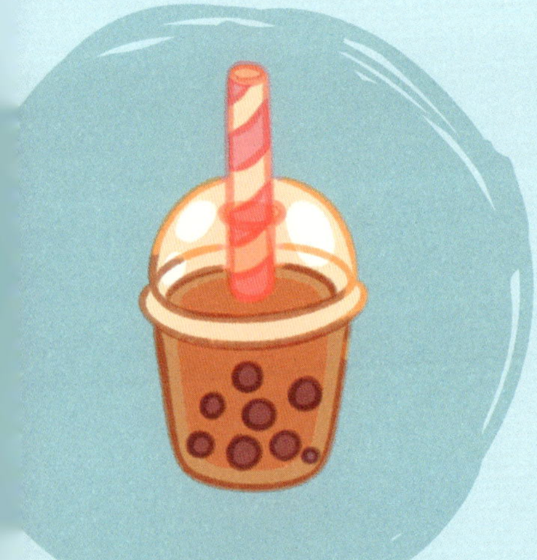

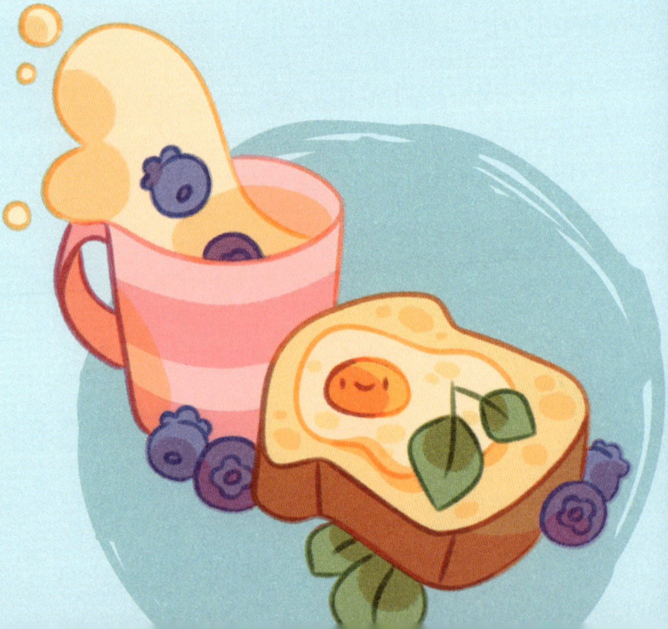

BREZEL

JETZT WIRD'S ETWAS KOMPLIZIERT.

❶ ZEICHNE EINEN BOGEN UND ACHTE DARAUF, DASS DIE ENDEN ÜBEREINANDER GEFÜHRT WERDEN.

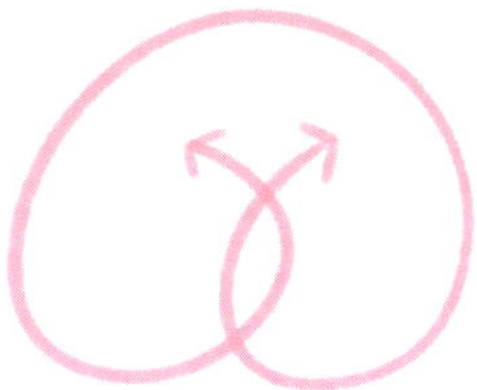

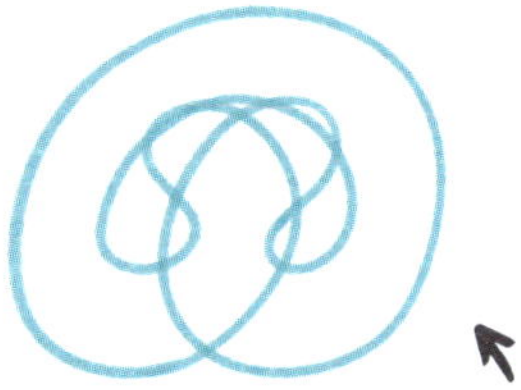

❷ SORGE DAFÜR, DASS DER BOGEN PLASTISCH WIRKT UND DIE BREZEL RUND AUSSIEHT.

❸ EIN ENDE DES BREZELTEIG-STRANGS ZEIGT NACH OBEN, DAS ANDERE NACH UNTEN.

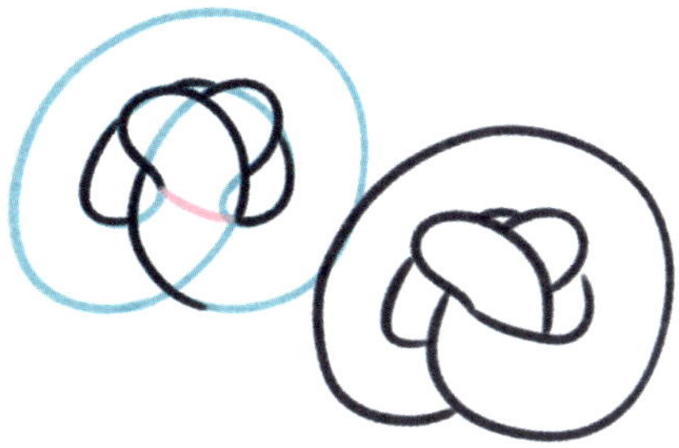

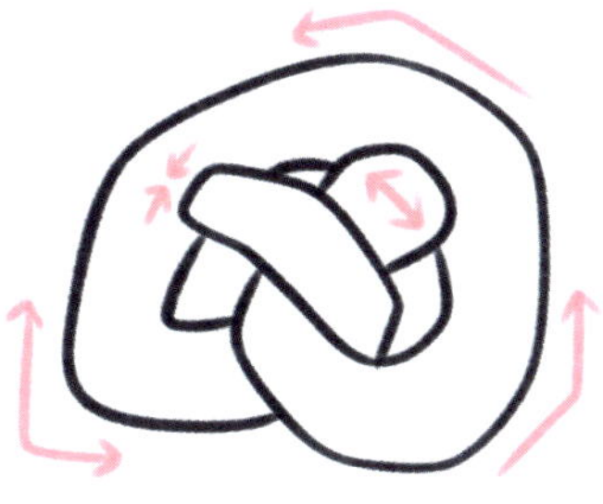

❹ WENN DU EIN BISSCHEN ÜBUNG HAST, ZEICHNE DEINE BREZELN DOCH ETWAS WENIGER RUND. SIE WIRKEN DANN REALISTISCHER.

❺ JETZT FEHLT NUR NOCH DAS SALZ. PERFEKT!

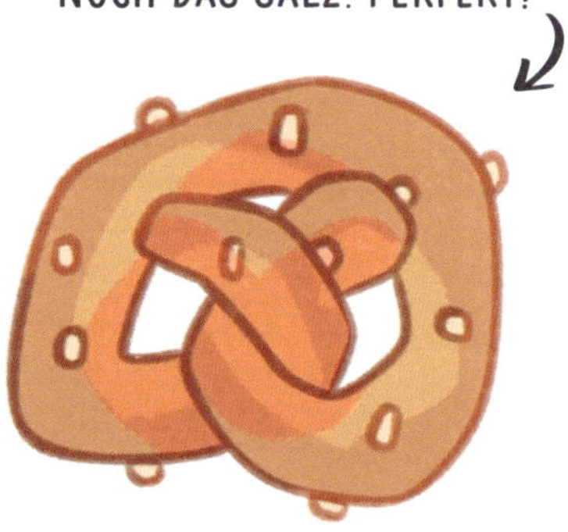

BROTSCHEIBE

❶ FANG MIT EINEM TRAPEZ AN UND GIB IHM OBEN ETWAS MEHR VOLUMEN.

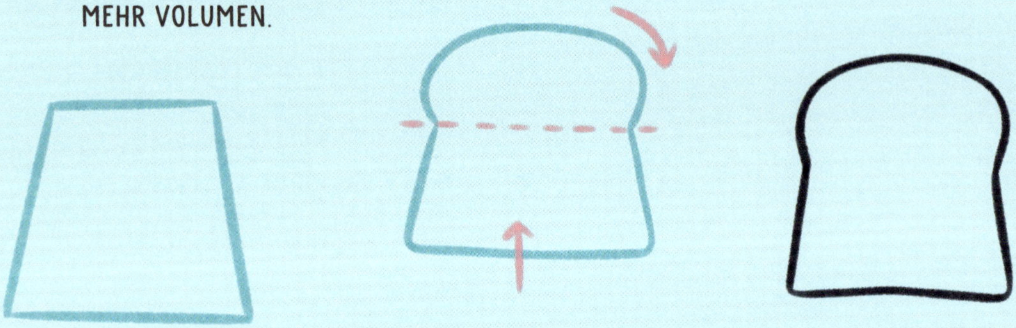

❷ NOCH REALISTISCHER WIRD ES, WENN DU DIE UNTERSEITE MIT EINEM KLEINEN BOGEN ZEICHNEST.

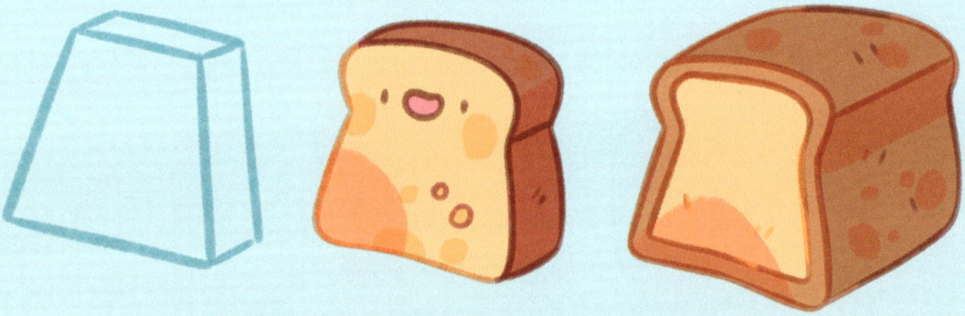

❸ MIT DENSELBEN ARBEITSSCHRITTEN KANNST DU DIE BROTSCHEIBE AUCH DICKER ZEICHNEN, SODASS SIE (JE NACH DICKE) WIE EINE SCHEIBE TOAST ODER SOGAR WIE EIN GANZER LAIB BROT AUSSIEHT.

TOAST

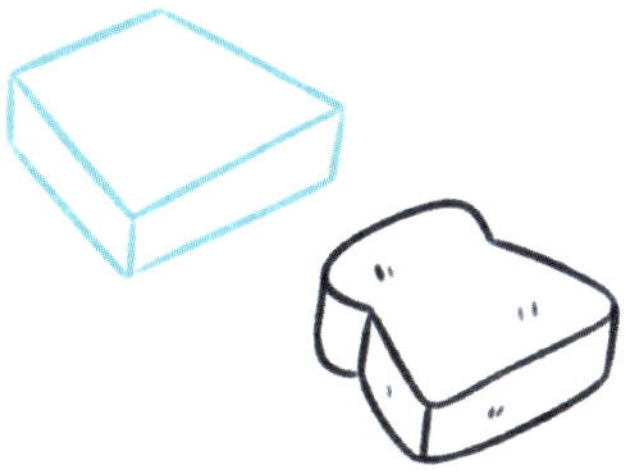

❶ BRINGE MIT DER VOLUMINÖSEN TRAPEZFORM LECKEREN TOAST AUF DEN TISCH.

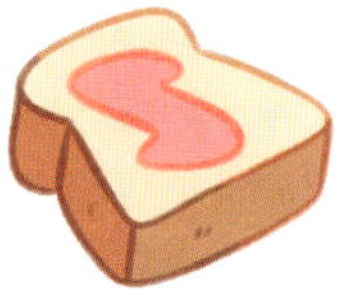

❷ MIT EINER S-FORM WIRD MARMELADE ANGEDEUTET.

❸ EIN KLEINER WÜRFEL MACHT EINEN TOAST MIT BUTTER DARAUS.

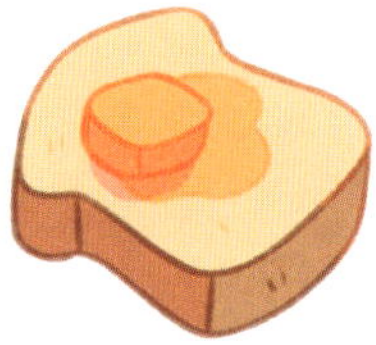

SPIEGELEI

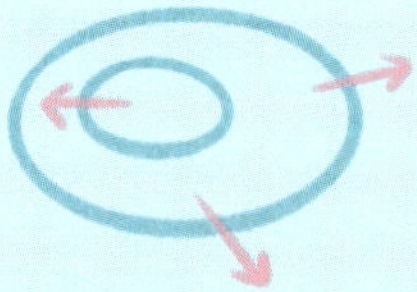

❶ FANGE MIT EINEM EINFACHEN SPIEGELEI AN, INDEM DU EINEN KLEINEN KREIS IN EINEN GRÖSSEREN SETZT.

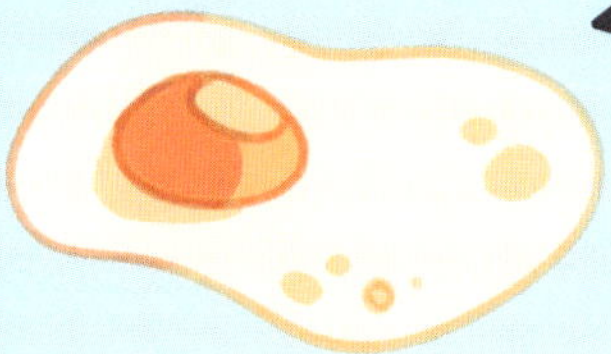

❷ GIB DEN RÄNDERN MEHR SCHWUNG UND PLATZIERE DAS EIGELB NICHT GENAU IN DER MITTE. NUN SIEHT ES RICHTIG APPETITLICH AUS!

TOAST MIT SPIEGELEI

❶ LEG EINE SCHEIBE KÄSE AUF DEN TOAST, DIE ECKEN ZEIGEN NACH UNTEN, DAMIT ES AUSSIEHT, ALS WÄRE DER KÄSE GESCHMOLZEN.

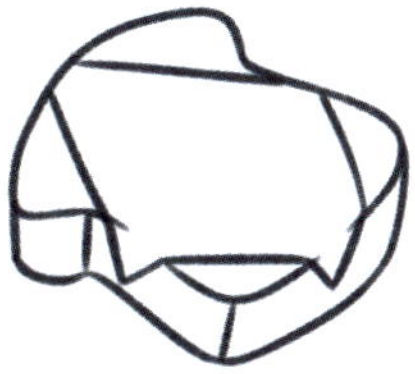

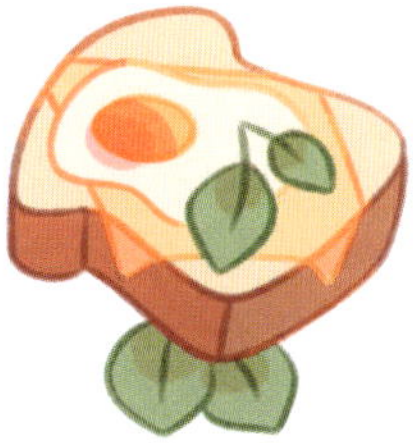

❷ DARAUF KOMMT DAS SPIEGELEI, GARNIERT WIRD DER LECKERE SNACK MIT EIN PAAR BLÄTTCHEN BASILIKUM.

BUBBLE TEA

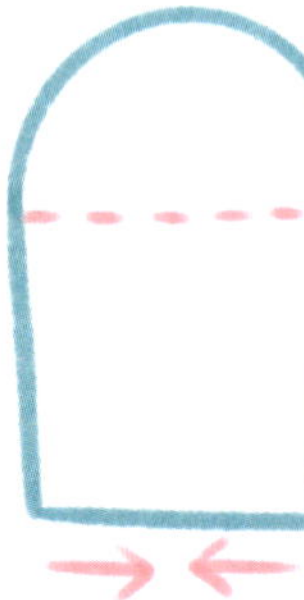

❶ HIER WIRKT ES AUF DEN ERSTEN BLICK EIN BISSCHEN KOMPLIZIERTER. ZEICHNE ZUERST EINEN ZYLINDER, DER UNTEN ETWAS SCHMALER IST, UND KRÖNE IHN MIT EINER HALBKUGEL. DAS GEFÄSS IST TRANSPARENT, ALSO BITTE KEINE LINIEN ENTFERNEN!

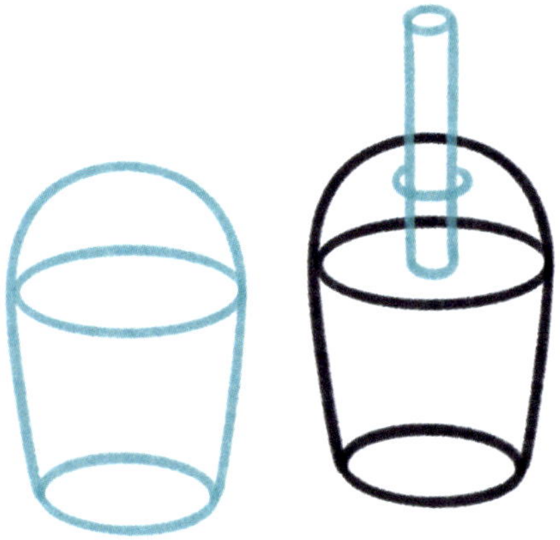

❷ MIT EINEM KLEINEN KREIS WIRD OBEN IN DER MITTE EIN LOCH ANGEDEUTET. DARIN STECKT EIN LANGER, SCHMALER ZYLINDER: DER TRINKHALM.

❸ WENN DU ES DIR ZUTRAUST, KANNST DU DEN DECKEL NOCH MIT EINEM RAND VERSEHEN. ACHTE DARAUF, DASS ER AUCH AUF DER RÜCKSEITE SICHTBAR IST. ZUM SCHLUSS FÜGST DU DETAILS BEIM TRINKHALM UND DIE TAPIOKAPERLEN HINZU.

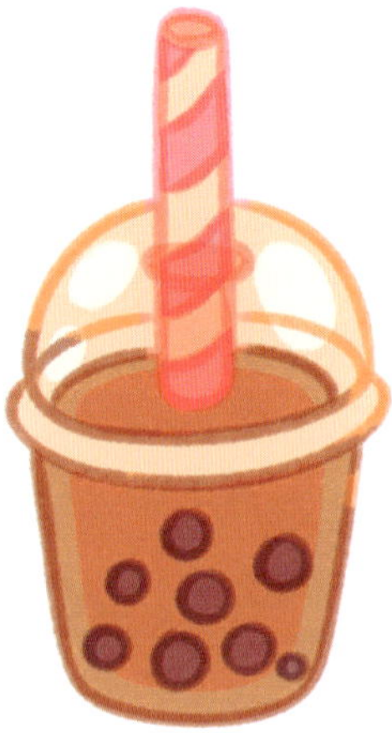

COFFEE TO GO

❶ FÜR DEN KAFFEEBECHER FOLGST DU DEN ANLEITUNGEN FÜR DEN BUBBLE TEA.

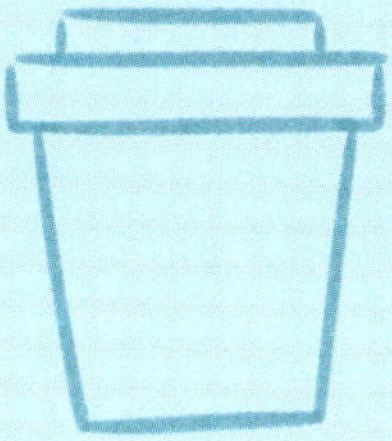

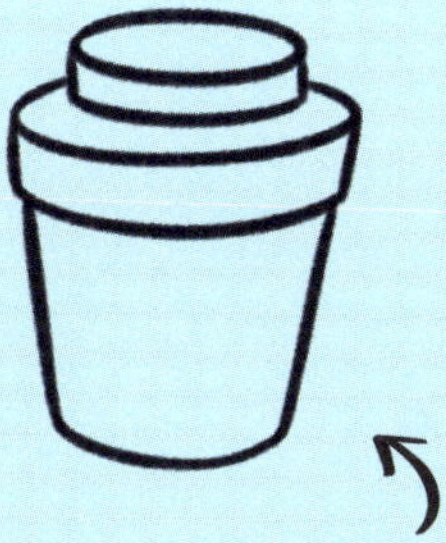

❷ DIESMAL IST DER BECHER NICHT TRANSPARENT, UND DER DECKEL IST FLACH.

❸ VERGISS DIE PAPIERMANSCHETTE NICHT UND ERGÄNZE EINE LUSTIGE KLEINE DAMPFWOLKE.

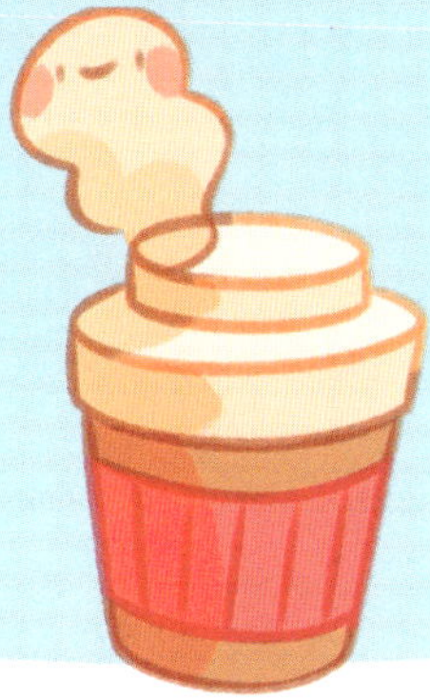

LIMONADE

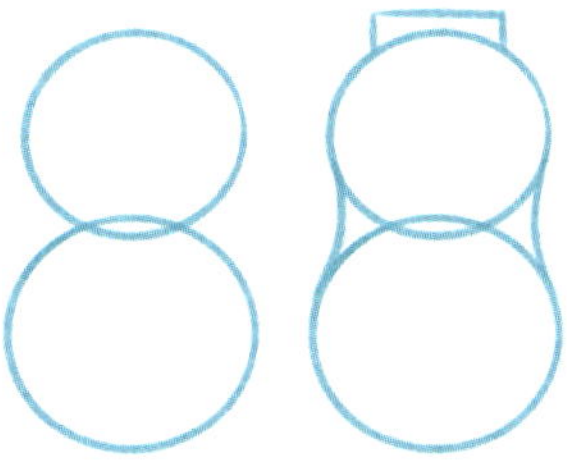

❶ ZEICHNE ZUERST ZWEI KREISE UND VERBINDE SIE DANN MIT SCHWUNGVOLLEN BÖGEN.

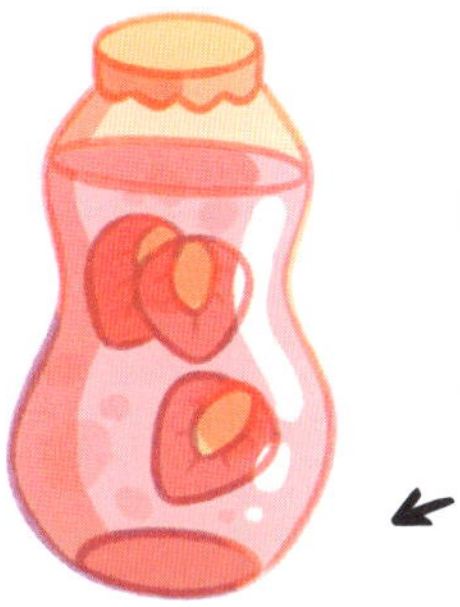

❷ FÜGE NOCH EINEN DECKEL HINZU. FÜLLE DANN DIE FLASCHE MIT MINERALWASSER UND BELIEBIGEN FRUCHTSTÜCKCHEN. ERDBEERLIMONADE MAG ICH BESONDERS GERN!

FRUCHTGELEE

❶ ZEICHNE EINEN KREIS UND VERSIEH IHN MIT EINEM DECKEL.

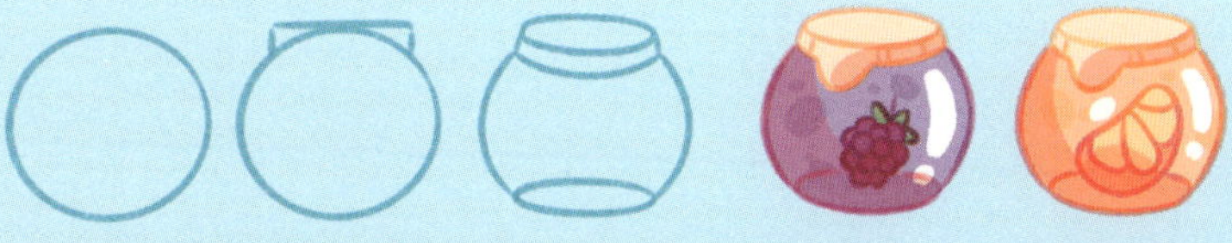

❷ ZEICHNE EIN OBSTSTÜCKCHEN ODER KLEINE FRÜCHTE WIE HIMBEEREN ODER BLAUBEEREN IN DAS GLAS.

TEEKANNE

❶ BEGINNE MIT EINEM KREIS, DEN DU OBEN UND UNTEN ABFLACHST. AUF EINER SEITE DES KREISES ZEICHNEST DU MIT EINEM BOGEN VON OBEN NACH UNTEN DEN HENKEL.

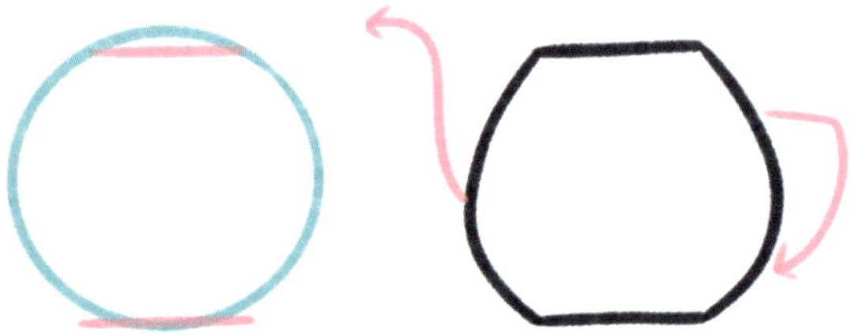

❷ AUF DER ANDEREN SEITE WIRD MIT EINER S-LINIE VON UNTEN BEGINNEND DIE TÜLLE HINZUGEFÜGT. SOWOHL HENKEL ALS AUCH TÜLLE SIND AM ANSATZ DICKER ALS AM ENDE.

❸ DANACH GIBST DU DEINER TEEKANNE EINEN DECKEL UND ERGÄNZT BELIEBIGE DETAILS. BLUMEN- ODER WELLENMUSTER AN DEN RÄNDERN SEHEN IMMER HÜBSCH AUS.

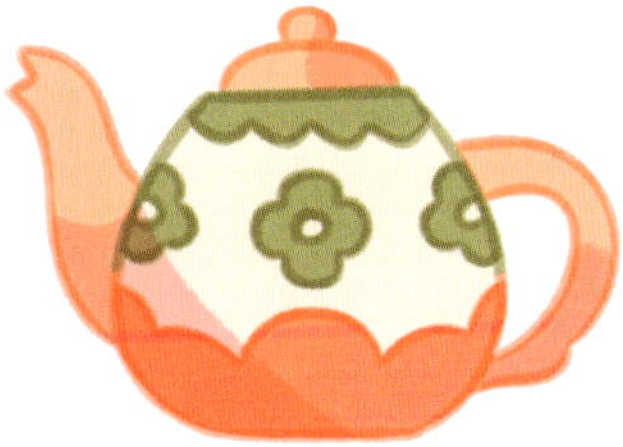

TEEBEUTEL

❶ ZEICHNE EIN KLEINES RECHTECK MIT EINEM ÜBERSCHLAG AN DER OBEREN KANTE.

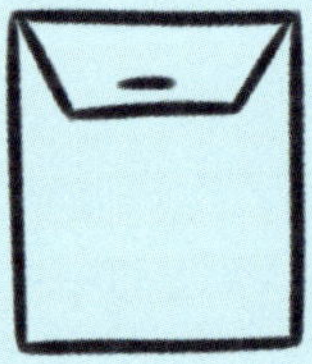

❷ JETZT MUSS NUR NOCH PERSPEKTIVE REIN. ZEICHNE DAZU DIE SEITEN ALS SCHMALE DREIECKE.

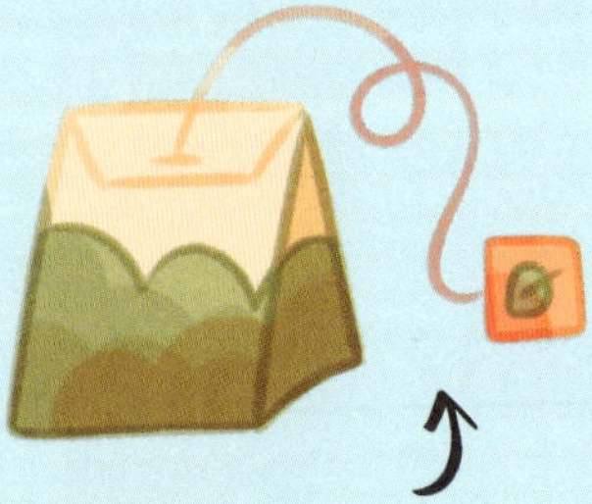

❸ VERGISS NICHT DEN FADEN MIT DEM ETIKETTANHÄNGER!

TASSE

❶ EINE TASSE IST EIN ZYLINDER, DER NACH UNTEN HIN SCHMALER WIRD.

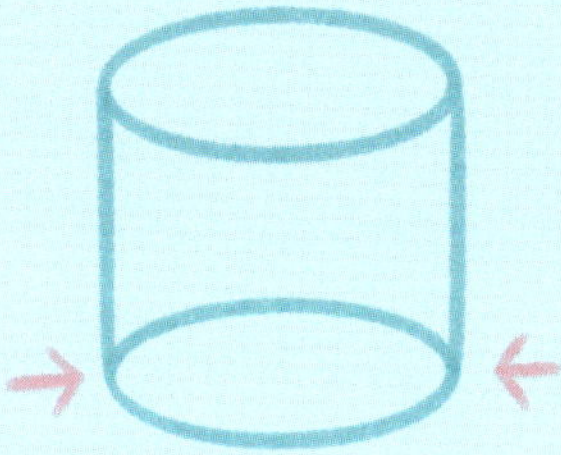

❷ ZEICHNE EINEN KRÄFTIGEN HENKEL – FERTIG!

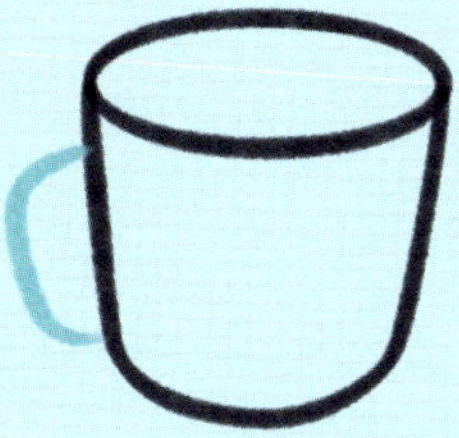

❸ JETZT KANNST DU DIE TASSE NOCH MIT EINEM BELIEBIGEN GETRÄNK FÜLLEN.

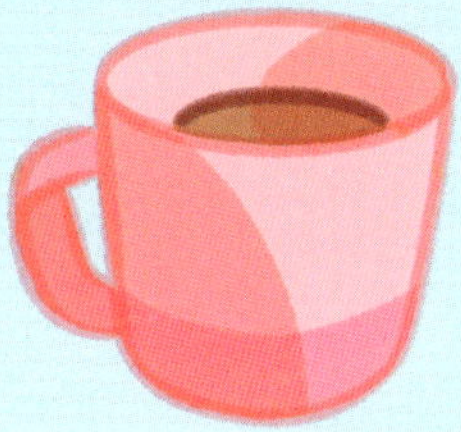

SERVIETTE

EINE SERVIETTE IST NUR EIN SCHLICHTES QUADRAT, DESHALB WIRD SIE ERST MIT EIN PAAR FALTEN INTERESSANTER.

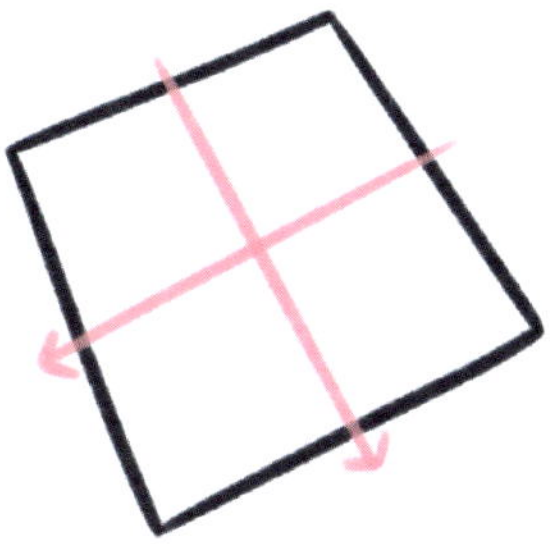

❶ ÜBLICHERWEISE WERDEN SERVIETTEN EINMAL LÄNGS UND EINMAL QUER ZUSAMMENGELEGT.

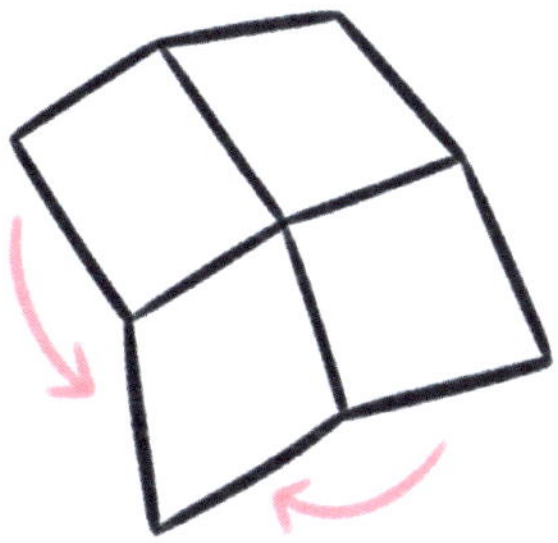

❷ IN DER MITTE DER RÄNDER HAT DIE SERVIETTE ENTWEDER EINEN KNICK NACH OBEN ODER UNTEN – JE NACH FALTUNG.

CROISSANT

HAST DU SCHON EINMAL ZUGESEHEN, WIE EIN CROISSANT GEMACHT WIRD? MAN ROLLT DEN TEIG ZU EINEM DREIECK AUS, DAS DANN VON DER BASIS ZUR SPITZE AUFGEROLLT WIRD. DESHALB IST DAS CROISSANT IN DER MITTE DICK UND WIRD ZU DEN SEITEN HIN DÜNNER.

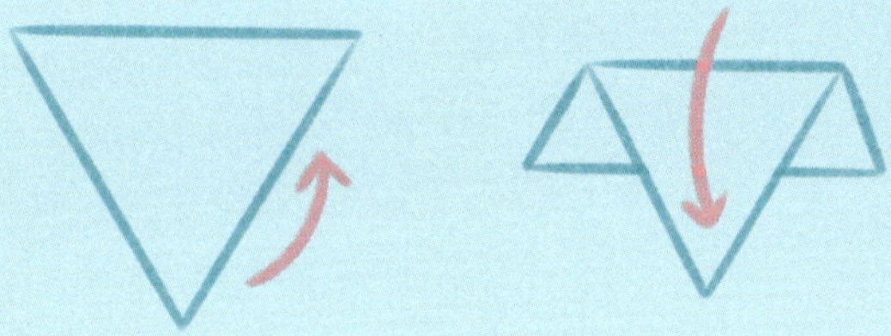

❶ FÜR DIE GRUNDFORM ZEICHNE ZUERST EIN DREIECK, WELCHES DEN MITTELTEIL DEFINIERT, DANACH LINKS UND RECHTS EIN RECHTECK. GANZ AUSSEN GIBST DU DEM CROISSANT SEINE ECKEN IN FORM VON DREIECKEN.

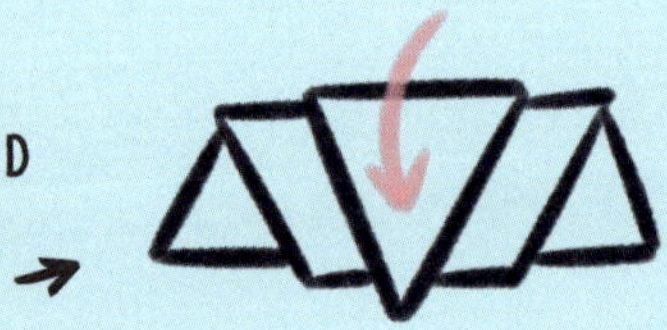

❷ NACH UND NACH VERLEIHST DU DEN LINIEN VOLUMEN, BIS DAS CROISSANT PLASTISCH WIRKT.

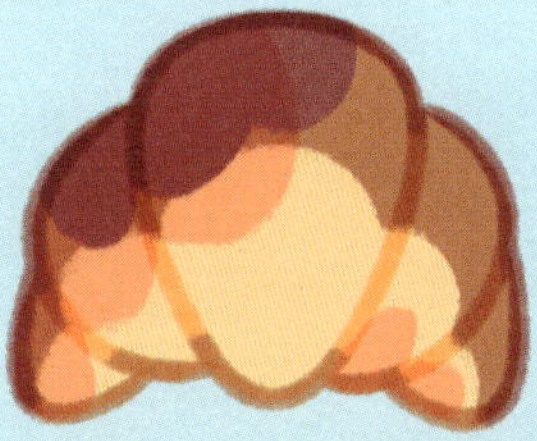

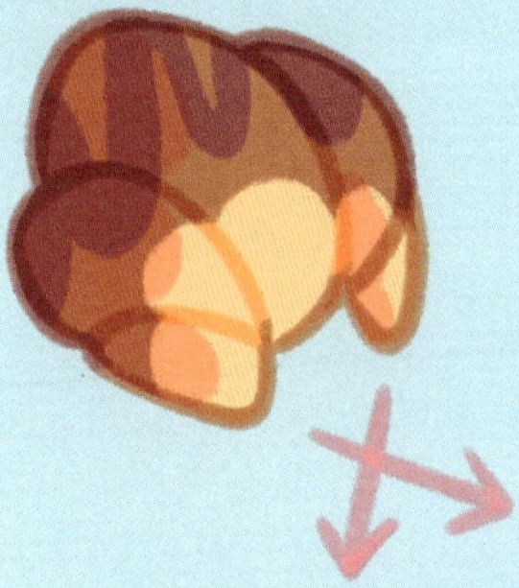

❸ DU KANNST CROISSANTS AUCH C-FÖRMIG ZEICHNEN, SODASS SICH DIE ENDEN FAST BERÜHREN.

DONUT

EINEN DONUT ZU ZEICHNEN IST KINDERLEICHT, ABER WIRKLICH PERFEKT IST ER ERST, WENN ER RICHTIG DICK UND RUND AUSSIEHT.

❶ RUNDE EIN RECHTECK SO WEIT WIE MÖGLICH AB.

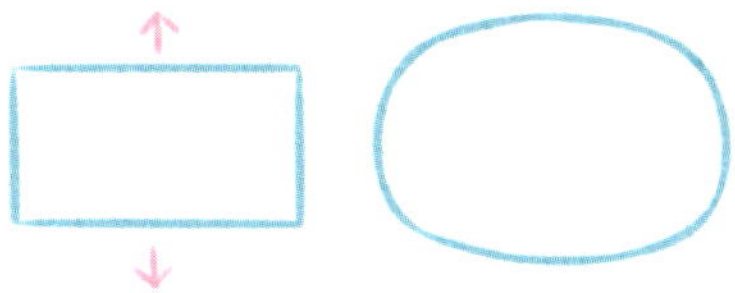

❷ ERGÄNZE DAS LOCH IN DER MITTE UND DEN WULSTIGEN RAND.

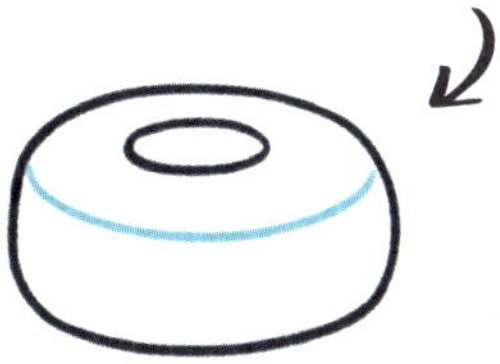

❸ LASS DIE GLASUR AN ALLEN SEITEN HERUNTERLAUFEN, MIT EIN PAAR BESONDERS DICKEN TROPFEN HIER UND DA, AUCH IN DER MITTE.

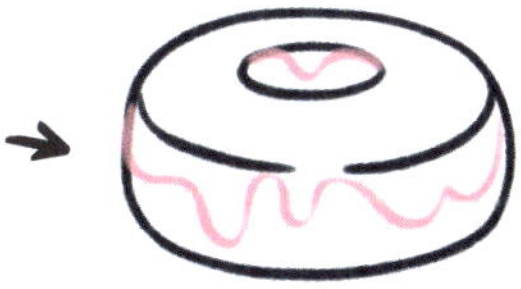

❹ ZUM SCHLUSS WIRD ER NOCH MIT VIELEN BUNTEN STREUSELN DEKORIERT.

ZIMTSCHNECKE

ZUNÄCHST EIN PAAR ÜBUNGEN: ZEICHNE EINE SPIRALE, DIE IN DER MITTE ANFÄNGT UND UNTEN ENDET.

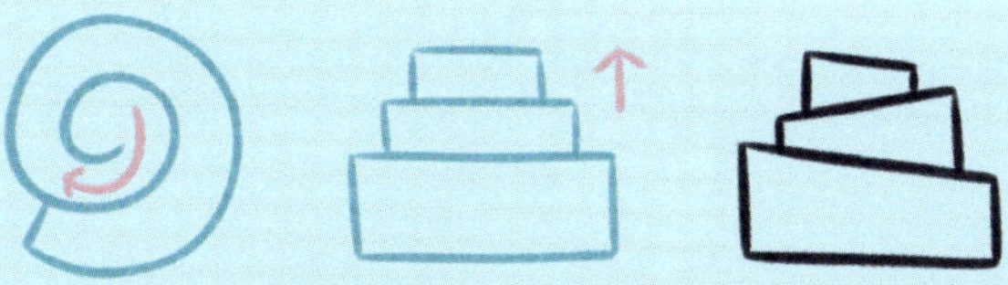

❶ VON DER SEITE SIEHT DIE ZIMTSCHNECKE AUS WIE EINE SCHIEFE TORTE AUS 3 EBENEN.

❷ JETZT GEHT'S RICHTIG LOS: ZEICHNE EINE UNPERFEKTE SPIRALE.

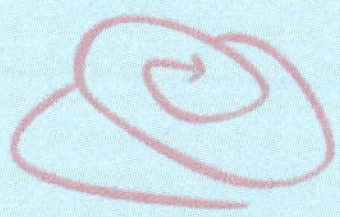

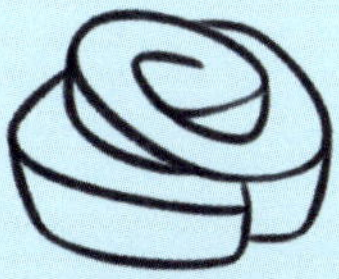

❸ GIB DER SPIRALE VOLUMEN.

❹ ERGÄNZE NOCH JEDE MENGE GLASUR, DIE BIS AUF DEN TISCH TROPFT.

PANCAKES

❶ ZEICHNE ZUERST ZWEI KREISE, DIE ÜBEREINANDER LIEGEN. UNSERE PFANNKUCHEN SOLLEN RICHTIG DICK UND RUND WERDEN.

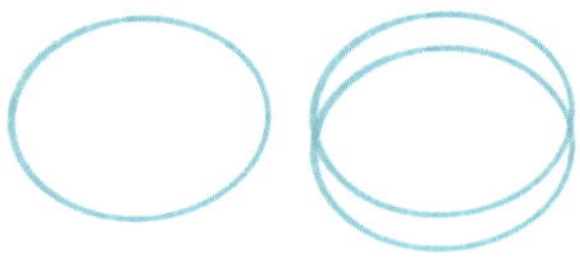

❷ BEIM BELAG HAST DU FREIE AUSWAHL: ZERLASSENE BUTTER, ERDBEEREN, BLAUBEEREN UND JEDE MENGE HONIG ODER SIRUP.

DA PFANNKUCHEN SO EINFACH ZU ZEICHNEN SIND, KANN MAN SIE WUNDERBAR MIT LUSTIGEN GESICHTERN VERSEHEN.

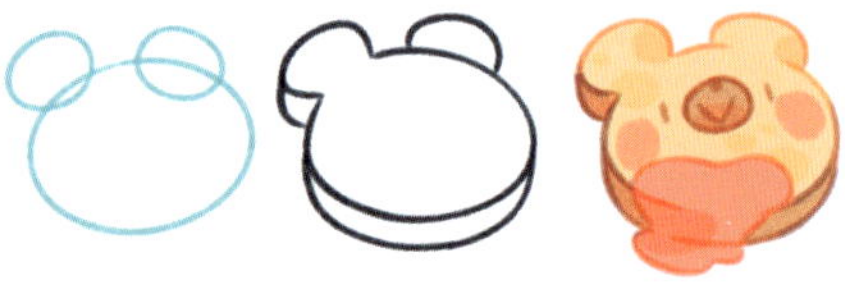

❶ ZWEI KLEINE KREISE OBEN, UND DER PANCAKE HAT BÄRENOHREN.

❷ ZWEI DREIECKE, UND ES WIRD EIN KATZENGESICHT DARAUS.

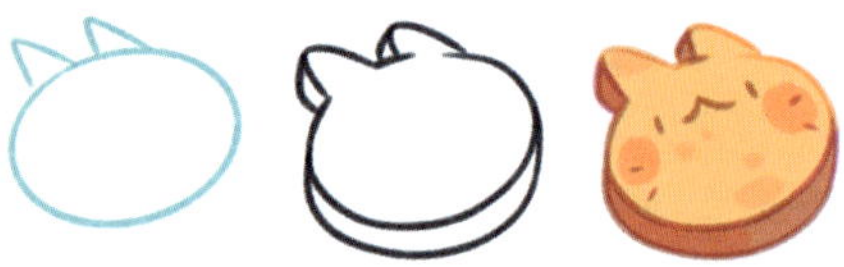

❸ ZEICHNEST DU DIE RÄNDER MIT WELLENLINIEN, SCHAUT DICH EIN NIEDLICHES HÜNDCHEN AN.

SAHNESCHNITTE

❶ DIESES TORTENSTÜCKCHEN BESTEHT AUS DREI SCHICHTEN. DAS DREIECK MUSS ALSO RECHT DICK SEIN, DAMIT SIE ALLE PLATZ FINDEN.

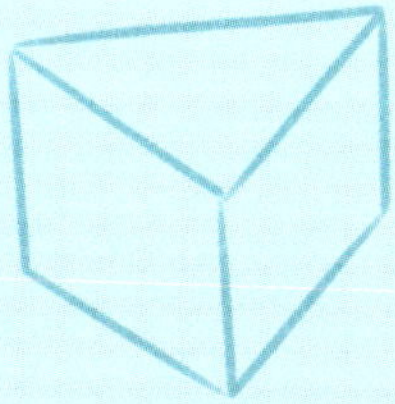

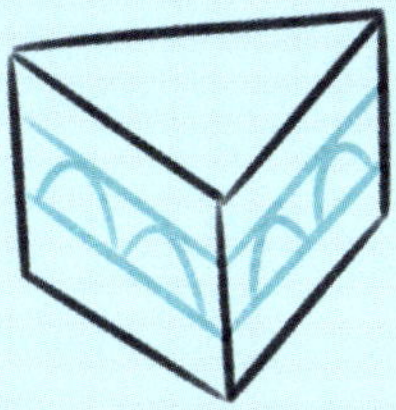

❷ IN DER MITTLEREN SCHICHT WERDEN HALBIERTE ERDBEEREN MIT HALBKREISEN ANGEDEUTET.

❸ DIE OBERSTE SCHICHT DEKORIEREN WIR MIT EINEM TUPFER SCHLAGSAHNE ODER EINER ERDBEERE.

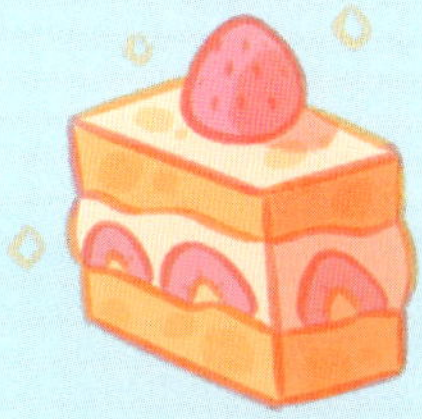

❹ DAS SAHNESCHNITTCHEN KÖNNTE AUCH RECHTECKIG SEIN. DAMIT DIE EINZELNEN SCHICHTEN DICK UND SAFTIG AUSSEHEN, SOLLTEN DIE ÜBERGÄNGE WEICH UND UNREGELMÄSSIG SEIN.

❺ WENN DAS SAHNESCHNITTCHEN AUF EINEM TELLER ODER EINER SERVIETTE PRÄSENTIERT WIRD, SIEHT ES NOCH APPETITLICHER AUS.

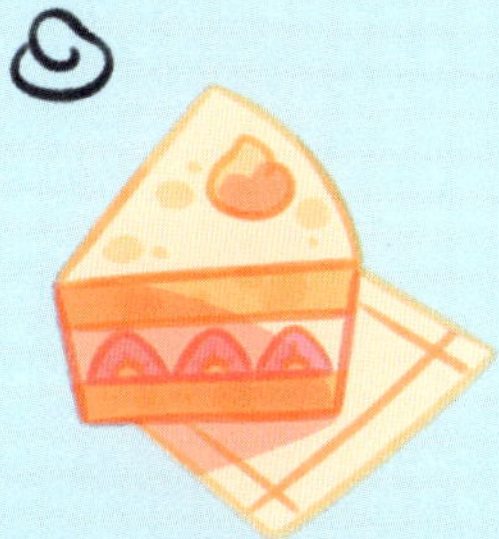

ERDBEERMARMELADE

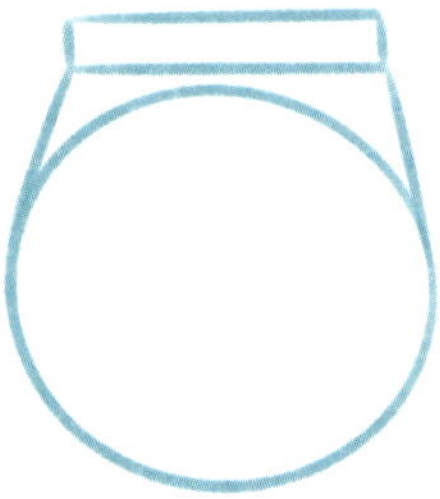

❶ ZUERST ZEICHNEST DU EINEN KREIS, DER EIN WENIG NACH OBEN VERLÄNGERT WIRD. DIE FORM SCHLIESST MIT EINER GERADEN LINIE AB, AUCH UNTEN WIRD DIE RUNDUNG BEGRADIGT.

❷ WENN DU EIN OFFENES MARMELADEN-GLAS ZEICHNEST, MUSST DU OBEN EINEN RAND FÜR DEN SCHRAUBVERSCHLUSS EINZEICHNEN. LASS ZUM RAND HIN EINEN ABSTAND, DAMIT ES SO AUSSIEHT, ALS SEI DAS GEFÄSS AUS DICKWANDIGEM GLAS.

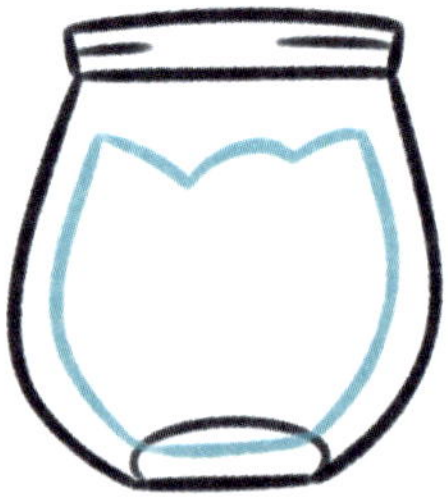

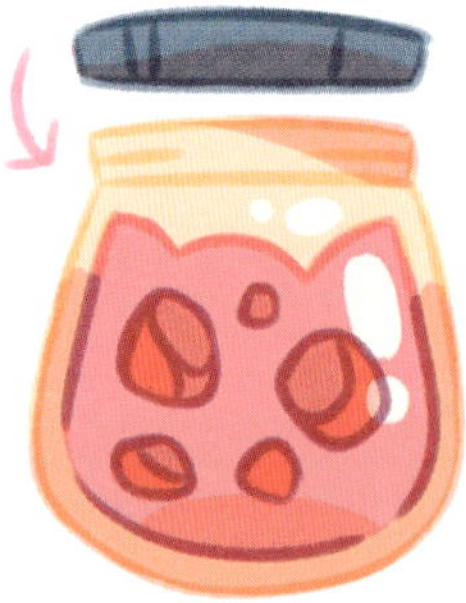

❸ EIN GESCHLOSSENES GLAS BEKOMMT EINEN DECKEL. DAS GLAS IST MIT MARMELADE MIT EIN PAAR FRUCHTSTÜCKCHEN GEFÜLLT. VERGISS NICHT, DASS EINE GLASOBERFLÄCHE IMMER GLANZLICHTER AUFWEIST.

❹ MÖCHTEST DU DAS GLAS VERSCHENKEN? DANN BEDECKE DEN DECKEL MIT EINEM STOFFDECKCHEN, DAS VON EINEM BAND ZUSAMMENGEHALTEN WIRD.

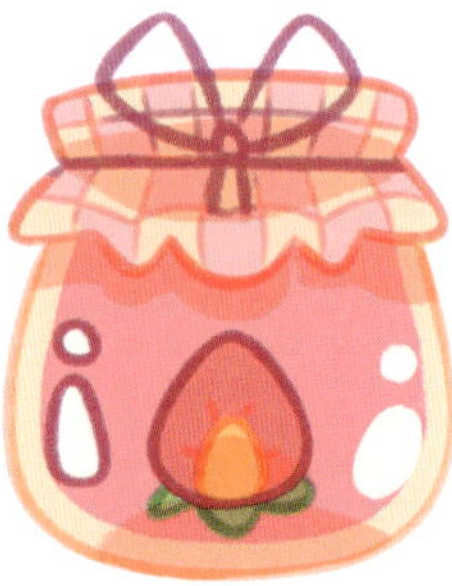

BUTTERKEKS

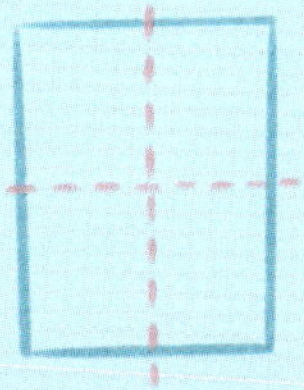

❶ ZEICHNE ALS GRUNDFORM FÜR DEN KEKS EIN RECHTECK.

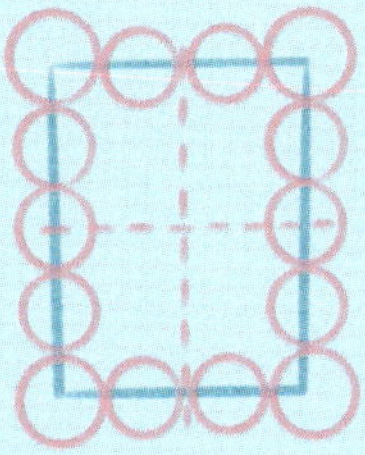

❷ SETZE AN JEDE ECKE EINEN KLEINEN KREIS. DIE ECKE BILDET DEN MITTELPUNKT DES KREISES.

❸ JETZT SETZT DU AN DIE RÄNDER OBEN UND UNTEN JE ZWEI UND AN DIE SEITEN DREI WEITERE KLEINERE KREISE.

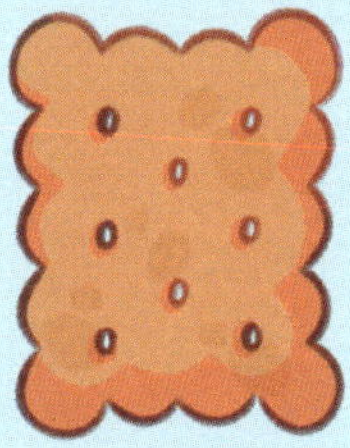

❹ ENTFERNE ALLE LINIEN AUSSER DER KONTUR UND DEUTE MIT KLEINEN KREISEN DIE LÖCHER IN DER KEKSOBERFLÄCHE AN.

SCHOKOLADENKEKS

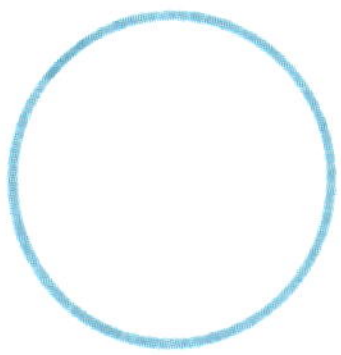

❶ DIE GRUNDFORM IST EIN KREIS.

❷ DIESE ART VON KEKSEN FÄLLT IMMER SEHR UNREGELMÄSSIG AUS.

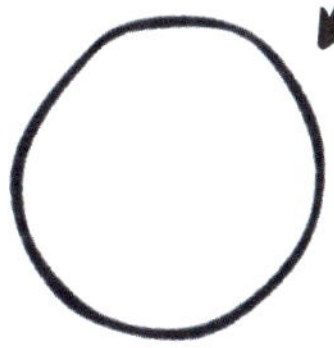

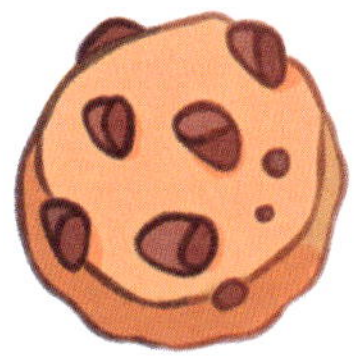

❸ VERTEILE EINIGE SCHOKOCHIPS ODER -TRÖPFCHEN AUF DEM COOKIE.

GEFÜLLTER DOPPELKEKS

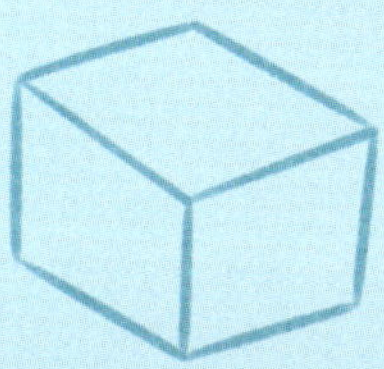

❶ ZEICHNE DIR EINEN QUADER VOR.

❷ UNTERTEILE DEN QUADER IN DREI SCHICHTEN. WICHTIG IST, DASS DIE FÜLLUNG SCHÖN DICK WIRD.

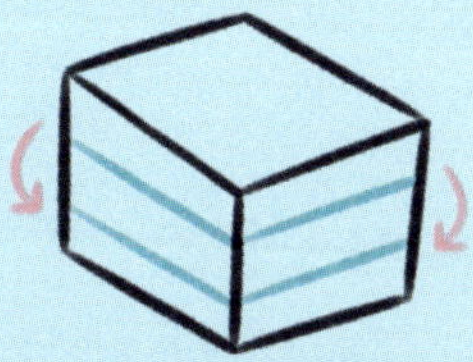

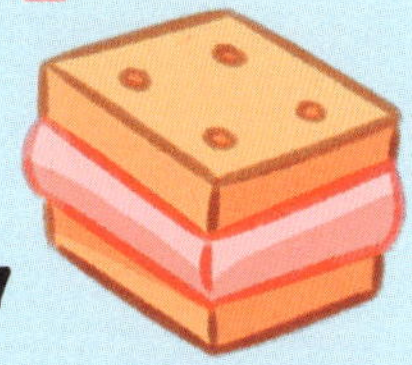

❸ RUNDE DIE KONTUREN DER CREME ETWAS AB, DAMIT ES SO AUSSIEHT, ALS WÜRDE SIE ZWISCHEN DEN KEKSEN HERAUSQUELLEN.

FLAN & WACKELPUDDING

❶ DIESELBE GRUNDFORM, EINEN NACH OBEN SCHMALER WERDENDEN ZYLINDER, KANNST DU SOWOHL FÜR EINEN FLAN ALS AUCH EINEN WACKELPUDDING BENUTZEN.

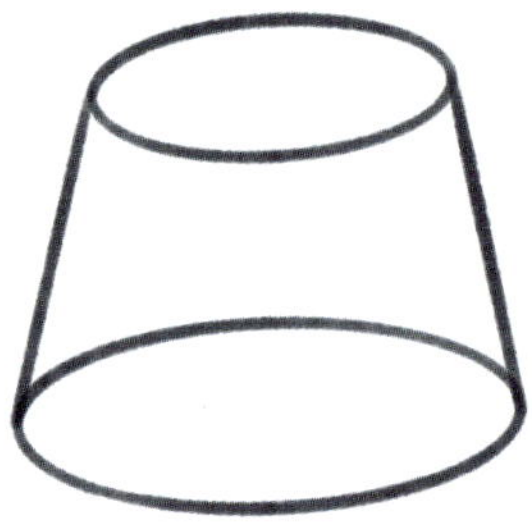

❷ WENN DU KARAMELLSAUCE DARÜBERGIBST, DIE AN DEN SEITEN HERUNTERLÄUFT, HAST DU EINEN FLAN GESCHAFFEN.

❸ FÜR EINEN LECKEREN WACKELPUDDING ZEICHNEST DU ZUERST KLEINE HALBKREISE UM DEN OBEREN RAND DER FORM. ZIEH DANN ZWISCHEN DEN HALBKREISEN LINIEN ZUM UNTEREN RAND DER FORM. DIE SO ENTSTANDENEN SEGMENTE WERDEN UNTEN MIT KLEINEN BÖGEN VERBUNDEN.

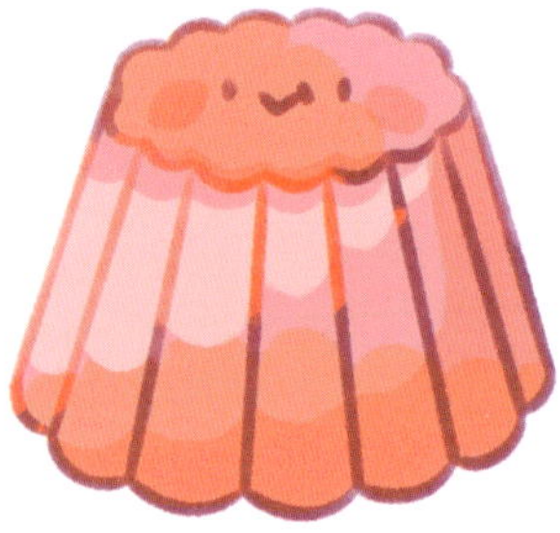

MARSHMALLOWS

❶ MARSHMALLOWS SIND KLEINE RUNDLICHE ZYLINDER.

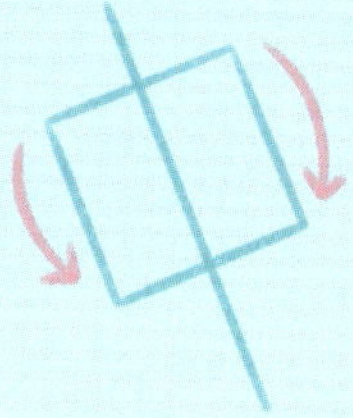

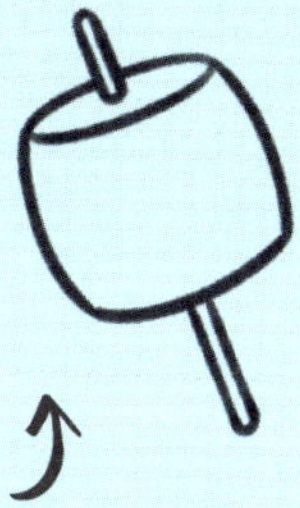

❷ ACHTE DARAUF, DASS DIE SEITLICHEN KONTUREN IM BOGEN VERLAUFEN.

❸ STECKE EIN PAAR VON IHNEN ÜBEREINANDER AUF EIN HOLZSTÄBCHEN, UND SCHON IST DEIN SUPERSÜSSER SNACK FERTIG.

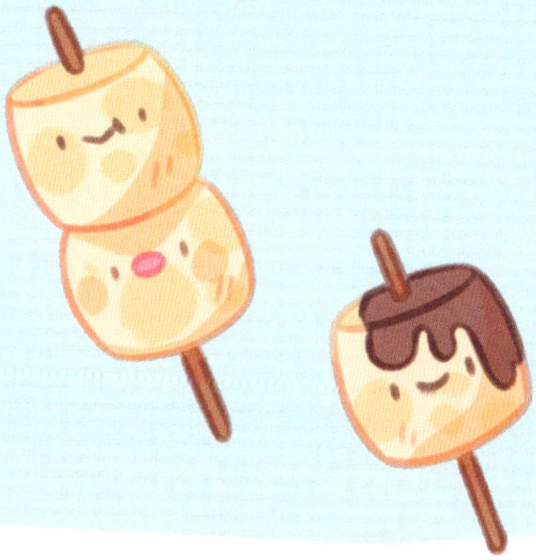

MACARON

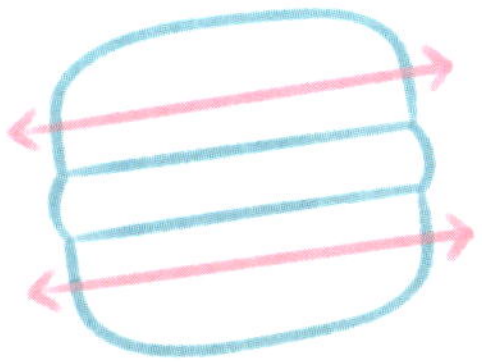

❶ ZEICHNE 3 AUFEINANDERLIEGENDE RECHTECKE MIT ABGERUNDETEN ECKEN. DAS MITTLERE DÜNNERE RECHTECK BILDET DIE CREME.

❷ BEIM BACKEN BEKOMMEN DIE MACARONHÄLFTEN EINEN DICKEN RAND.

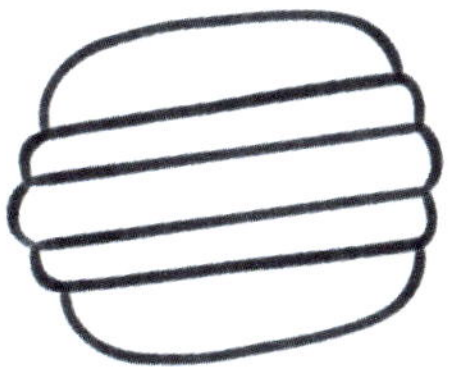

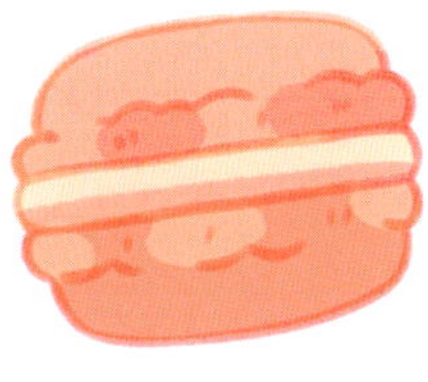

❸ ZEICHNE DEN RAND UNREGELMÄSSIG, DAMIT DAS SUPERLECKERE GEBÄCK NICHT SPÄTER WIE EIN GANZ NORMALER KEKS AUSSIEHT.

MUFFINS

MUFFINS GIBT ES IN GANZ VERSCHIEDENEN FORMEN,
GRÖSSEN UND DEN UNTERSCHIEDLICHSTEN PAPIERFÖRMCHEN.

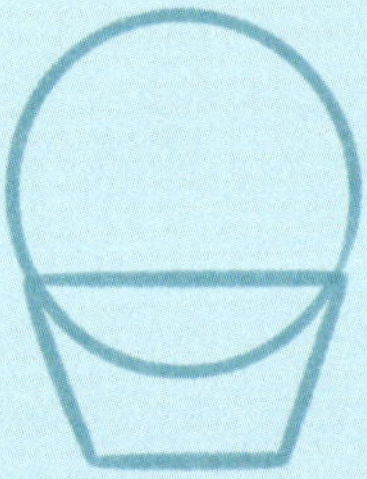

❶ ABER ALLE BASIEREN SIE
AUF DENSELBEN GRUNDFORMEN:
EINEM KREIS UND EINEM TRAPEZ.

❷ DA MUFFINS IM BACKOFEN AUFGEHEN,
MUSS DER KREIS ÜBER DIE SEITEN DES
RECHTECKS HINAUSGEHEN.

❸ DAS PAPIERFÖRMCHEN BEKOMMT JETZT
EINEN GEWELLTEN RAND. ANSCHLIESSEND
WIRD DER FERTIGE MUFFIN NOCH
MIT SCHOKOSTREUSELN VERZIERT.

❹ DU KANNST DIE FORM DES MUFFINS GERNE
NACH DEINEM GESCHMACK VERÄNDERN.
DU SIEHST, DASS ES VIELE VERSCHIEDENE
MÖGLICHKEITEN GIBT, MUFFINS ZU ZEICHNEN.

BROTLAIB

1. ZEICHNE EINEN QUADER MIT ABGERUNDETEN ECKEN.

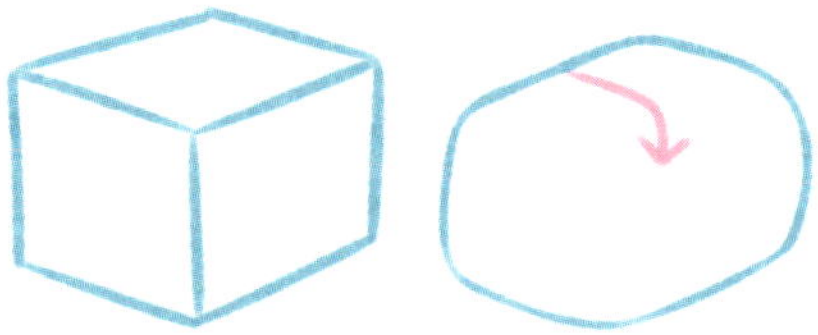

2. DIESER BROTLAIB WIRD VOR DEM BACKEN MIT EINEM SCHNITT IN DER MITTE VERSEHEN, DAMIT DIE KRUSTE SICH AN DIESER STELLE ÖFFNEN KANN.

3. DER SCHNITT IST V-FÖRMIG UND ETWAS HELLER ALS DIE KRUSTE.

4. BESTREUE DAS BROT NUN NOCH MIT EIN PAAR KÖRNERN.

BAUERNBROT

DIE ARBEITSSCHRITTE SIND DIESELBEN WIE BEIM BROTLAIB. NUR IST HIER DER SCHNITT GRÖSSER UND X-FÖRMIG.

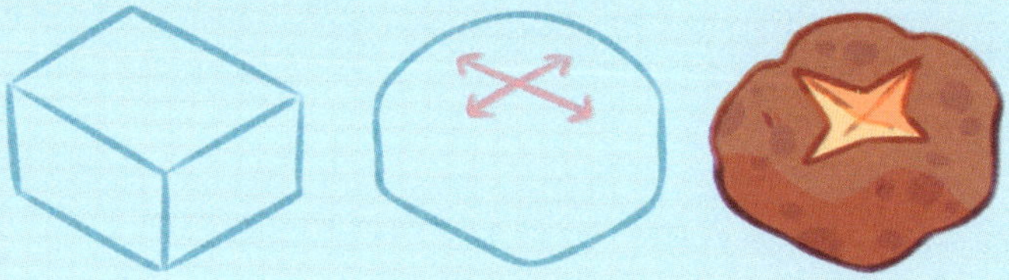

SANDWICH

1. JETZT SCHNEIDEN WIR DAS BROT DER LÄNGE NACH DURCH UND BELEGEN ES MIT LECKEREN DINGEN.

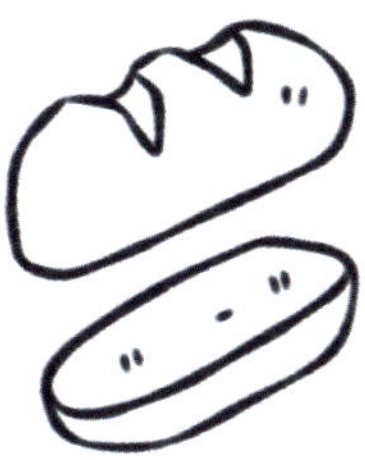

2. WAS HÄLTST DU VON KÄSE UND FRISCHEN TOMATEN?

3. DAS FÄHNCHEN IST DAS I-TÜPFELCHEN UNSERES LECKEREN SANDWICHS.

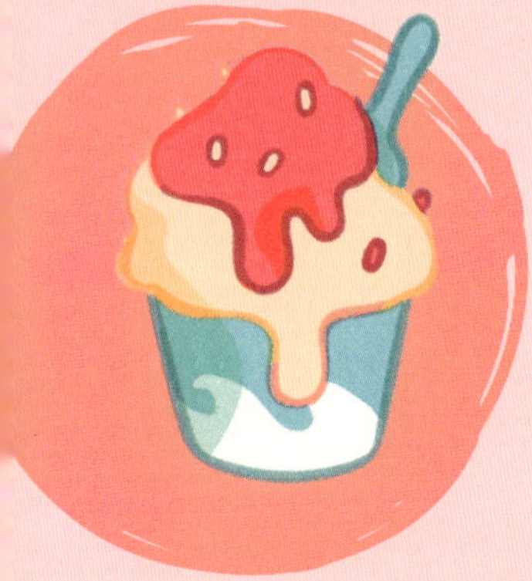

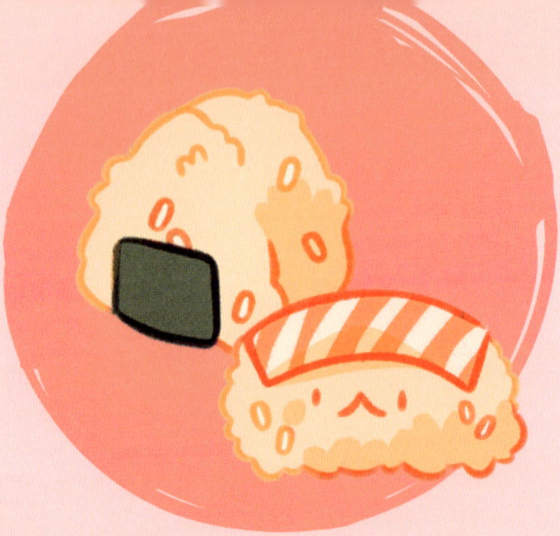

NIEDLICHE DINGE AUS Japan

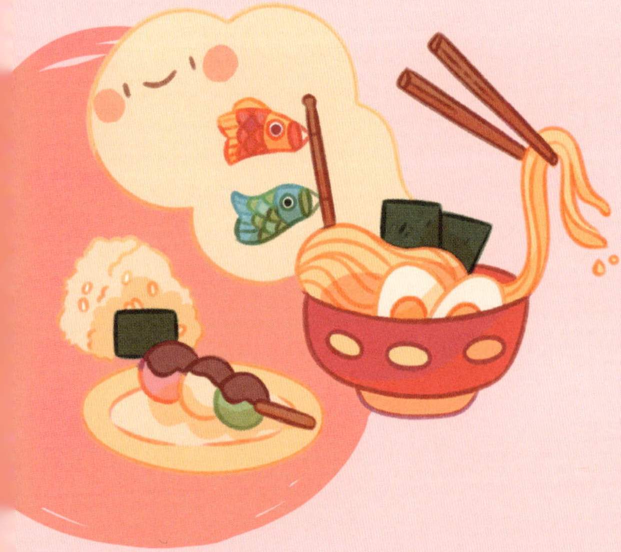

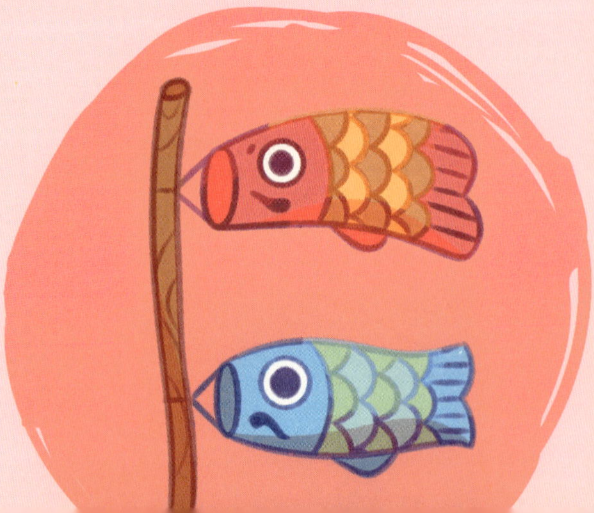

MOCHIS

MOCHIS SIND KLEINE KUCHEN AUS KLEBREIS. DA SIE WIRKLICH SEHR KLEBRIG SIND, WERDEN SIE NICHT MIT DER HAND GEGESSEN, SONDERN AUF EIN SPIESSCHEN GESTECKT.

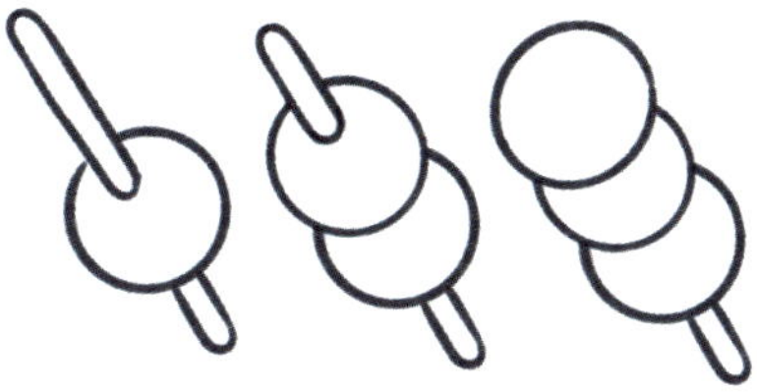

❶ ZEICHNE DREI KREISE ÜBEREINANDER.

❷ DU KANNST SIE ALLE CREMEFARBEN KOLORIEREN. WENN DU STATTDESSEN PINK, CREME UND GRÜN NIMMST, SIND SIE BESSER ZU ERKENNEN.

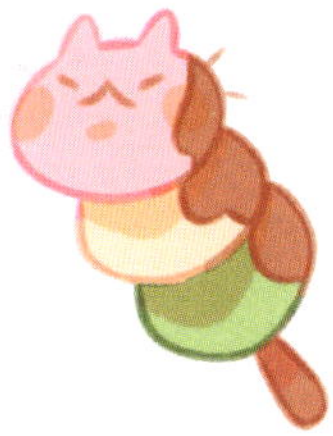

❸ BESONDERS NIEDLICH SEHEN SIE MIT EINEM KATZENGESICHT AUS!

TAKOYAKIS

TAKOYAKIS SIND MEINE ABSOLUTE LEIBSPEISE IN DER JAPANISCHEN KÜCHE! ES SIND KLEINE TEIGBÄLLCHEN, DIE MIT OKTOPUS GEFÜLLT SIND UND MIT MAYONNAISE UND GETROCKNETEM BONITO BELEGT WERDEN.

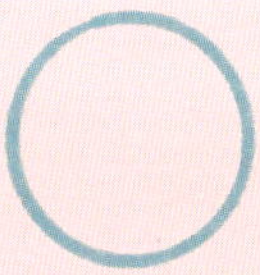

❶ ZEICHNE ZUERST EINEN KREIS.

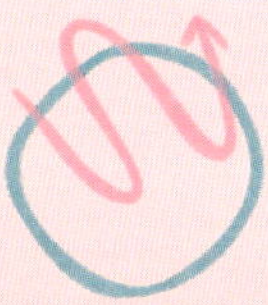

❷ DEKORIERE IHN MIT MAYONNAISE IN EINER S-FORM.

❸ DIE SAUCE LÄUFT AN DEN SEITEN DES TAKOYAKIS HERUNTER.

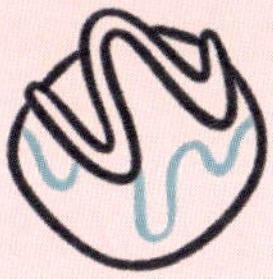

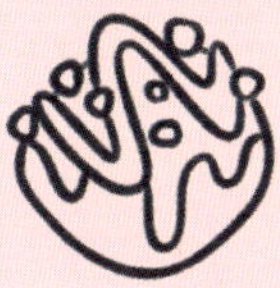

❹ GIB ZUM SCHLUSS NOCH ETWAS LAUCHZWIEBEL DARÜBER.

❺ ICH KANN GAR NICHT GENUG DAVON BEKOMMEN, ALSO ZEICHNE BITTE GLEICH DREI ODER VIER DAVON!

ONIGIRI

1 DU BEGINNST MIT EINEM DREIECK, DAS AN ALLEN SEITEN ABGERUNDET WIRD.

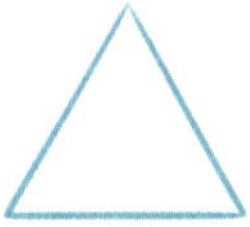

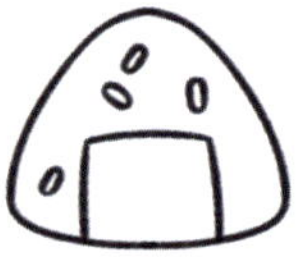

2 DA DER REIS KLEBRIG SEIN KANN, LEGST DU EINEN ALGENSTREIFEN DARUNTER.

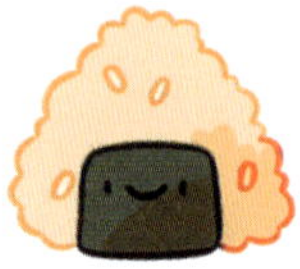

3 DAMIT MAN BESSER ERKENNT, DASS DAS ONIGIRI AUS REIS BESTEHT, ZEICHNEST DU DIE KONTUREN UNREGELMÄSSIG UND ERGÄNZT EIN PAAR REISKÖRNER.

4 MANCHE ONIGIRIS SIND MIT UMEBOSHI (EINER JAPANISCHEN PFLAUME) GEFÜLLT.

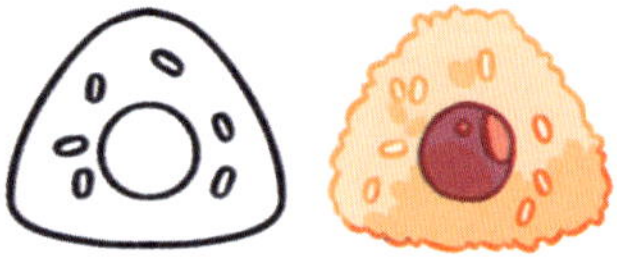

5 IN DER SEITENANSICHT SOLLTE DAS ONIGIRI MÖGLICHST RUND SEIN.

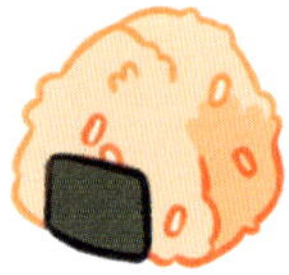

NIGIRI

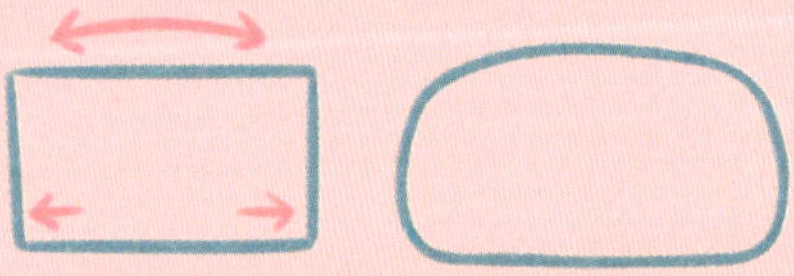

1 GEHE HIER GENAUSO VOR WIE BEI DEN ONIGIRIS. ALLERDINGS HABEN WIR JETZT EIN RECHTECK.

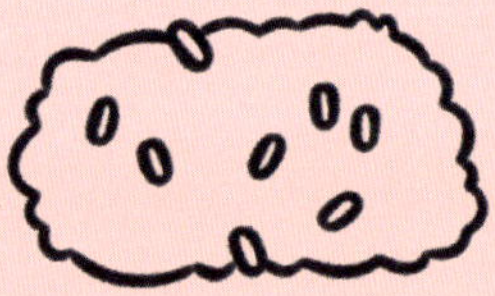

2 BITTE DIE REISKÖRNER NICHT VERGESSEN!

3 FÜGE EIN RECHTECK MIT EINEM SCHWANZ FÜR EINE GARNELE HINZU.

4 FÜR EINEN BELAG MIT LACHS ODER THUNFISCH ZEICHNE EIN EINFACHES RECHTECK.

5 DIE FARBEN SOLLTEN DABEI SO ECHT WIE MÖGLICH AUSSEHEN.

URAMAKI

URAMAKIS SIND KLEINE REISROLLEN MIT EINER FÜLLUNG IN DER MITTE.

❶ DU ZEICHNEST SIE ALS ABGERUNDETES QUADRAT MIT EINER SPIRALE IM INNEREN.

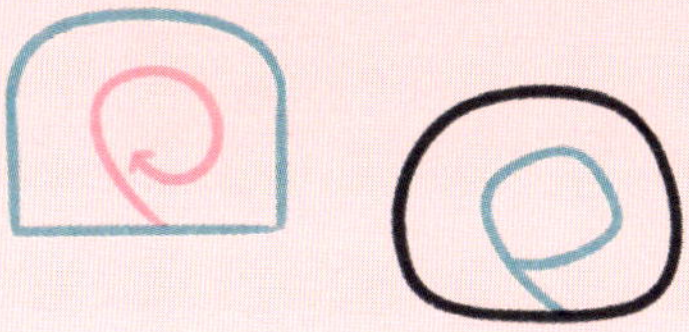

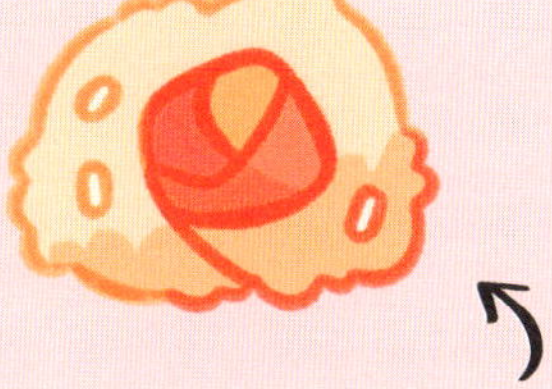

❷ TEILE DAS INNERE IN DREI SEGMENTE AUF UND KOLORIERE SIE UNTERSCHIEDLICH. ICH BENUTZE IMMER WARME FARBTÖNE, DAMIT DIE FÜLLUNG AN ROHEN FISCH ERINNERT.

NORIMAKI

❷ ERGÄNZE OBEN DIE VORDERANSICHT DES URAMAKIS UND WIEDER EIN PAAR REISKÖRNER.

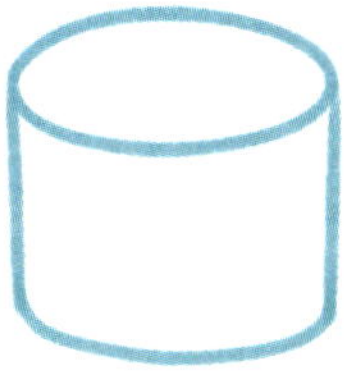

❶ BEGINNE MIT EINEM ZYLINDER.

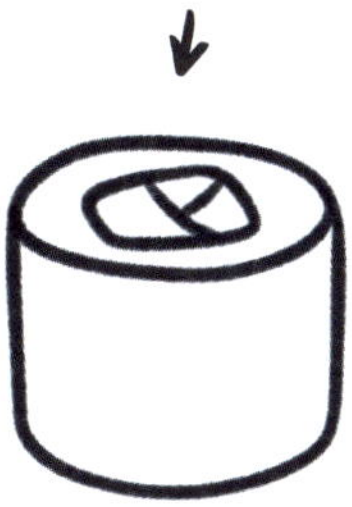

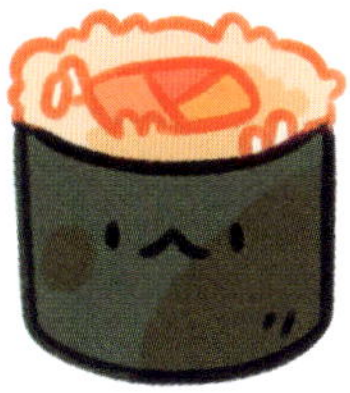

❸ JETZT UMWICKELST DU DEN ZYLINDER MIT EINEM DUNKELGRÜNEN ALGENBLATT UND ZEICHNEST IHM EIN NIEDLICHES GESICHT.

TEMPURA

TEMPURA NENNT MAN IN TEIG FRITTIERTE SPEISEN. UNTER DEM TEIGMANTEL KANN SICH ALLES MÖGLICHE VERBERGEN. BEIM ZEICHNEN SOLLTE DER INHALT NOCH AN DER FORM ZU ERAHNEN SEIN. HIER WURDE EINE GARNELE FRITTIERT.

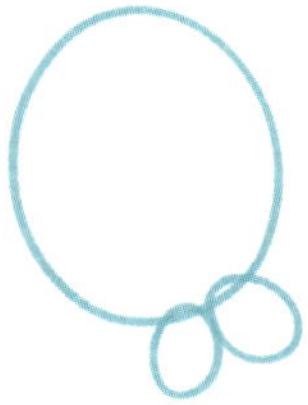

❶ ZEICHNE EINEN RUNDEN KÖRPER UND DEUTE DURCH ZWEI KREISE EINEN SCHWANZ AN.

❷ DIE KONTUREN SIND UNREGELMÄSSIG.

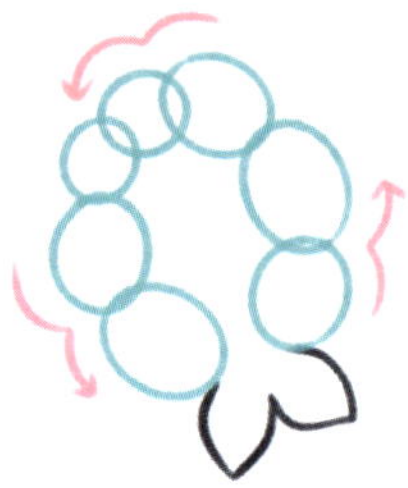

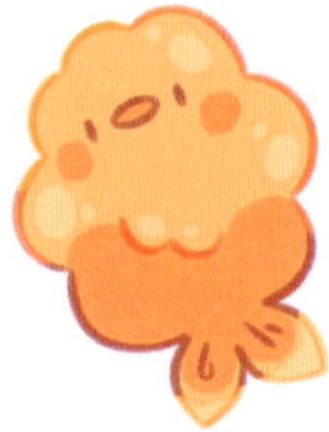

❸ GLANZLICHTER LASSEN DARAUF SCHLIESSEN, DASS ES SICH UM EINE ZIEMLICH FETTIGE KÖSTLICHKEIT HANDELT.

STEAMED BUN

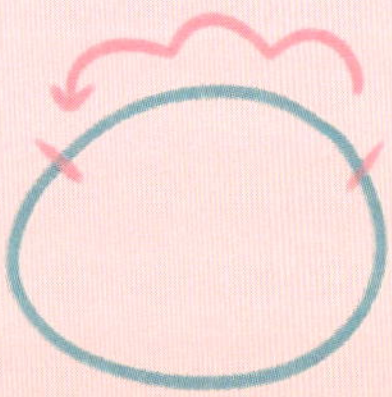

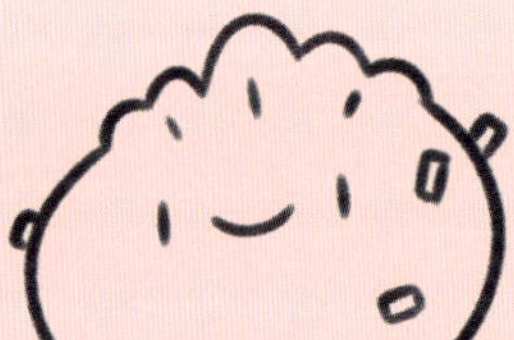

❷ DIESES KLEINE BRÖTCHEN HAT EINE FLEISCHFÜLLUNG. NOCH EIN WENIG FRÜHLINGSZWIEBEL DARÜBER UND FERTIG!

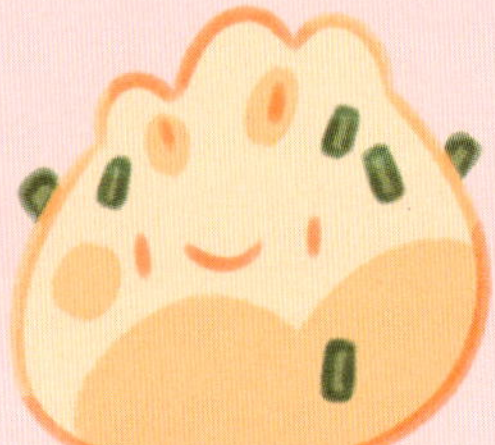

❶ ZEICHNEN WIR EIN OVAL UND MACHEN DEN OBEREN RAND ETWAS UNREGELMÄSSIG AN DER STELLE, WO DAS BRÖTCHEN NACH DEM FÜLLEN WIEDER GESCHLOSSEN WURDE.

RAMEN

DIESE JAPANISCHE NUDELSUPPE KANN GANZ VIELE ZUTATEN HABEN. MEIN „REZEPT“ IST GANZ EINFACH, DAFÜR ABER SCHÖN BUNT.

❶ RAMEN-NUDELN SIND IMMER STARK GEWELLT, GANZ GLEICH, OB DU SIE EINZELN ODER ALLE ZUSAMMEN ZEICHNEST.

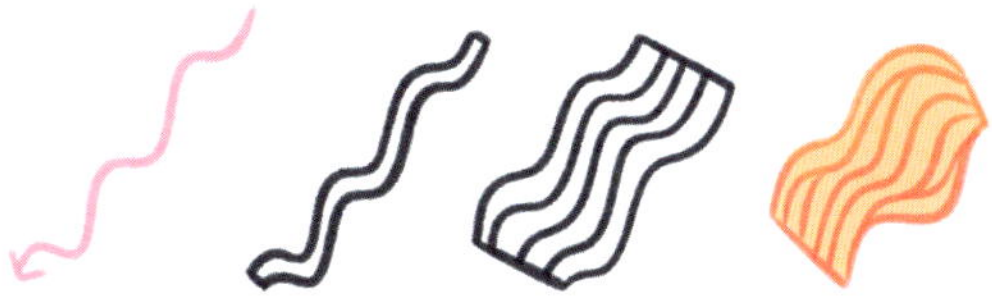

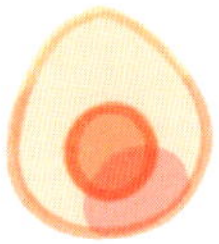

❷ FÜR DAS EI ZEICHNEST DU EIN OVAL IN LEICHTER TROPFENFORM UND SETZT EINEN KLEINEN KREIS HINEIN.

❸ DIE ALGEN WERDEN GEHACKT UND ALS RECHTECKE GEZEICHNET.

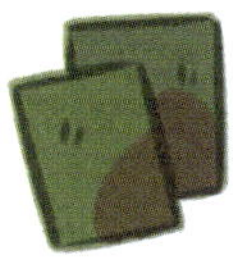

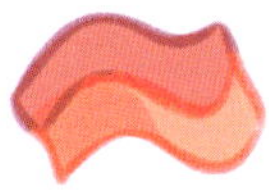

❹ DU KANNST NOCH EIN PAAR FLEISCHSTREIFEN HINZUFÜGEN. DER EINFACHHEIT HALBER ZEICHNEST DU SIE WIE BACONSTREIFEN.

❺ ZUM SCHLUSS KOMMT DIE BREITE SCHÜSSEL MIT EINER KLEINEN STANDFLÄCHE.

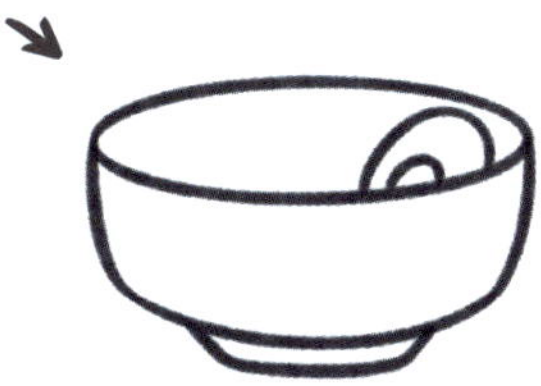

❻ DU FÜLLST ALLE ZUTATEN HINEIN, STECKST DIE ESSSTÄBCHEN DAZU UND LÄSST NOCH EINE DICKE DAMPFWOLKE MIT FREUNDLICHEM GESICHT AUFSTEIGEN.

EISBECHER

❷ GIB EINE REICHLICHE PORTION EIS HINEIN, DAS WOHL SCHON ZU SCHMELZEN BEGINNT, DA ES AM RAND ÜBER DEN BECHER LÄUFT.

❶ DU BEGINNST MIT EINEM ZYLINDER, DER WIE EIN BECHER AUSSIEHT.

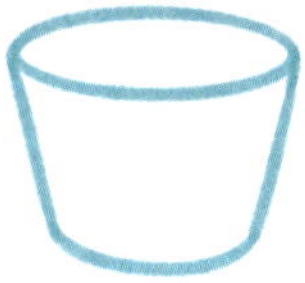

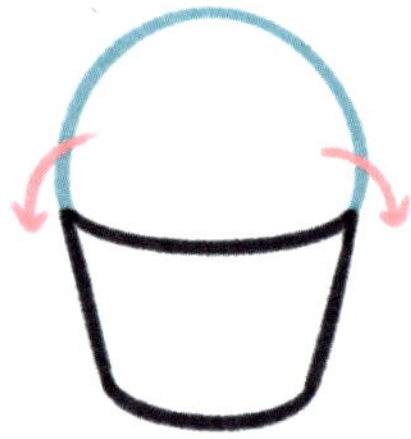

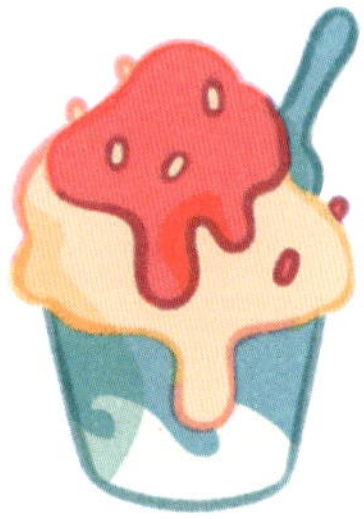

❸ JETZT NOCH EIN WENIG SIRUP DARÜBER UND EIN PAAR STREUSEL DAZU – OH, UND BITTE DEN LÖFFEL NICHT VERGESSEN!

EISWAFFEL

❶ DAS WAFFELHÖRNCHEN HAT GLEICH ZWEI GROSSE KUGELN EIS.

❹ IN DIE EISKUGELN LASSEN SICH ÜBRIGENS HERVORRAGEND FRECHE TIERKÖPFCHEN EINZEICHNEN!

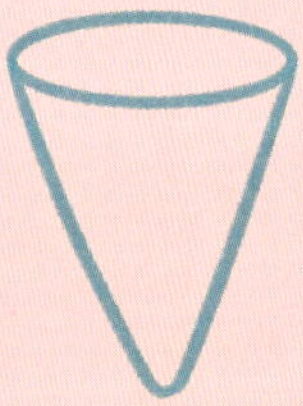

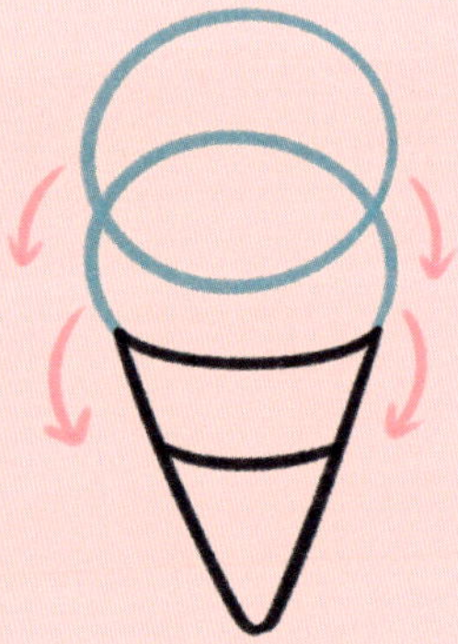

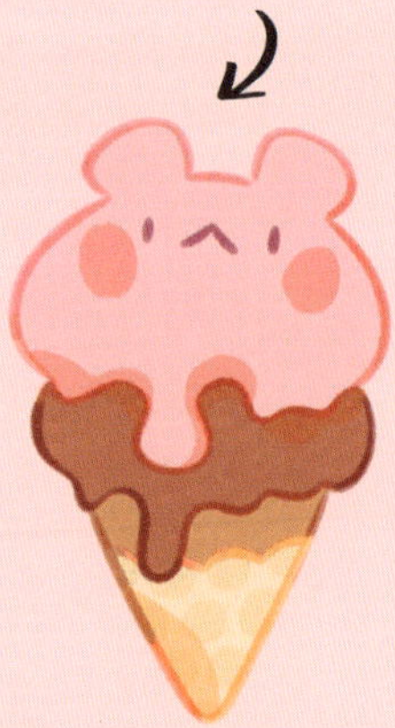

❷ DAS EIS DER OBEREN KUGEL TROPFT AUF DIE UNTERE, DAS DER UNTEREN LÄUFT ÜBER DAS HÖRNCHEN.

❸ ZEICHNE DAS SCHMELZENDE EIS MIT DICKEN TROPFEN.

SAFTKARTON

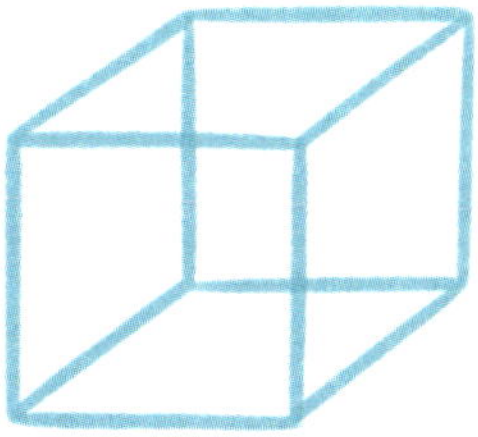

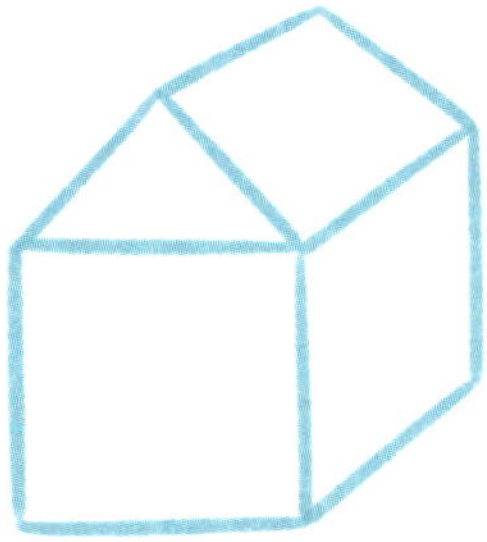

❶ IST DIR SCHON MAL AUFGEFALLEN, DASS SO EIN GETRÄNKEKARTON WIE EIN KLEINES HAUS AUSSIEHT? GUCK NOCH EINMAL GENAU HIN. UND JETZT IST ER AUCH SCHON VIEL EINFACHER ZU ZEICHNEN. DU BEGINNST MIT EINEM WÜRFEL UND SETZT EIN DACH DARAUF.

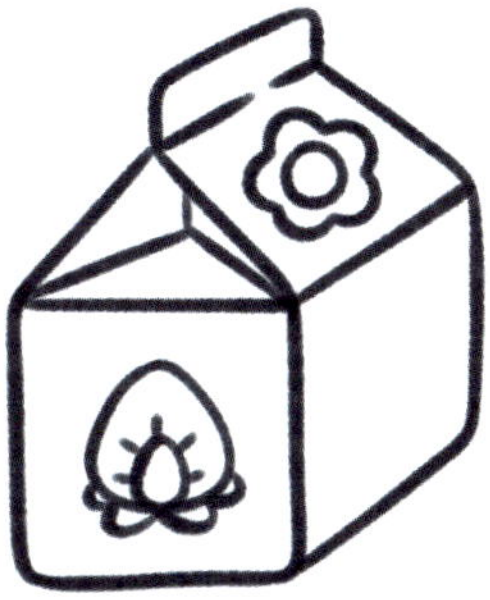

❷ ENTLANG DES DACHFIRSTS VERLÄUFT EIN RAND. IM GIEBELDREIECK GIBT ES EIN PAAR LINIEN. HIER TREFFEN ALLE KNICKE DER PACKUNG AUFEINANDER. VEREINFACHT KANN MAN EIN FLACHES DREIECK ZEICHNEN UND DESSEN SPITZE MIT EINER KLEINEN LINIE MIT DEM FIRST VERBINDEN.

❸ JETZT FEHLEN NUR NOCH EIN BUNTER AUFDRUCK UND NATÜRLICH EIN TRINKHALM.

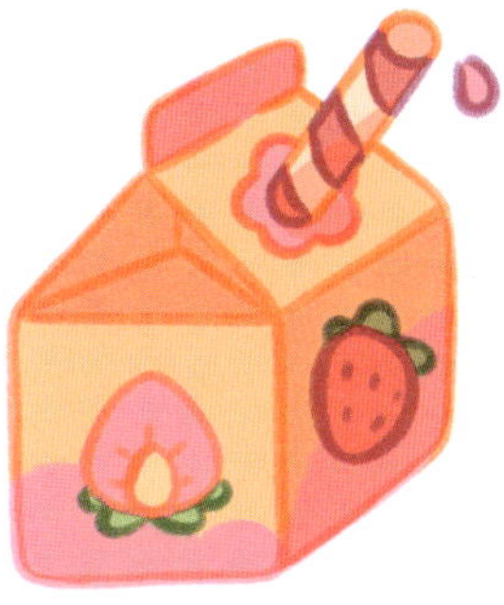

MILCHFLASCHE

❶ ZEICHNE EINEN ZYLINDER, DER SICH AM OBEREN ENDE VERENGT, UND LASS NUR EINEN KLEINEN RAND FÜR DAS SCHRAUBGEWINDE FÜR DEN DECKEL STEHEN.

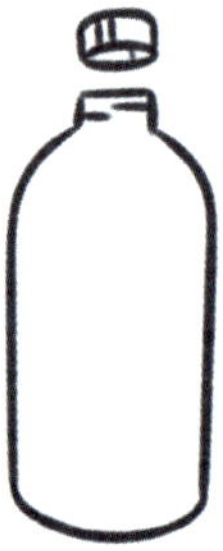

❷ ZEICHNE EINEN DECKEL OBERHALB DER FLASCHENÖFFNUNG, UND SCHON IST DIE FLASCHE FERTIG.

❸ DU KANNST DIE FLASCHE IN DER MITTE SCHMALER MACHEN, DAMIT SIE EINFACHER ZU HANDHABEN IST.

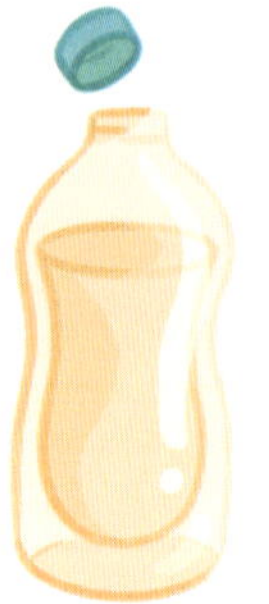

❹ IST DIE FLASCHE AUS GLAS, MUSS ES ENTLANG DER GESAMTEN KONTUR EINEN KLEINEN ABSTAND GEBEN, IN DEM SICH KEINE FLÜSSIGKEIT BEFINDET.

❺ DENKE AUCH AN DIE GLANZLICHTER.

WASSERFLASCHE

❶ ES GELTEN DIESELBEN ARBEITSSCHRITTE WIE BEI DER MILCHFLASCHE, NUR SIND DIE FORMEN DIESMAL ECKIG, UND DER GRIFFBEREICH IST VIEL AUSGEPRÄGTER.

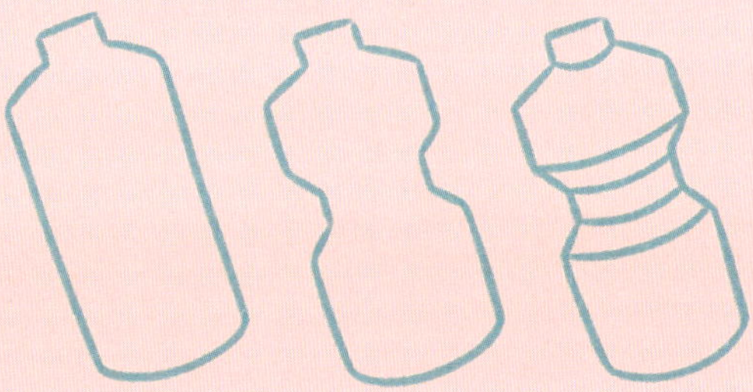

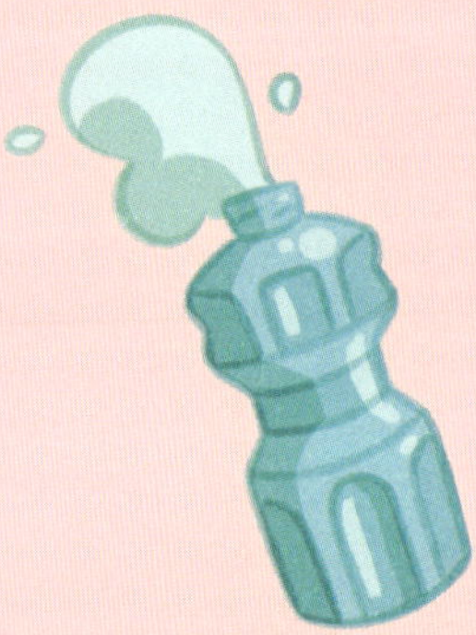

❷ DU KANNST VERTIEFUNGEN IM OBEREN UND UNTEREN TEIL DER FLASCHE EINARBEITEN. WENN DU SIE ETWAS DUNKLER KOLORIERST ALS DIE ÜBRIGEN FLÄCHEN, SIEHT DAS WIRKLICH INTERESSANT AUS.

WINDSPIEL

DIESES KLEINE JAPANISCHE GLÖCKCHEN IST AUS GLAS UND MIT BLUMEN BEMALT.

❶ ZEICHNE EINEN KREIS UND SCHNEIDE DAS UNTERE VIERTEL AB. JETZT SIEHT ER AUS WIE EIN AUF DEM KOPF STEHENDES WEINGLAS.

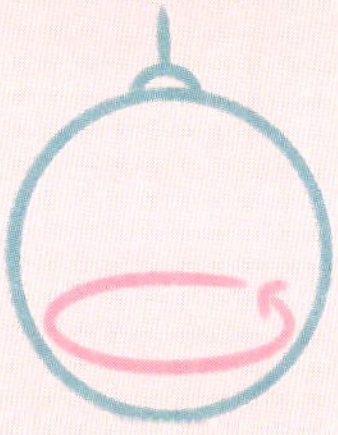

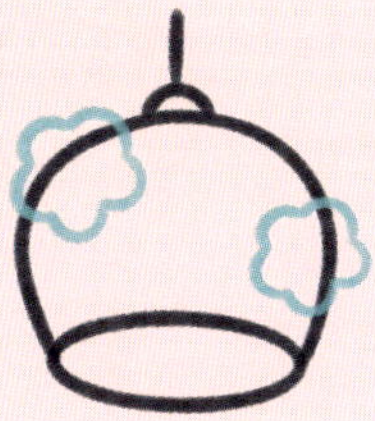

❷ DEKORIERE DAS GLAS MIT BLUMEN UND VERGISS DIE GLANZLICHTER NICHT.

❸ ERGÄNZE EINE SCHNUR MIT EINEM LANGEN PAPIER-STREIFEN AM ENDE.

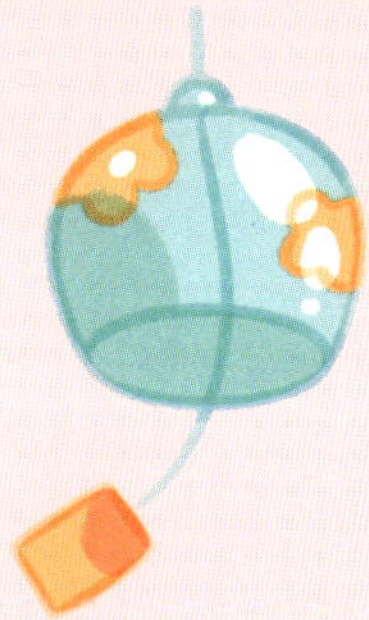

WINKEKATZE

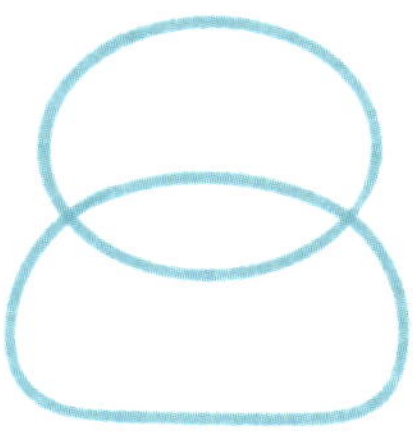

❶ ZEICHNE ZWEI OVALE.

❷ SETZE ZWEI KLEINE DREIECKE ALS KATZENOHREN AUF DAS OBERE OVAL.

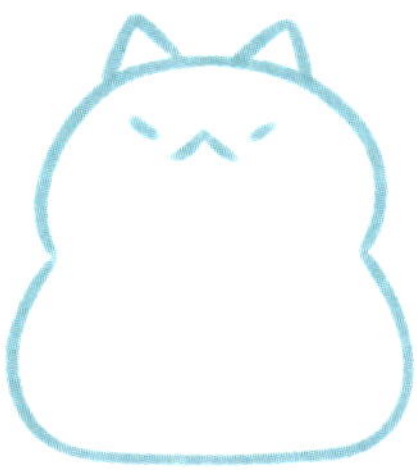

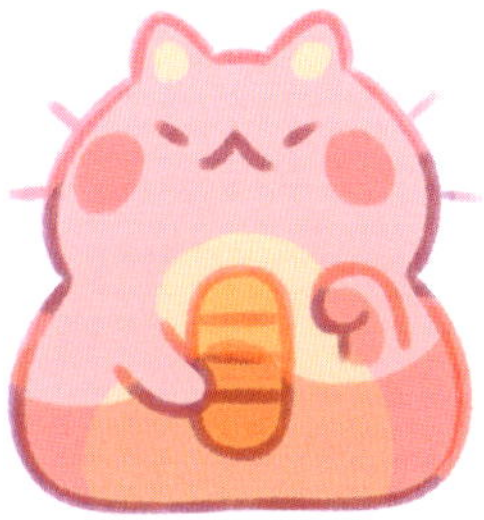

❸ ACHTE DARAUF, DASS EIN ARM NACH OBEN UND DER ANDERE NACH UNTEN WEIST. GIB DEM KLEINEN KERLCHEN EIN NIEDLICHES KATZENGESICHT.

KOINOBORI

DIESE HÜBSCHEN BUNTEN FAHNEN ODER WINDSÄCKE IN KARPFENFORM FLATTERN AM KINDERTAG IM MAI VOR JAPANISCHEN HÄUSERN.

❶ BEGINNE MIT EINER KEGELFORM.

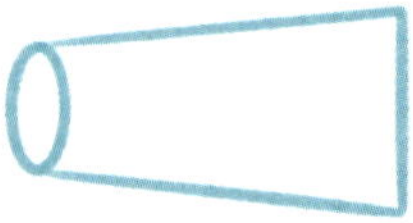

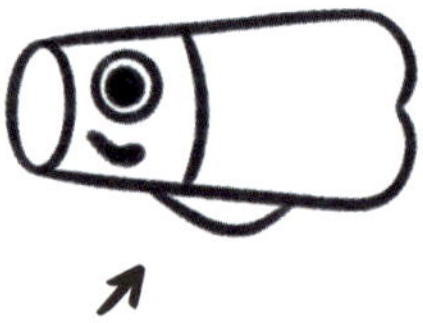

❷ FÜGE EINE FLOSSE UNTEN UND EINE SCHWANZFLOSSE HINTEN HINZU. ERGÄNZE DAS OFFENE FISCHMAUL, EIN GROSSES AUGE UND DIE BARTFÄDEN.

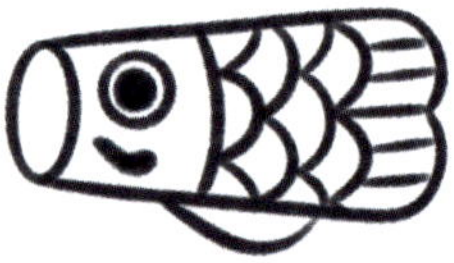

❸ DER FISCHKÖRPER IST FAST BIS ZUM SCHWANZ DICHT MIT SCHUPPEN BESETZT.

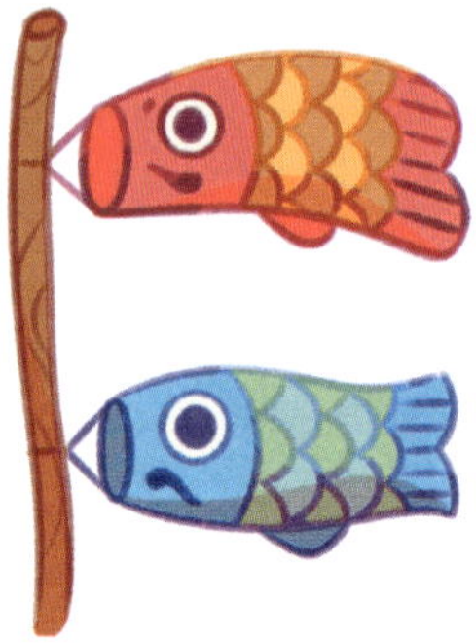

❹ SETZE ZWEI KOINOBORI AN EINEN HOLZSTAB UND LASS SIE IM WIND FLATTERN.

DARUMA-PUPPEN

DARUMAS SIND BELIEBTE GLÜCKSBRINGER. MAN SPRICHT EINEN WUNSCH AUS UND MALT DABEI DIE PUPILLE IN DAS EINE AUGE DER PUPPE. IST DER WUNSCH IN ERFÜLLUNG GEGANGEN, WIRD DAS ZWEITE AUGE AUSGEMALT.

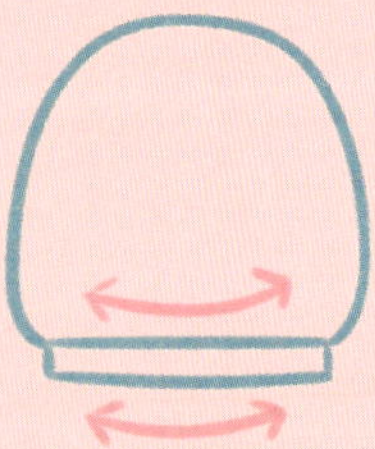

❶ ZEICHNE ZUNÄCHST EINE RUNDE FORM MIT EINEM BREITEN STANDFUSS.

❷ SETZE EIN OVAL AN DIE STELLE, AN DER SICH DAS GESICHT BEFINDEN SOLL UND RUNDE DEN STANDFUSS AB.

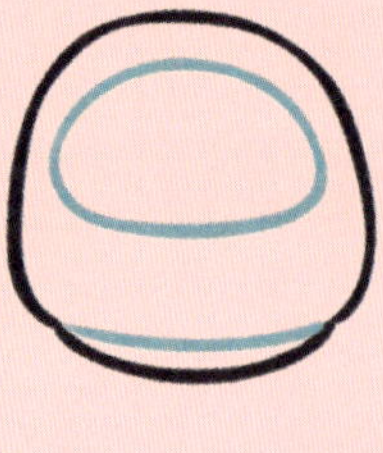

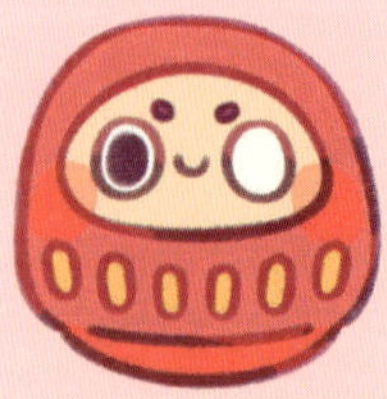

❸ MALE ZWEI GROSSE AUGEN HINEIN UND SCHMÜCKE DIE FIGUR MIT GOLDENEN VERZIERUNGEN.

PAPIERLATERNE

DIE TYPISCHEN PAPIERLATERNEN DÜRFEN IN KEINER JAPANISCH INSPIRIERTEN ILLUSTRATION FEHLEN.

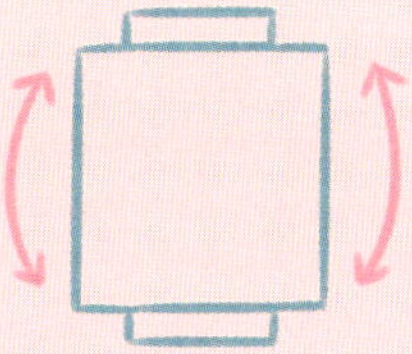

❶ ZEICHNE DREI RECHTECKE, EIN GROSSES IN DER MITTE UND ZWEI KLEINE SCHMALE OBEN UND UNTEN.

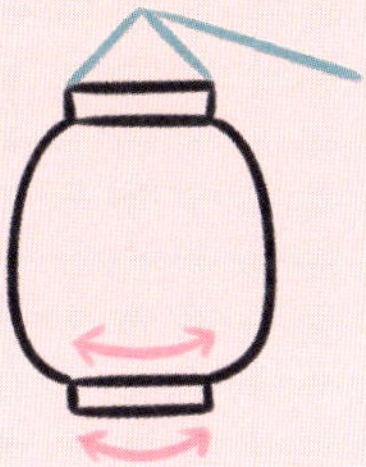

❷ RUNDE DAS MITTLERE RECHTECK SO WEIT WIE ES GEHT AB.

❸ NUN FÜGST DU NOCH EINE SCHNUR HINZU, MIT DER DIE LATERNE AN EINEM STAB BEFESTIGT WIRD.

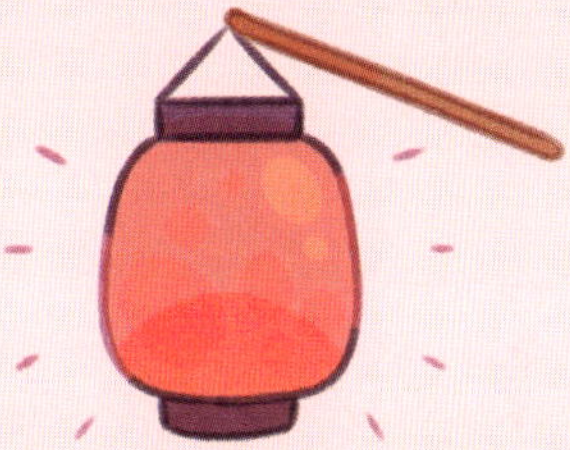

PAPIERWINDRÄDCHEN

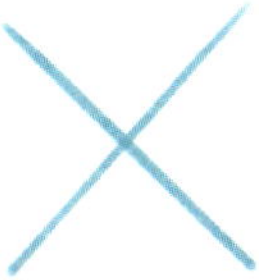

❶ DU BEGINNST MIT EINEM X.

❷ FÜGE AUF DEN LINIEN JEWEILS EIN GROSSES S HINZU.

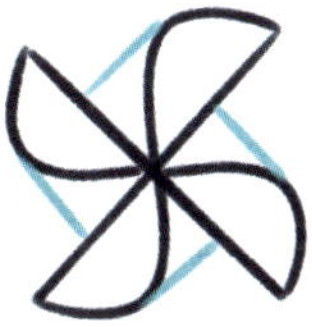

❸ DAHINTER ZEICHNEST DU EIN QUADRAT, DESSEN ECKEN DIE S-BÖGEN BERÜHREN.

❹ MALE DEIN WINDRÄDCHEN IN BUNTEN FARBEN AUS, UND SCHON BIST DU FERTIG!

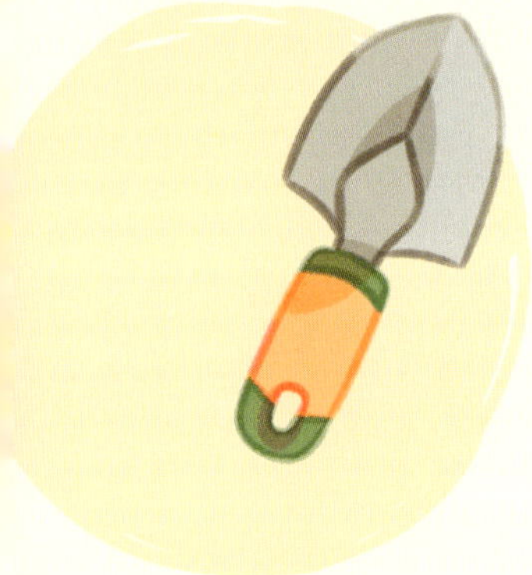

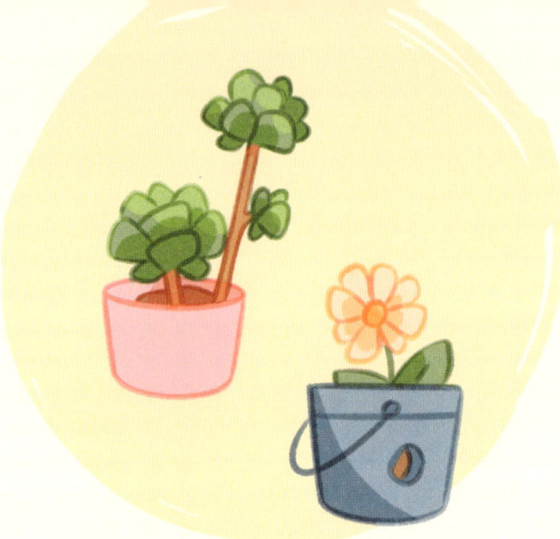

IM Garten

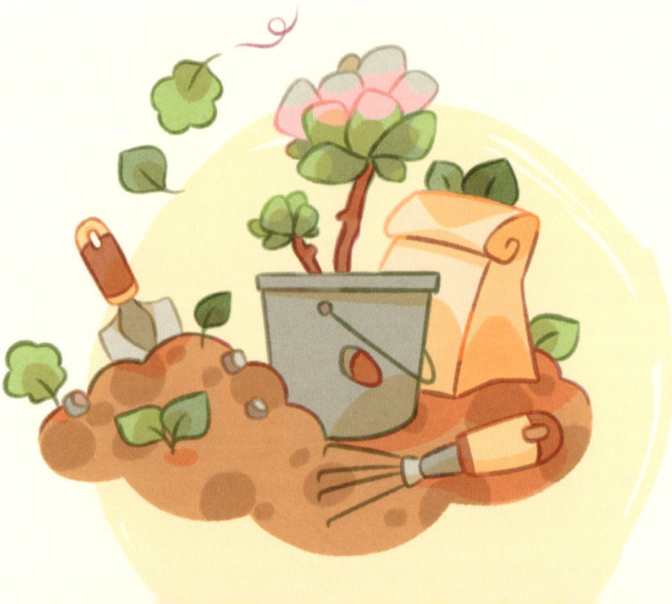

BLÄTTER

❶ AUSGEHEND VON DIESEN GRUNDFORMEN KANNST DU JEDES BELIEBIGE BLATT ZEICHNEN.

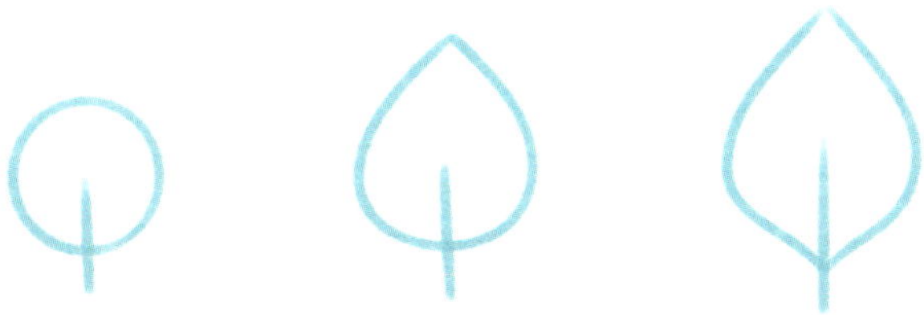

❷ ERGÄNZE SPITZEN ODER ZEICHNE DIE KONTUREN DER GRUNDFORM WOLKENFÖRMIG. JE NACH GRÖSSE DES BLATTES KANNST DU MEHR ODER WENIGER DETAILS HINZUFÜGEN.

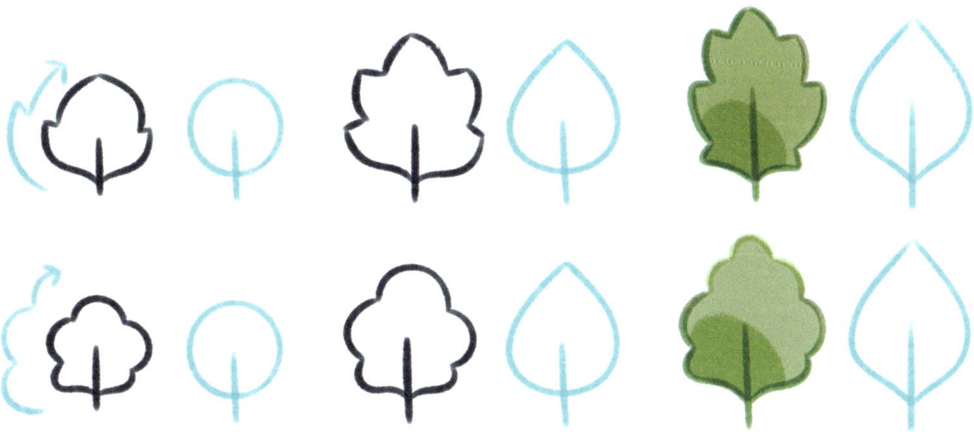

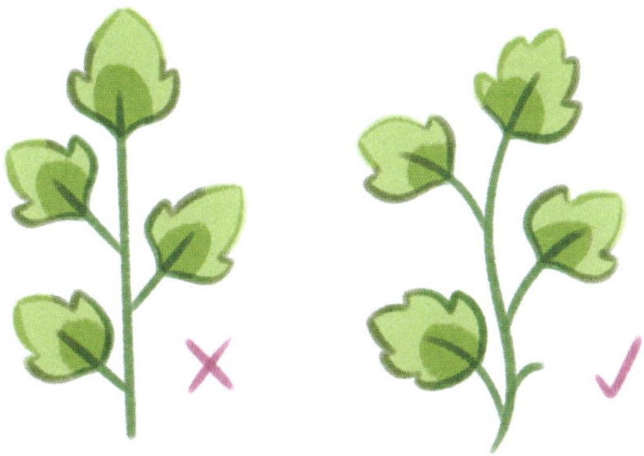

❸ ALLE BLÄTTER ZEICHNEST DU JETZT AN EINEM ZWEIG. ACHTE DARAUF, DASS ER ETWAS GESCHWUNGEN IST, DAMIT ER NICHT STOCKSTEIF WIRKT.

BLUMENTOPF

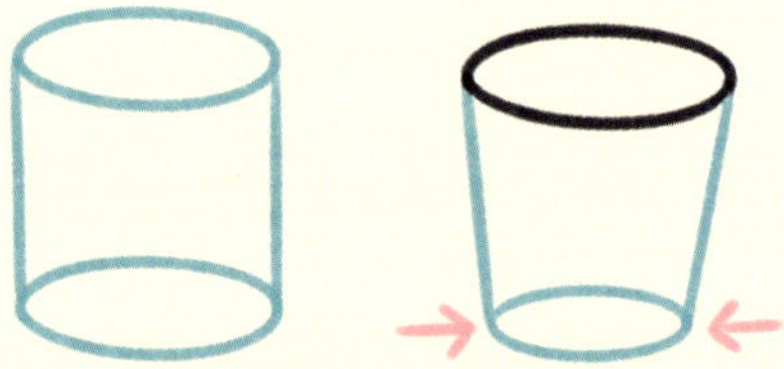

❷ ERGÄNZE DEN TOPF-RAND, UND DANN KANNST DU SCHON EINE PFLANZE EINTOPFEN.

❶ ZEICHNE EINEN ZYLINDER, DER NACH UNTEN ETWAS SCHMALER WIRD.

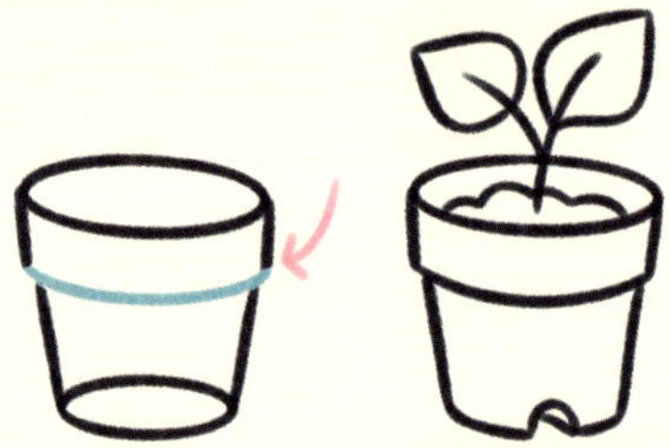

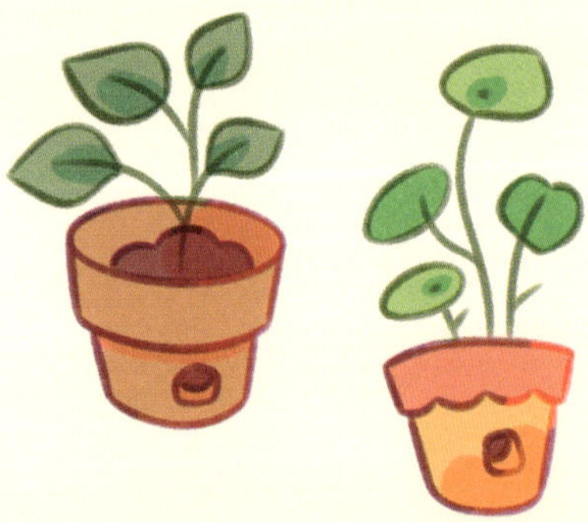

❸ BLUMENTÖPFE GIBT ES IN ALLEN MÖGLICHEN FORMEN UND GRÖSSEN. SELBST EIN BECHER LÄSST SICH SEHR NIEDLICH BEPFLANZEN!

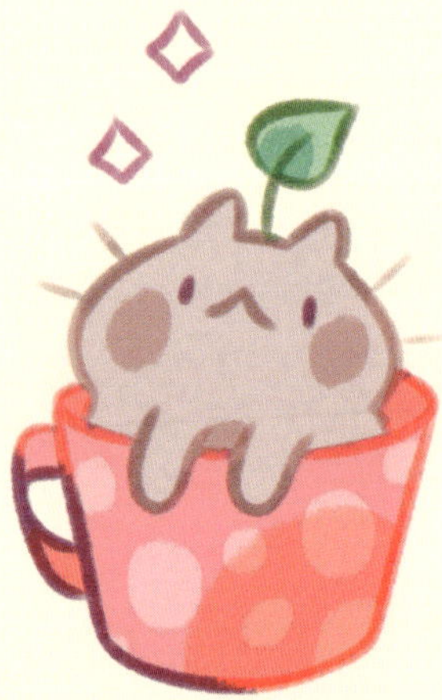

EIMER

❶ DIE GRUNDFORM DES EIMERS IST DIE GLEICHE WIE BEIM BLUMENTOPF.

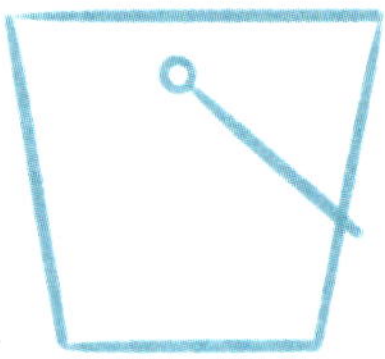

❷ VERGISS DEN HENKEL NICHT, DER AN DEN LÖCHERN AUF BEIDEN SEITEN DES EIMERS BEFESTIGT IST.

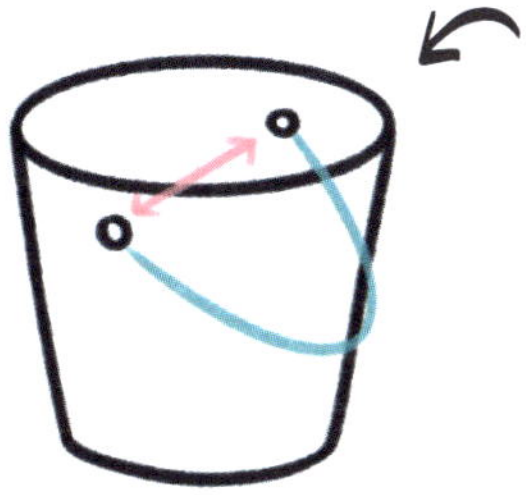

❸ ZUM SCHLUSS BEKOMMT DER EIMER NOCH EINEN KLEINEN RAND, UND DANN KANN ER MIT WASSER GEFÜLLT WERDEN.

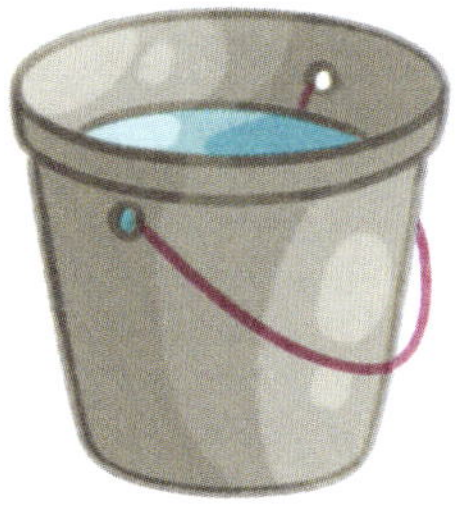

GIESSKANNE

❶ DIE GIESSKANNE SIEHT AUS WIE EIN UMGEDREHTER EIMER MIT EINEM HENKEL OBEN UND EINEM AN DER SEITE.

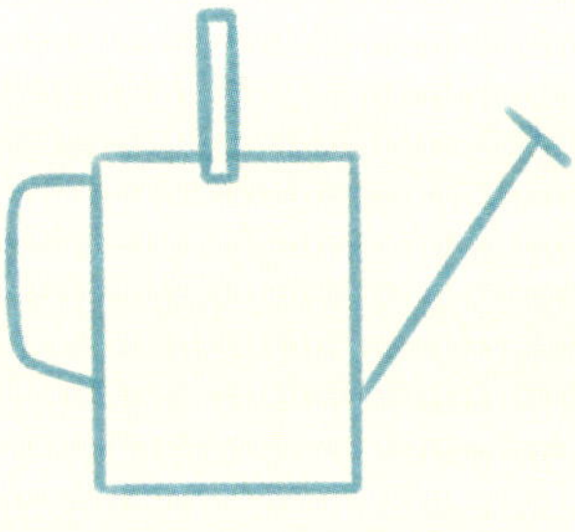

❷ DIE TÜLLE SETZT AUF DER GEGENÜBER-LIEGENDEN SEITE IM UNTEREN BEREICH AN. SIE ENDET IN EINEM OVAL.

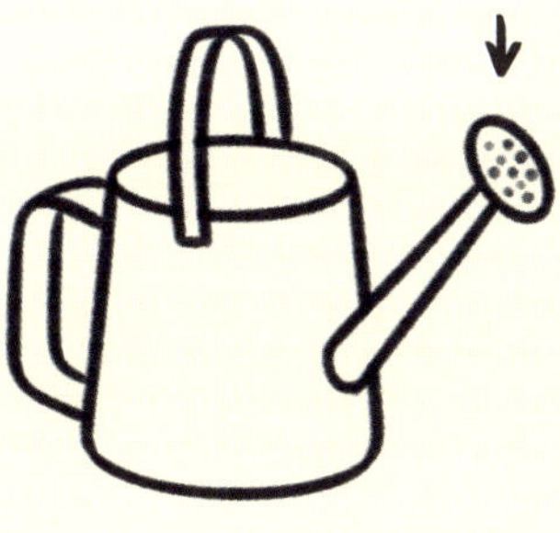

❸ AUCH EINE GIESSKANNE LÄSST SICH ZU EINEM ORIGINELLEN PFLANZGEFÄSS UMFUNKTIONIEREN!

BLÜTENKNOSPE

❶ DU BEGINNST BEIM STÄNGEL MIT EINEM OVAL AM ENDE.

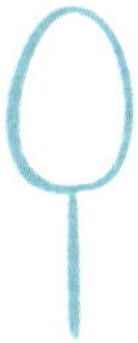

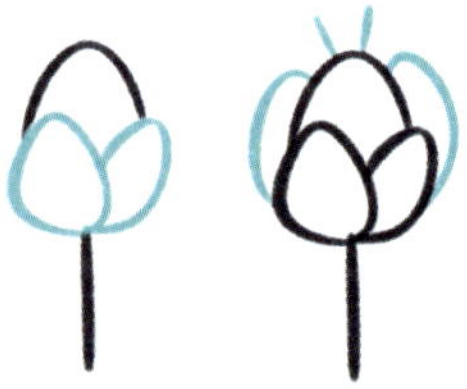

❷ ANSCHLIESSEND FÜGST DU VON DER UNTERSEITE AUSGEHEND BLÜTENBLÄTTER HINZU: DIE KNOSPE BLEIBT GESCHLOSSEN.

❸ EIN PAAR KLEINE KREISE DEUTEN STAUBBLÄTTER AN.

GEÖFFNETE BLÜTE

❶ ZEICHNE VOM BLÜTENBODEN AUSGEHEND MEHRERE GROSSE UND DARÜBER KLEINERE OVALE.

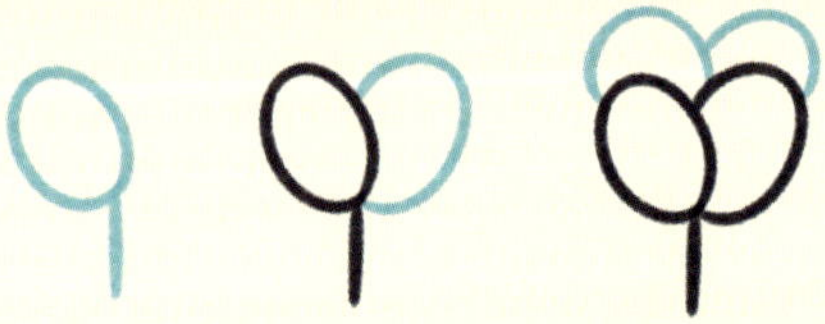

❷ BEI EINER GEÖFFNETEN BLUME SOLLTEST DU DIE BLÜTENBLÄTTER EHER HORIZONTAL ALS VERTIKAL ANORDNEN.

EINFACHE BLÜTE

❶ HIER SIEHT MAN DIE BLÜTE VON OBEN. ZEICHNE ZUNÄCHST EINEN KREIS.

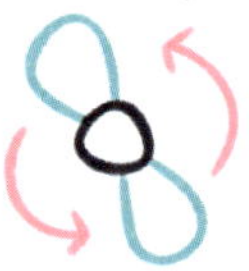

❷ ORDNE DIE TROPFEN-FÖRMIGEN BLÜTENBLÄTTER UM DEN KREIS HERUM AN.

❸ ICH FANGE MEIST MIT JE ZWEI GEGENÜBERLIEGENDEN BLÄTTCHEN AN, SODASS EIN X ENTSTEHT, UND FÜLLE DANN DIE LÜCKEN.

ÜPPIGE BLUME

❶ ZEICHNE EIN LIEGENDES OVAL.

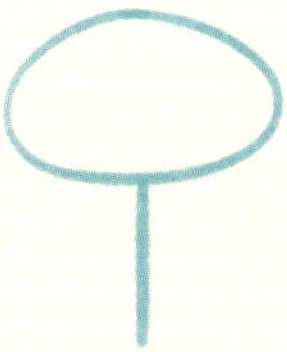

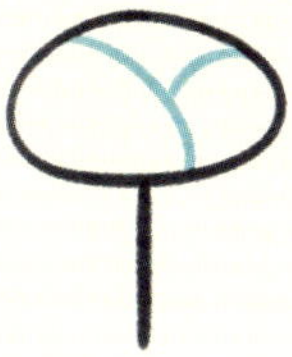

❷ UNTERTEILE DAS OVAL, SODASS DIE ERSTEN BLÜTENBLÄTTER ENTSTEHEN.

❸ UM DIE BLÜTE ZU VERGRÖSSERN, KANNST DU AN DEN SEITEN NOCH EIN PAAR WEITERE BLÜTENBLÄTTCHEN HINZUFÜGEN.

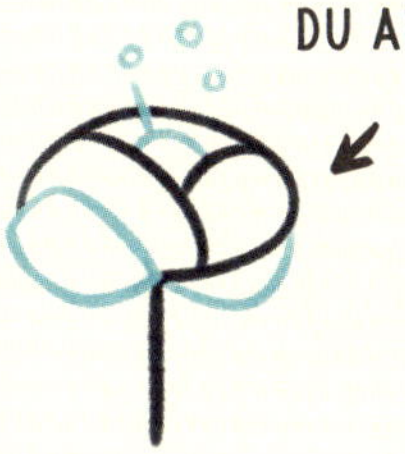

❹ ERGÄNZE EIN BLATT AM STÄNGEL UND EIN PAAR STAUBBLÄTTER.

BLUMENVASE

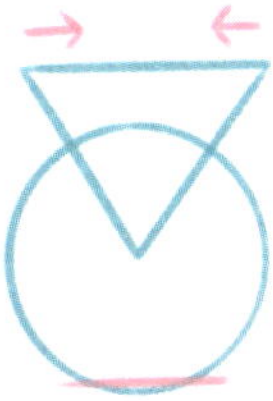

❶ HIER BEGINNEN WIR MIT EINEM KREIS UND EINEM AUF DER SPITZE STEHENDEN DREIECK.

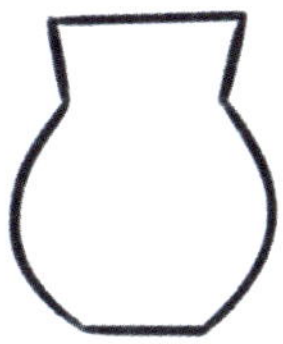

❷ DAMIT DIE VASE STEHEN KANN, FLACHE DEN UNTEREN TEIL DES KREISES AB.

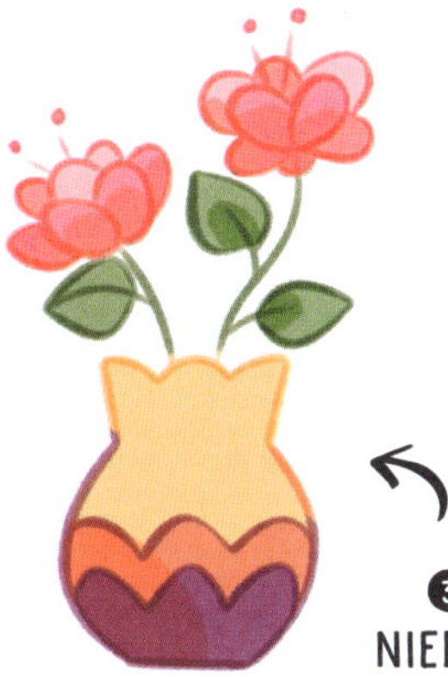

❹ NUN KANNST DU EINEN SCHÖNEN STRAUSS HINEINSTELLEN.

❸ DIE VASE SIEHT NIEDLICHER AUS, WENN DU DEN RAND ALS WELLENLINIE ZEICHNEST.

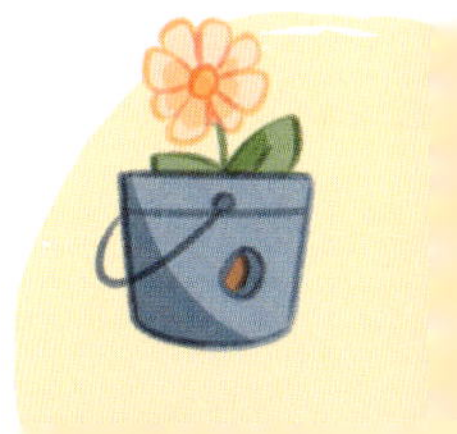

SUKKULENTEN

DIE BLÄTTER DIESER SUKKULENTE SIND EHER RECHTECKIG UND NICHT SO RUND WIE BEI ANDEREN PFLANZEN.

❶ FANG UNTEN AN UND ZEICHNE DIE BLÄTTER EINZELN NACHEINANDER.

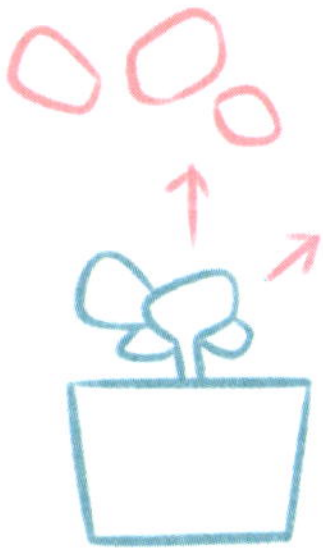

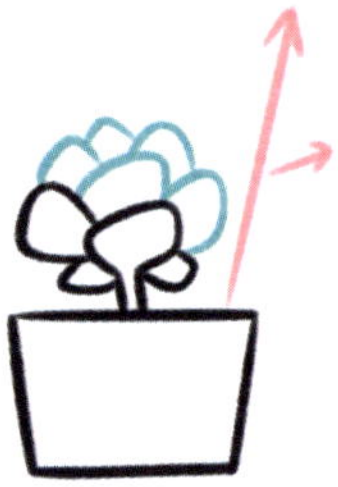

❷ DIE ANORDNUNG DER BLÄTTER WIRKT WIE EINE KUGEL. UNTEN UND OBEN SIND DIE BLÄTTER KLEINER, IN DER MITTE DEUTLICH GRÖSSER.

❸ FÜGE WEITERE STÄMMCHEN MIT SAFTIGEN GRÜNEN BLÄTTERN HINZU.

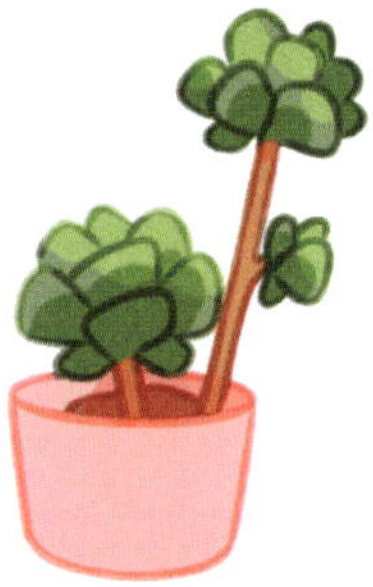

SAMENTÜTE

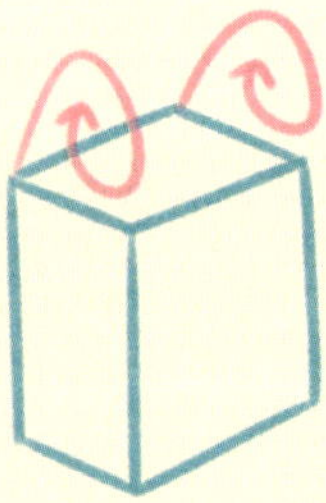

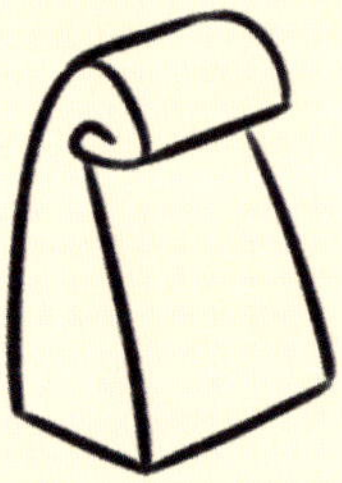

❶ ZEICHNE EIN RECHTECK, VERLÄNGERE EINE DER SEITEN UND ROLLE SIE ZUSAMMEN.

❷ DIE OBERE LINIE GEHT HINTEN IN EINEN BOGEN ÜBER, UM DIE RUNDUNG DES AUFGEROLLTEN PAPIERS ZU VERDEUTLICHEN.

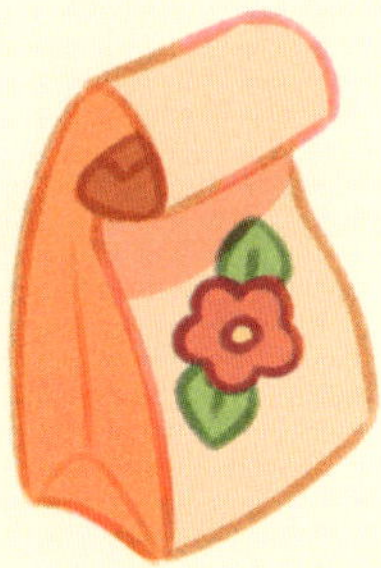

KLEINE GARTENSCHAUFEL

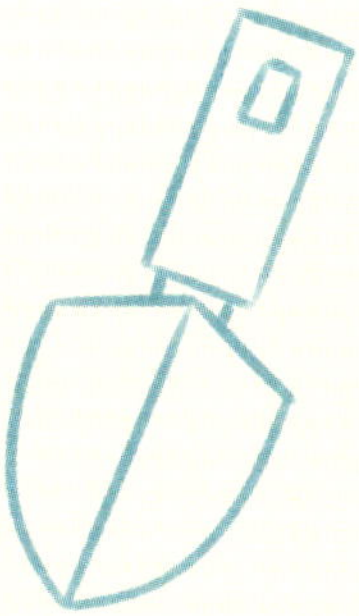

❶ DER GRIFF IST EIN KRÄFTIGES AM ENDE ABGERUNDETES RECHTECK. DAS SCHAUFELBLATT BESTEHT AUS EINEM DREIECK MIT ABGERUNDETEN SEITEN.

❷ ERGÄNZE ZUM SCHLUSS EINE RAUTE FÜR DIE VERBINDUNG VON SCHAUFEL-BLATT UND GRIFF.

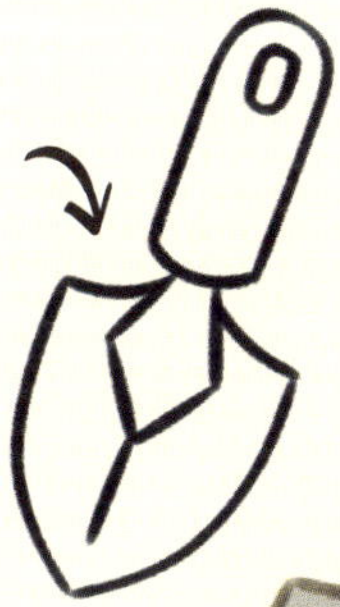

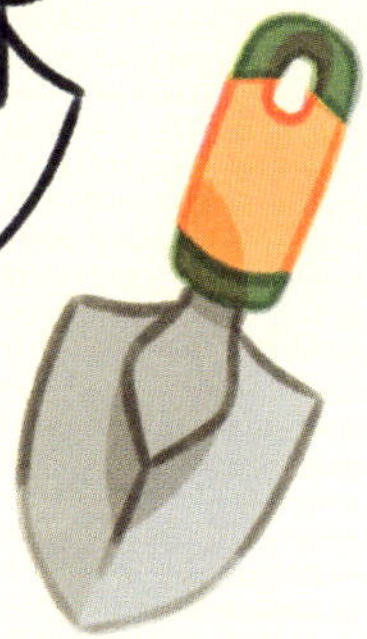

KLEINER HANDRECHEN

❶ DER GRIFF IST HIER DERSELBE WIE BEI DER KLEINEN GARTENSCHAUFEL, DIE VERBINDUNG ZWISCHEN GRIFF UND DEM EIGENTLICHEN WERKZEUG IST JEDOCH LÄNGER.

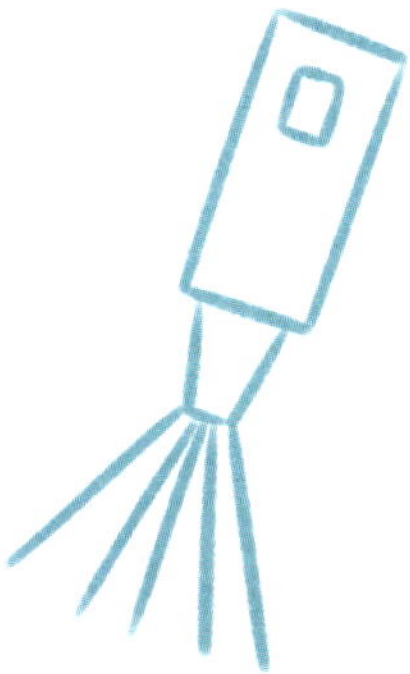

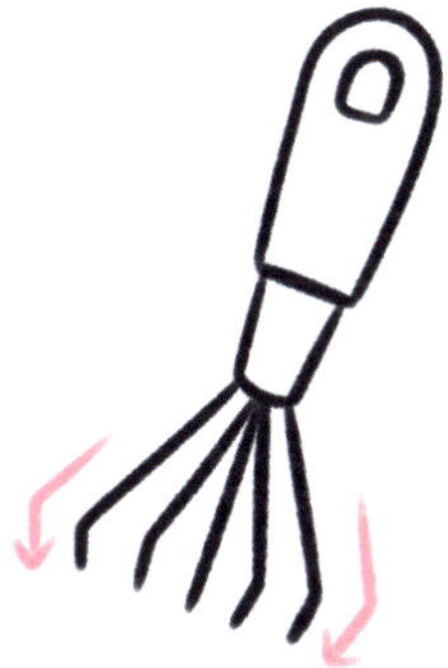

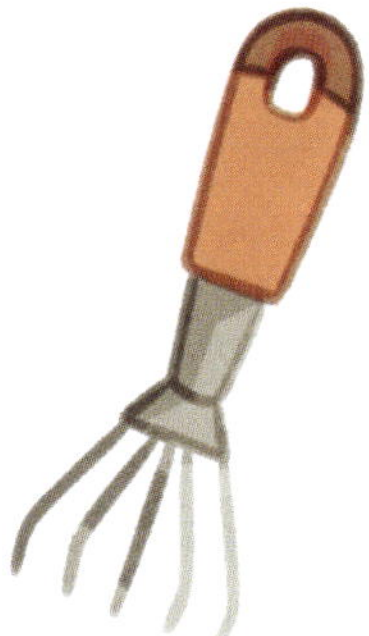

❷ DIE ZINKEN SIND AM ENDE ABGEWINKELT.

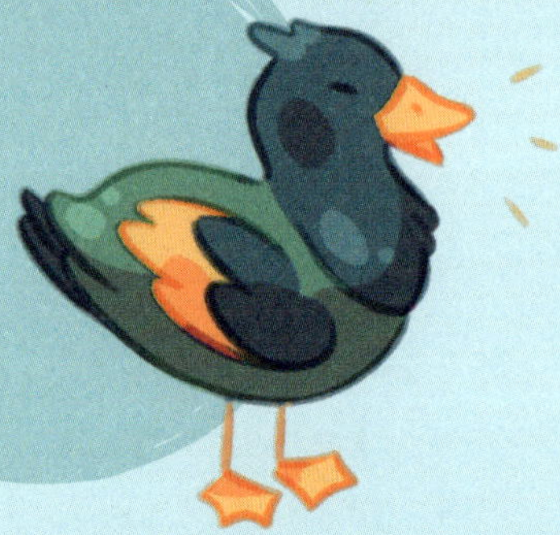

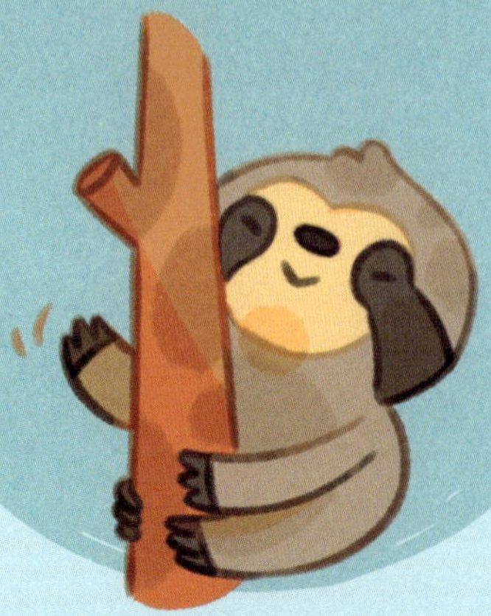

PUTZIGE Tierchen

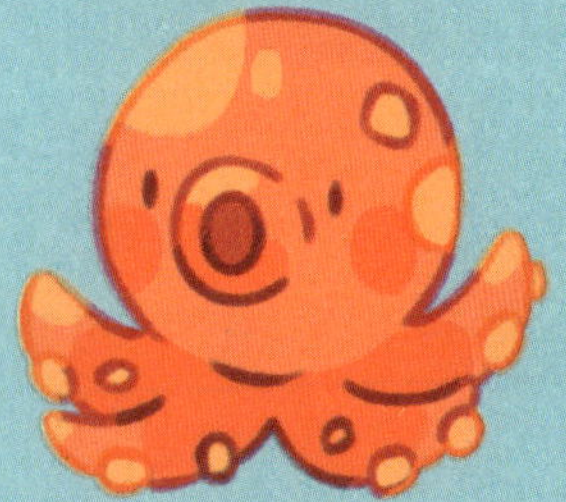

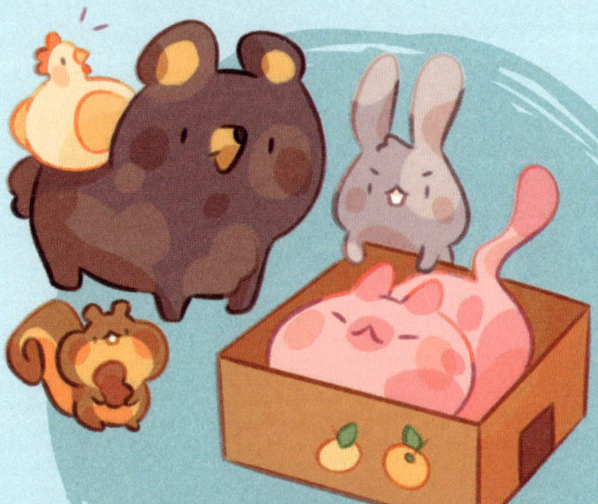

DAS KATZENGESICHT

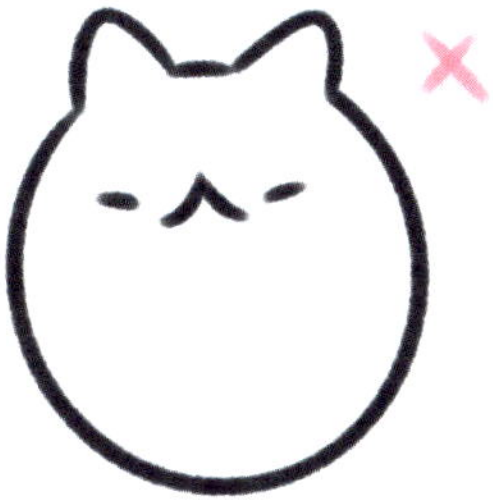

❶ EIN KATZENGESICHT ZEICHNET MAN BESSER MIT OVALEN STATT MIT KREISEN. SO WERDEN DIE BÄCKCHEN BREITER, UND DAS KÄTZCHEN SIEHT DAMIT SUPER-NIEDLICH AUS.

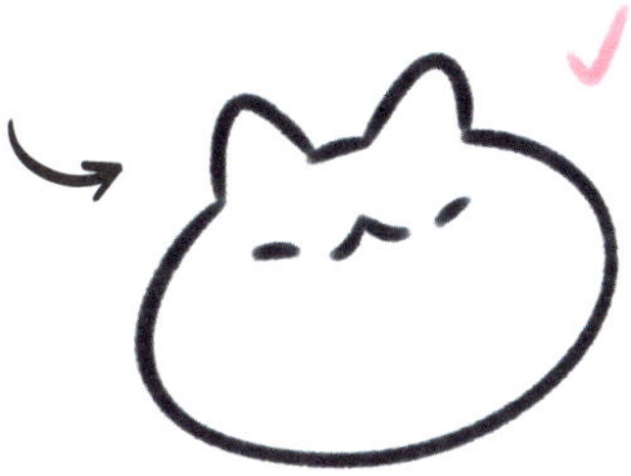

❷ DU KANNST DIE BÄCKCHEN NACH OBEN ODER UNTEN VERSCHIEBEN.

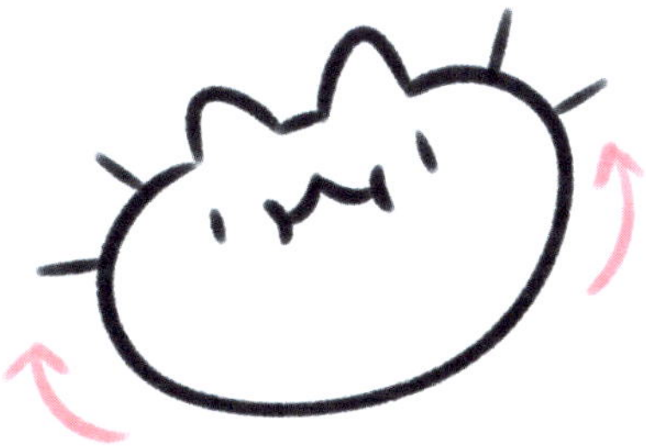

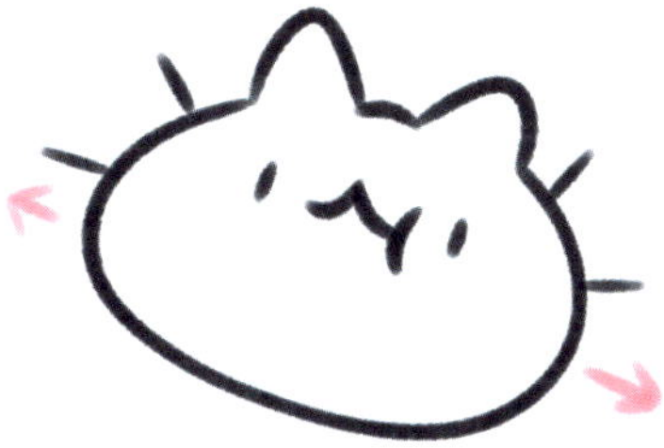

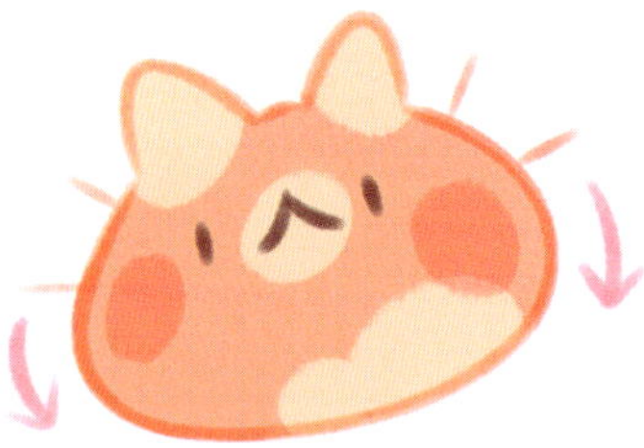

DER KATZENKÖRPER

❶ DIE KÖRPERFORM EINER KATZE IST SEHR EINFACH. MAN BRAUCHT NUR EIN OVAL MIT VIER STRICHEN ALS BEINE UND EINEN SCHWANZ.

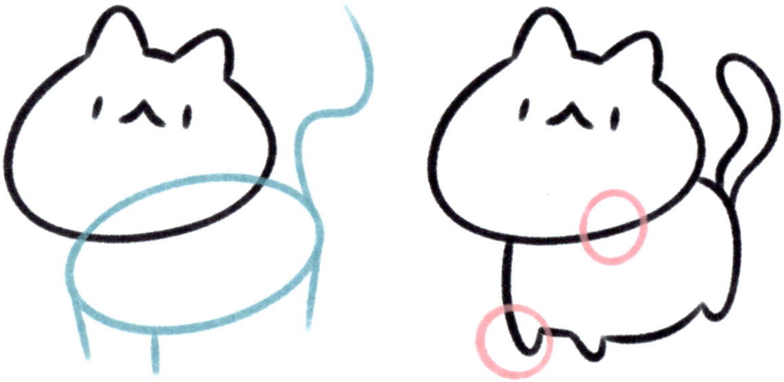

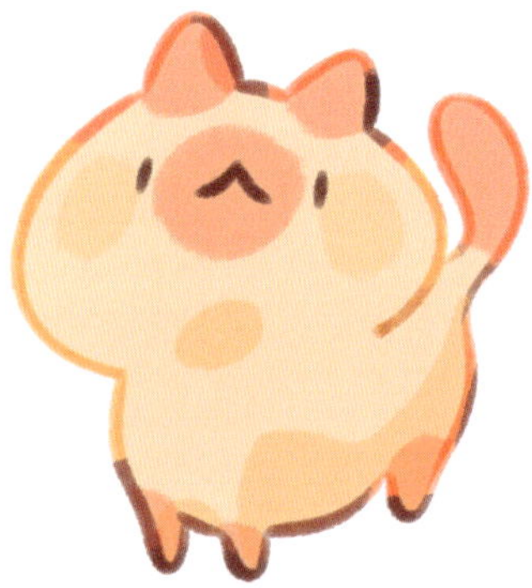

❷ ZUM KOLORIEREN VERBINDEST DU KOPF- UND KÖRPERFORM. DIE FÜSSCHEN, OHREN UND DER SCHWANZ WERDEN DUNKLER GEFÄRBT.

KÄTZCHEN IN AKTION

VERWENDE DIE GRUNDFORMEN, UM DIE HALTUNG WIEDERZUGEBEN, DIE DU ZEICHNEN MÖCHTEST. VERGISS DABEI NICHT DIE NIEDLICHEN BÄUCHE UND DIE SÜSSEN KLEINEN HINTERTEILE!

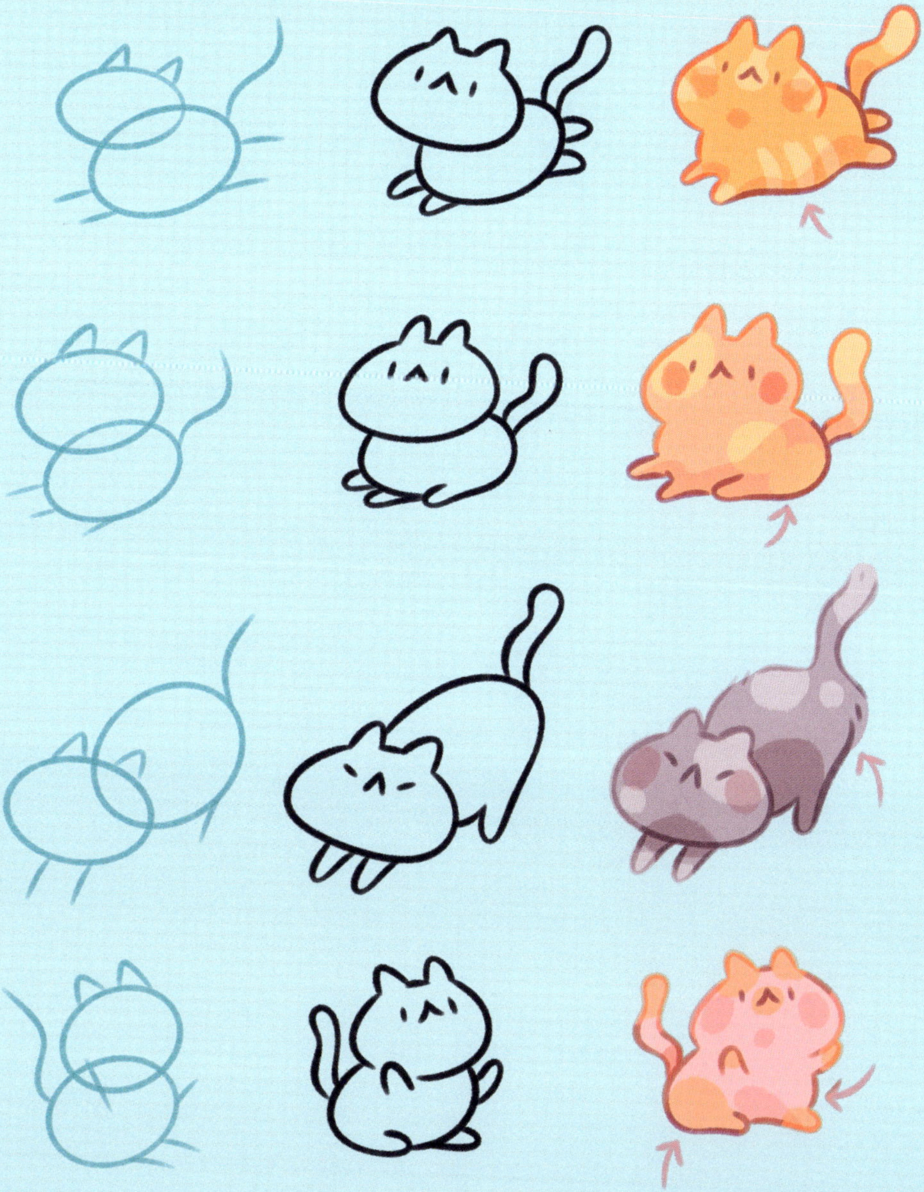

HUNDE

EIN HUND WIRD NICHT VIEL ANDERS GEZEICHNET ALS EINE KATZE – VON DER DEUTLICH LÄNGEREN SCHNAUZE EINMAL ABGESEHEN!

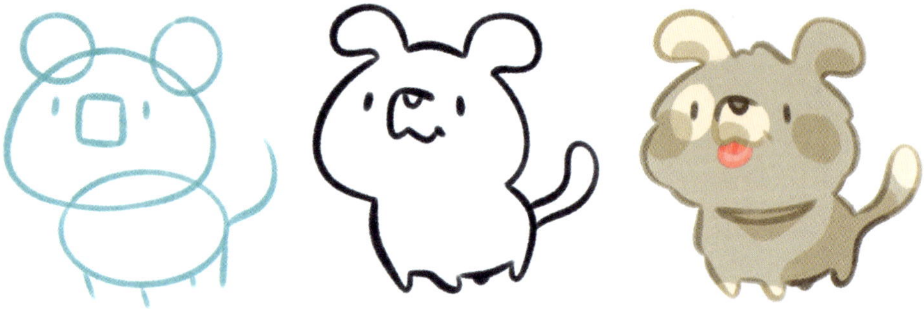

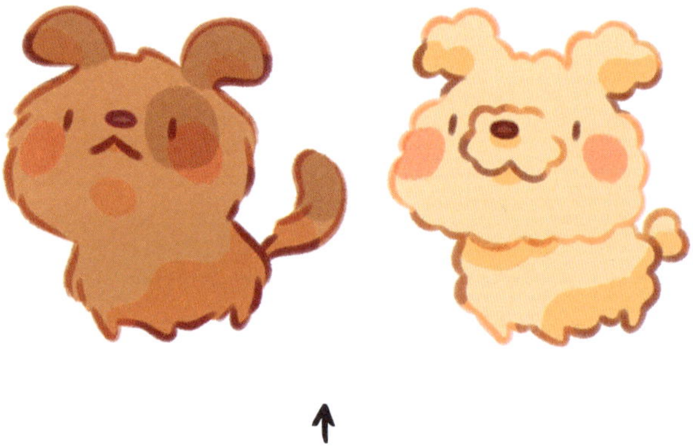

VERÄNDERT MAN FELL, OHREN, SCHWANZ UND SCHNAUZE, SEHEN SIE VOLLKOMMEN ANDERS AUS.

HUNDERASSEN

JE NACHDEM, WELCHE RASSE DU ZEICHNEN MÖCHTEST, MUSST DU DICH AUF DREI MERKMALE KONZENTRIEREN: OHREN, SCHNAUZE UND GESICHTSFORM. DIE FELLFARBE UND -ZEICHNUNG MUSS NATÜRLICH AUCH ZU DER ENTSPRECHENDEN RASSE PASSEN.

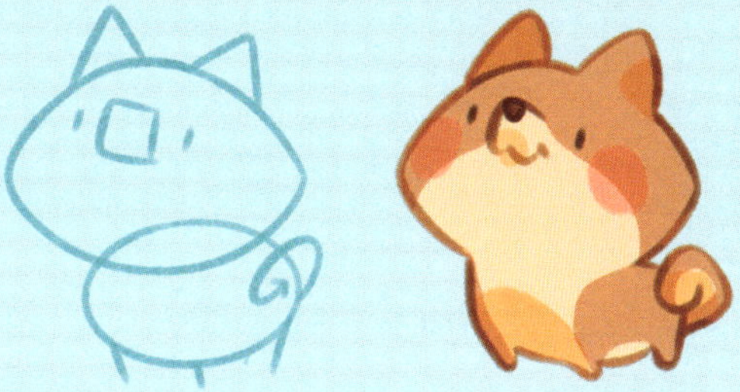

❶ DER SHIBA HAT SPITZE BÄCKCHEN UND OHREN UND EINE KLEINE SCHNAUZE. DIE RUTE IST ÜBER DEM RÜCKEN EINGEROLLT.

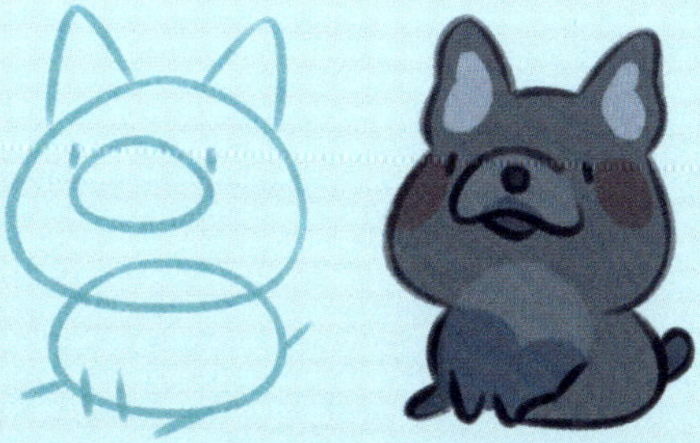

❷ DIE FRANZÖSISCHE BULLDOGGE HAT EIN SEHR BREITES MAUL MIT DICKEN HERUNTERHÄNGENDEN LEFZEN, FLEDERMAUSOHREN UND EINE KURZE GEDREHTE RUTE.

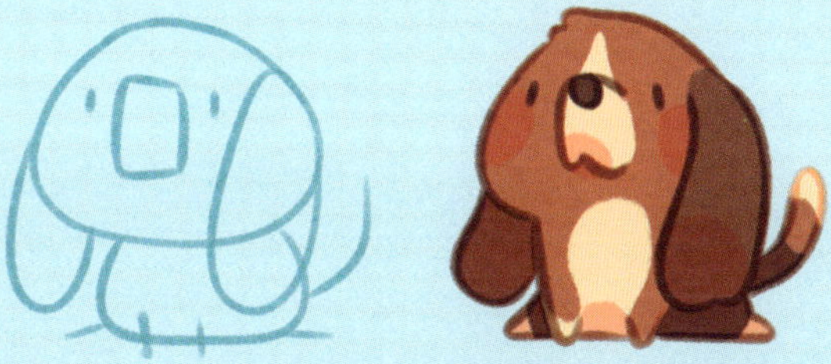

❸ DEN BASSET HOUND ERKENNT MAN SOFORT AN SEINEN EXTREM LANGEN HÄNGEOHREN. ZEICHNE IHN MIT EINER LANGEN GROSSEN SCHNAUZE UND EINEM DÜNNEN SCHWANZ.

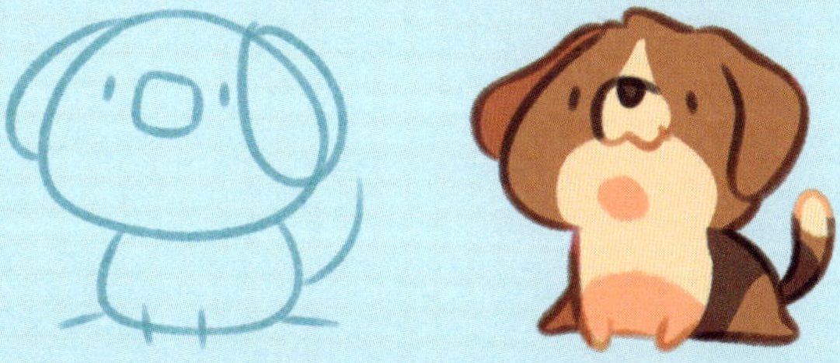

❹ DER BEAGLE HAT AUCH LANGE SCHLAPPOHREN UND EINEN LANGEN SCHWANZ, ABER EINE NIEDLICHE RUNDE SCHNAUZE. WIE DER BASSET IST ER EIN JAGDHUND.

HUNDE IN AKTION

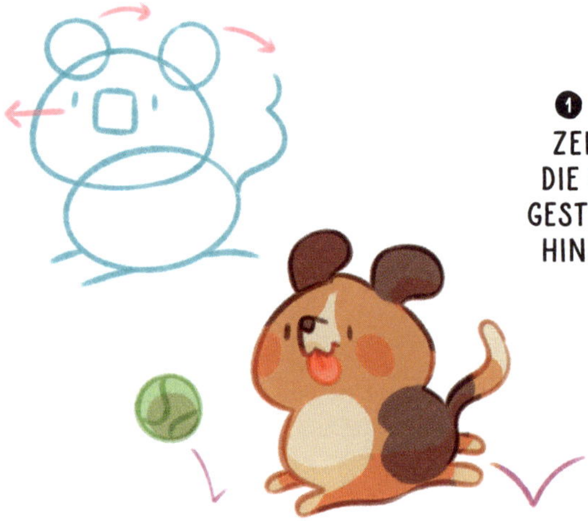

❶ MÖCHTEST DU EINEN RENNENDEN HUND ZEICHNEN, SOLLTE ER NACH VORN SCHAUEN, DIE OHREN FLATTERN IM WIND. DIE BEINE SIND GESTRECKT, SO ALS WÜRDE ER GERADE SPRINGEN. HINZU KOMMT EINE HERAUSHÄNGENDE ZUNGE.

❷ WILLST DU IHN IM GEHEN ZEICHNEN, ZEIGST DU DIE BEINE AUF EINER SEITE VON VORN, AUF DER ANDEREN VON HINTEN. UND LASS IHN FRÖHLICH MIT DEM SCHWANZ WEDELN!

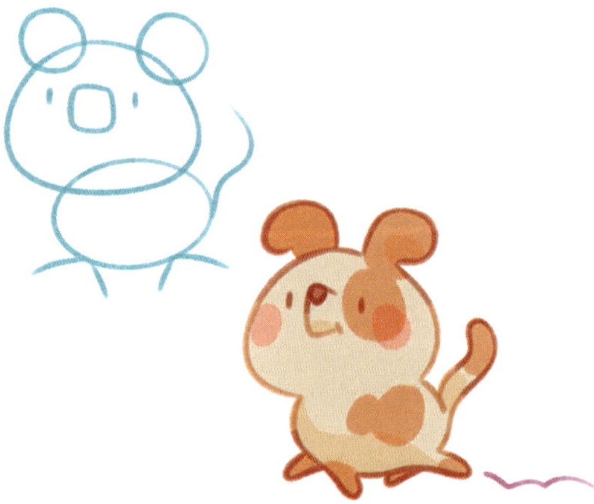

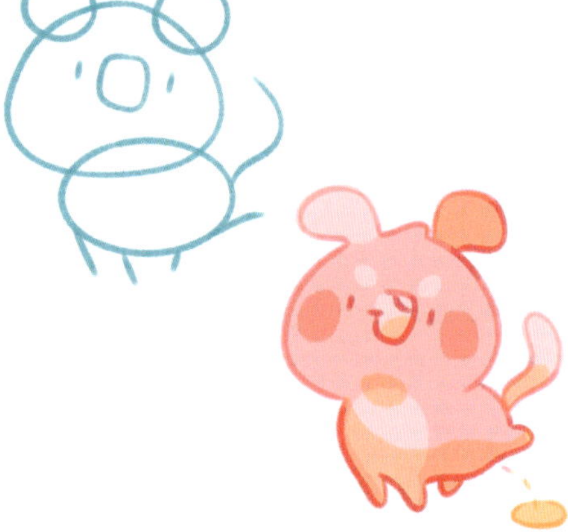

❸ EIN HUNDCHEN MUSS NATÜRLICH AUCH SEIN GESCHÄFT VERRICHTEN. LASS ES EINS SEINER KLEINEN HINTERBEINCHEN HEBEN UND MIT ABSOLUT UNSCHULDIGEM BLICK SO TUN, ALS SEI NICHTS PASSIERT.

FUCHS

❶ FANG MIT EINEM KATZENKÖRPER AN, ERGÄNZE SPITZE OHREN UND BÄCKCHEN UND DANN NOCH EINE KLEINE SCHNAUZE.

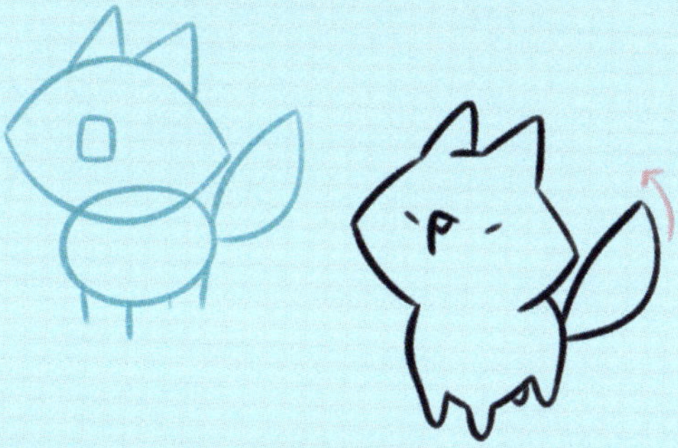

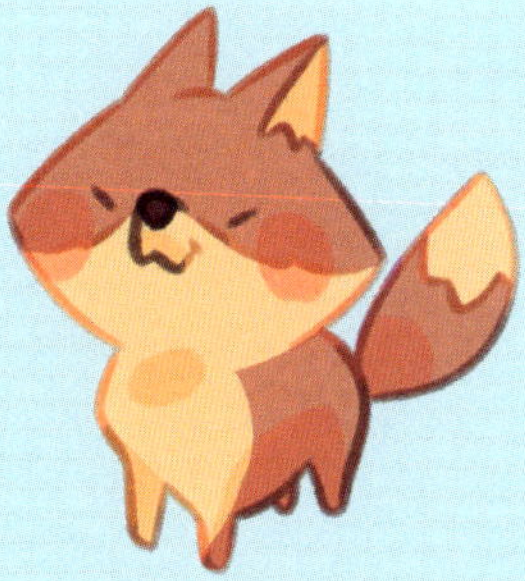

❷ FÜCHSE HABEN EINEN LANGEN BUSCHIGEN SCHWANZ.

KANINCHEN

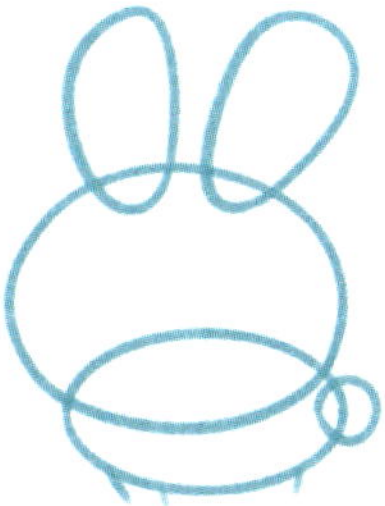

❶ FÜR DEN KÖRPER BENUTZEN WIR DIE GRUNDFORM VON KATZE ODER HUND UND ERGÄNZEN ZWEI LANGE OHREN.

❷ KANINCHEN SIND KLEINER. DAS KANNST DU BETONEN, INDEM DU DEN KOPF IM VERHÄLTNIS ZUM KÖRPER GRÖSSER ZEICHNEST.

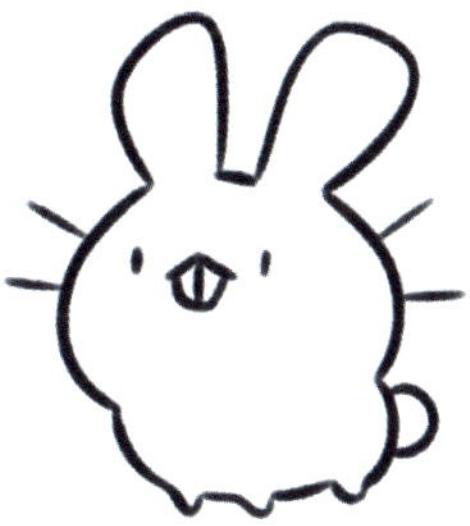

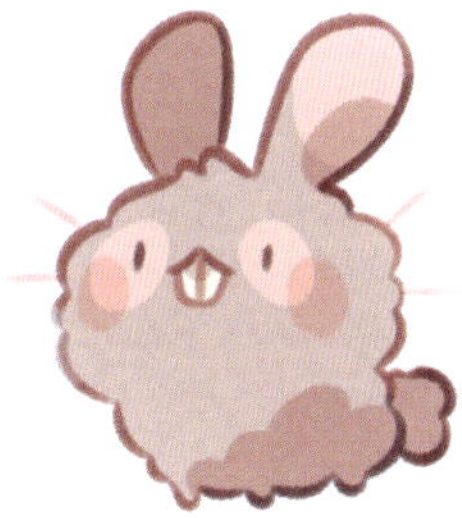

❸ MIT FLUFFIGEM FELL SEHEN SIE BESONDERS SÜSS AUS!

BÄREN

BÄREN WEISEN DIESELBEN CHARAKTERISTISCHEN MERKMALE WIE HUNDE AUF, NUR DASS SIE EINE GROSSE SCHNAUZE UND RUNDE OHREN HABEN. MIT EIN PAAR KLEINEN VERÄNDERUNGEN LASSEN SICH DANN AUCH VERSCHIEDENE BÄRENARTEN ZEICHNEN.

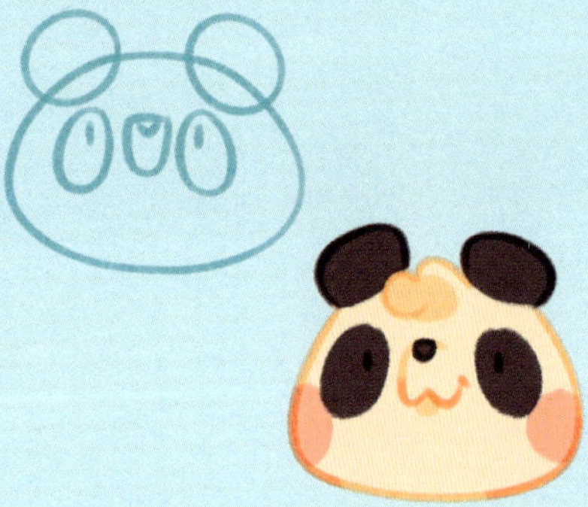

❶ DER PANDABÄR HAT RUNDE AUFGERICHTETE OHREN UND EINE SCHWARZE FELLZEICHNUNG UM DIE AUGEN.

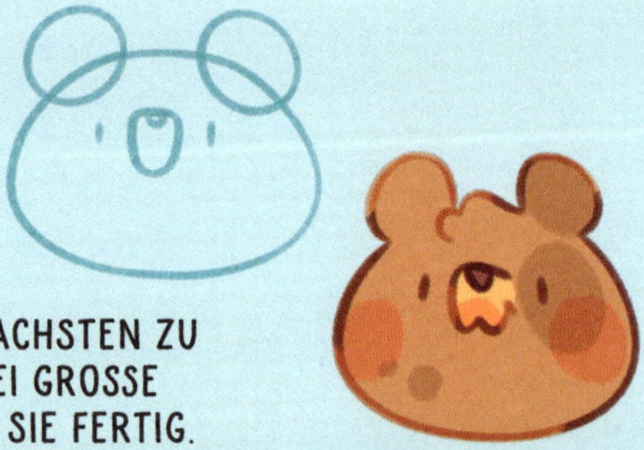

❷ GRIZZLYBÄREN SIND AM EINFACHSTEN ZU ZEICHNEN. SIE BEKOMMEN ZWEI GROSSE RUNDE OHREN, UND SCHON SIND SIE FERTIG.

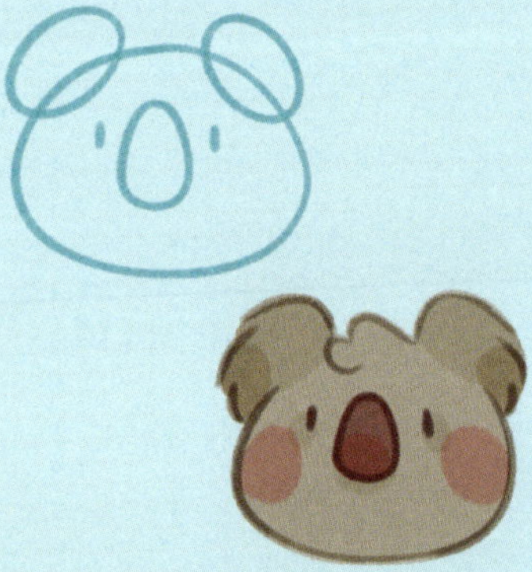

❸ DIE OHREN EINES KOALAS SIND BESONDERS GROSS UND PLÜSCHIG UND STEHEN ZUR SEITE AB. KOALAS HABEN EINE LANGE BRAUNE SCHNAUZE. SIE GEHÖREN ALLERDINGS NICHT ZU DEN BÄREN, SONDERN ZU DEN BEUTELTIEREN.

DIE KÖRPERGRÖSSE VON BÄREN

GRIZZLYS UND EISBÄREN BLEIBEN NATÜRLICH NICHT SO KLEIN UND TAPSIG WIE EIN JUNGES HUNDCHEN, IM GEGENTEIL: SIE KÖNNEN RICHTIG, RICHTIG GROSS WERDEN. TROTZDEM ZEICHNE ICH SIE IMMER NIEDLICH. WENN BÄREN WACHSEN, WIRD IHR KÖRPER IMMER GRÖSSER, SODASS DER KOPF IM VERHÄLTNIS DAZU KLEIN WIRKT.

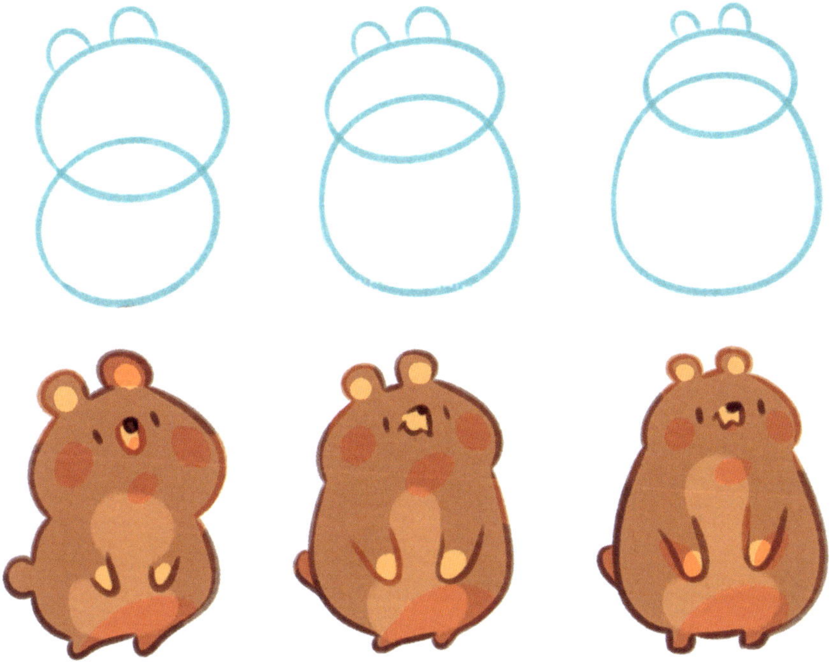

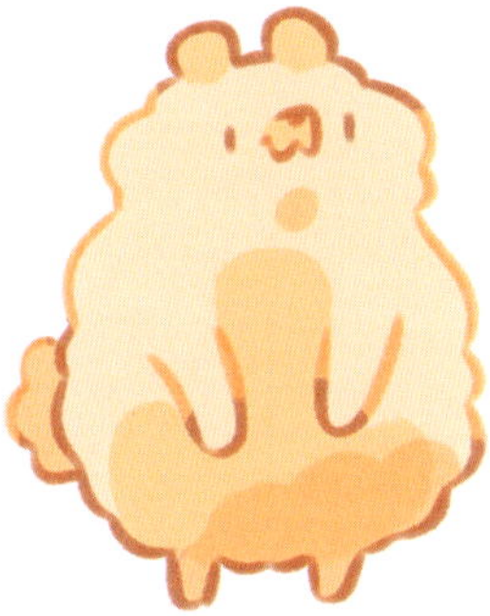

VERGISS NICHT, DASS SIE AUCH UNTERSCHIEDLICHES FELL HABEN KÖNNEN.

WASCHBÄR

❶ EINEN WASCHBÄREN KANNST DU SO ÄHNLICH ZEICHNEN WIE EINEN KLEINEN PANDA.

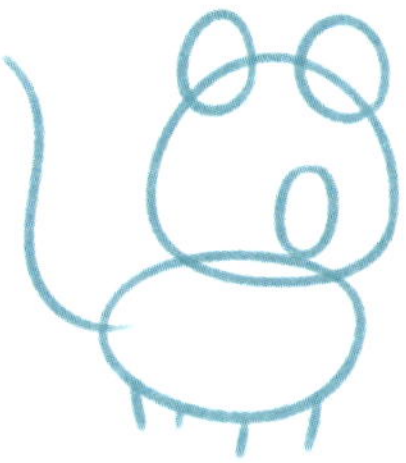

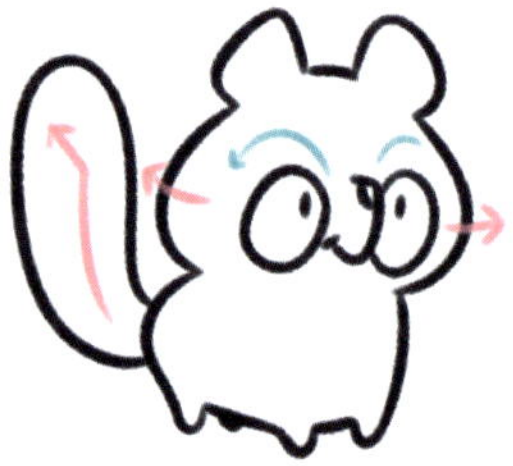

❷ SEIN KLEINES GESICHT IST AN DEN SEITEN SPITZ, ER HAT GROSSE DUNKLE RINGE UM DIE AUGEN UND EINEN LANGEN BUSCHIGEN SCHWANZ.

❸ DU KANNST EINE BELIEBIGE FARBKOMBINATION FÜR DAS FELL WÄHLEN. ACHTE ABER AUF DIE SPEZIELLE FELLZEICHNUNG UM DIE AUGEN UND BEIM SCHWANZ.

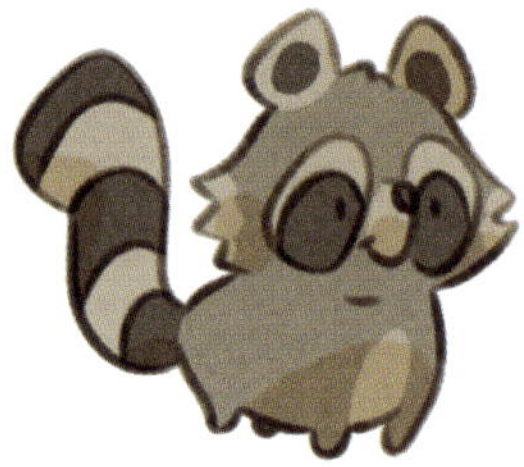

EICHHÖRNCHEN

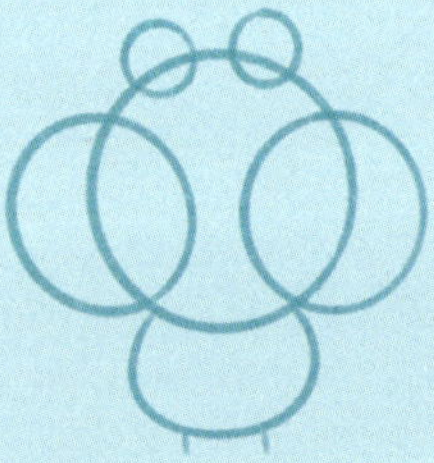

❶ ZEICHNE EINEN KREIS FÜR DEN KOPF UND OBEN NOCH ZWEI KLEINE KREISE FÜR DIE OHREN. ZWEI GROSSE KREISE BILDEN DIE DICKEN BÄCKCHEN.

❷ EICHHÖRNCHEN HABEN EINEN SCHMALEN KÖRPER. BESONDERS WICHTIG IST DER LANGE BUSCHIGE SCHWANZ, DER AN DER SPITZE EINGEROLLT IST.

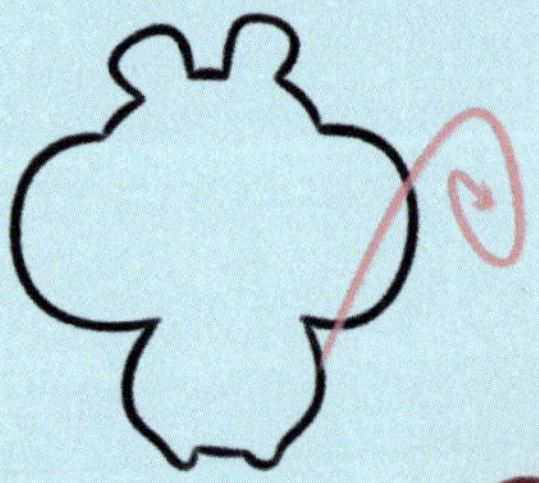

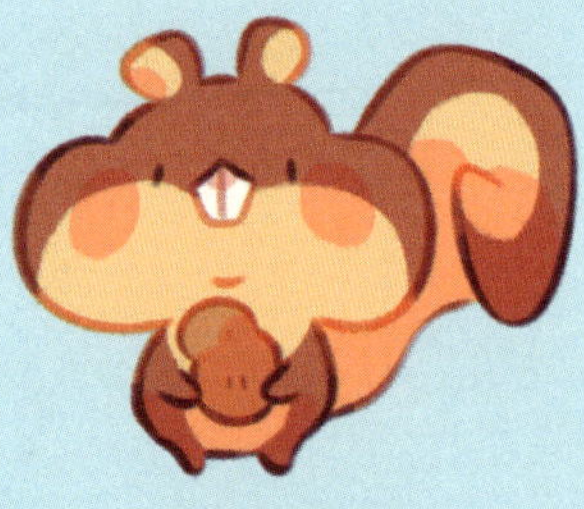

FAULTIER

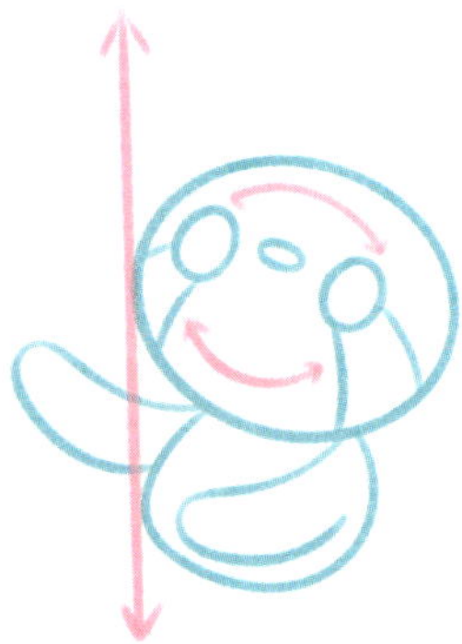

❶ FAULTIERE HÄNGEN EIGENTLICH IMMER IN EINEM BAUM RUM. GIB IHNEN ALSO ZUERST EINEN DICKEN STAMM, AN DEM SIE SICH GUT FESTHALTEN KÖNNEN. ZEICHNE DANN EINEN GROSSEN KOPF UND EINEN KLEINEN KÖRPER. DA DIE EXTREMITÄTEN SEHR LANG SIND, BRAUCHT MAN NICHT AUCH NOCH EINEN GROSSEN KÖRPER.

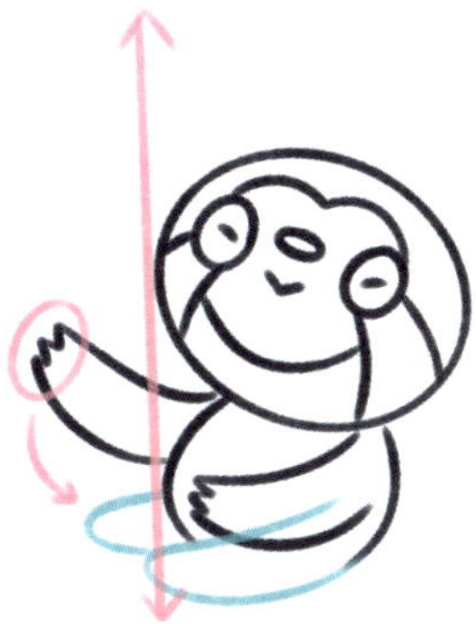

❷ ARME UND BEINE UMFASSEN DEN STAMM. HÄNDE UND FÜSSE HABEN DREI LANGE KRALLEN, DIE DAS KLETTERN ERLEICHTERN.

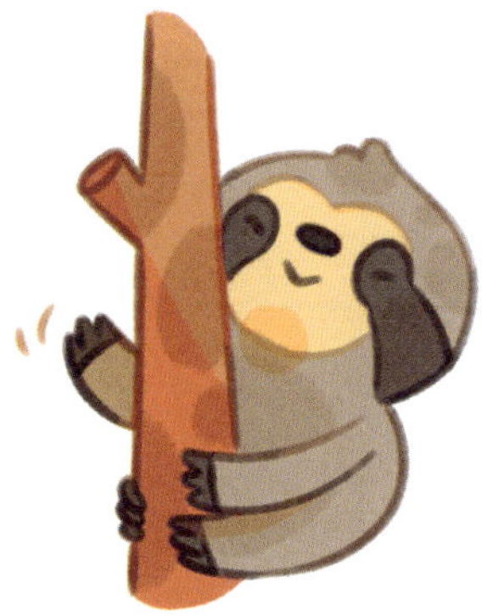

❸ DAS GESICHT IST HELLER ALS DER KÖRPER. ERGÄNZE NOCH DIE BREITEN DUNKLEN STREIFEN, DIE VON DEN AUGEN ZU DEN SEITEN VERLAUFEN.

HUHN

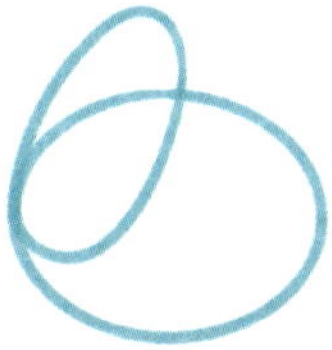

❶ SKIZZIERE EIN GROSSES HORIZONTALES OVAL UND FÜGE AN EINER SEITE EIN KLEINERES VERTIKALES FÜR DEN KOPF HINZU.

❷ ERGÄNZE EINEN KLEINEN SCHNABEL UND EINEN KREIS FÜR DEN FLÜGEL.

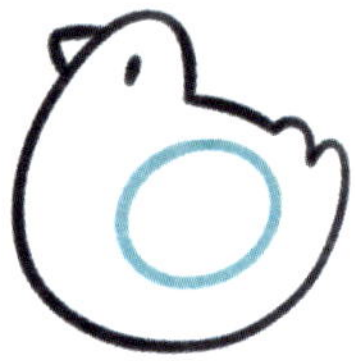

❸ ZUM SCHLUSS ZEICHNEST DU DEINEM NIEDLICHEN HÜHNCHEN NOCH DEN TYPISCHEN KAMM UND DEN KEHLLAPPEN.

❹ EIN WENIG STROH UND EIN PAAR EIER RUNDEN DIE SZENE AB.

TAUBE

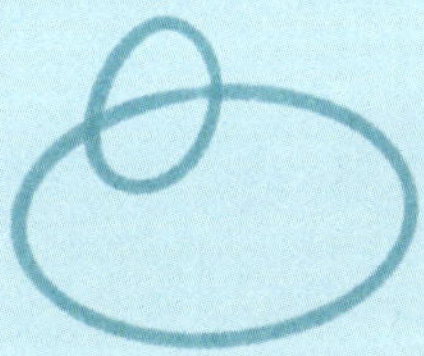

❶ DU KANNST DIE FORMEN DER TAUBE ÄHNLICH WIE BEIM HUHN ZEICHNEN, JEDOCH MIT EINEM KLEINEREN KOPF UND EINEM LÄNGEREN KÖRPER HINTEN.

❷ IHRE FLÜGEL SIND TROPFENFÖRMIG.

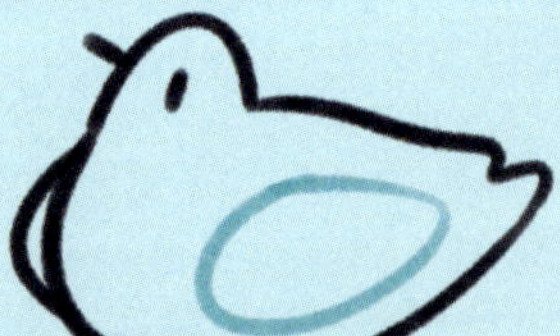

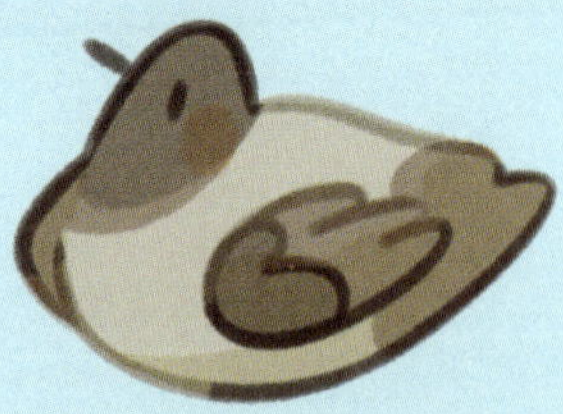

ENTE

❶ DIE GRUNDFORM IST WIEDER ÄHNLICH ZU DEN ANDEREN VÖGELN.

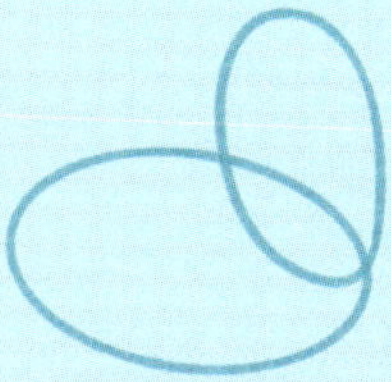

❷ ZEICHNE DEN KOPF MIT EINEM GROSSEN BREITEN SCHNABEL UND VIELE SCHWANZFEDERN.

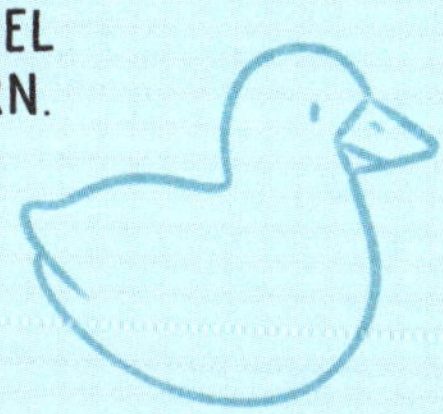

❸ DAS GEFIEDER VON ENTEN HAT WUNDERSCHÖNE SCHILLERNDE FARBEN.

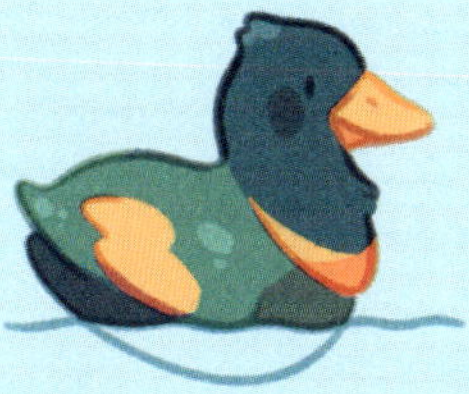

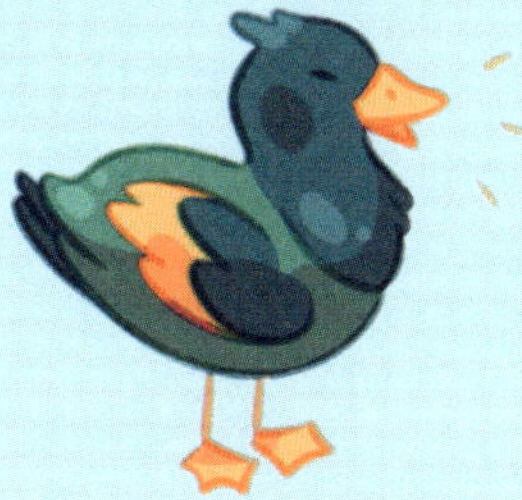

❹ ACHTE DARAUF, BEI FLÜGELN UND SCHWANZ VIELE FARBABSTUFUNGEN ZU VERWENDEN.

SCHNABELTIER

SCHNABELTIERE SIND WIRKLICH SKURRILE WESEN, ABER SIE SIND EINFACH SO DROLLIG!

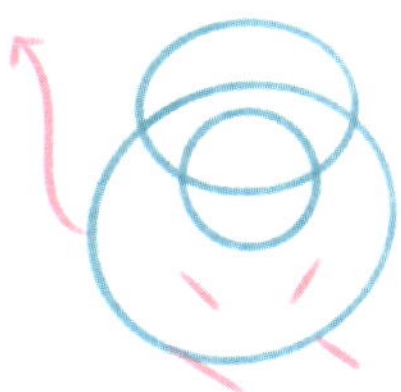

❶ ZEICHNE ZUERST DEN KÖRPER UND EINEN KLEINEN KOPF.

❷ SCHNABELTIERE HABEN EINEN BREITEN ENTENSCHNABEL UND SCHWIMMHÄUTE ZWISCHEN DEN ZEHEN.

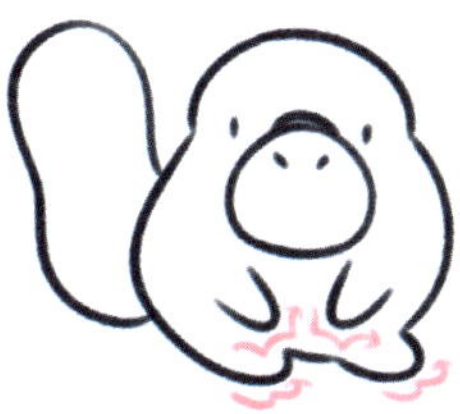

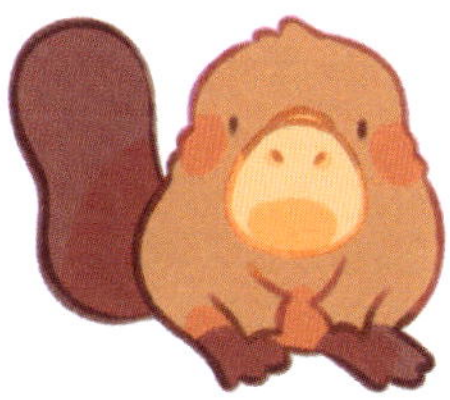

❸ IHR LANGER SCHWANZ IST PLATT UND AM ENDE ABGERUNDET.

MARIENKÄFER

MARIENKÄFER SIND SEHR NIEDLICH. BESONDERS GUT KOMMEN SIE ZUSAMMEN MIT BLUMEN ODER ANDEREN PFLANZEN ZUR GELTUNG.

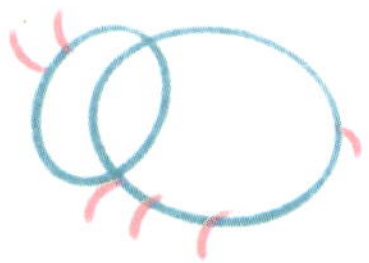

❶ ZEICHNE EINEN RUNDEN KÖRPER. GIB DEM TIERCHEN NOCH ZWEI FÜHLER UND JE DREI KURZE BEINCHEN AN JEDER KÖRPERSEITE.

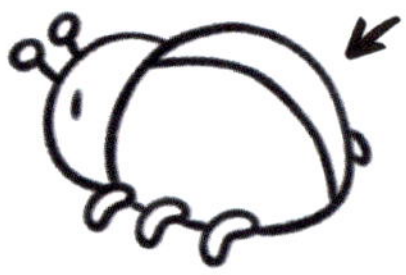

❷ ZEICHNE EINE TRENNLINIE AUF DEN RÜCKEN, DIE DIE GESCHLOSSENEN FLÜGEL ANDEUTET.

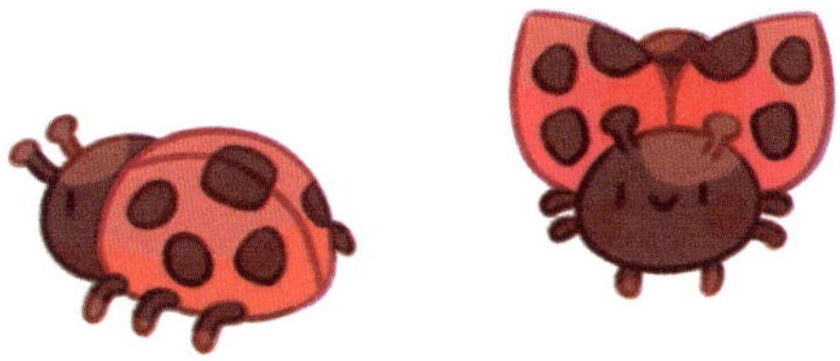

❸ DIE PUNKTE AUF DEM RÜCKEN SIND SYMMETRISCH ANGEORDNET.

HUMMEL

HUMMELN SIND RUND UND RICHTIG FLUFFIG.

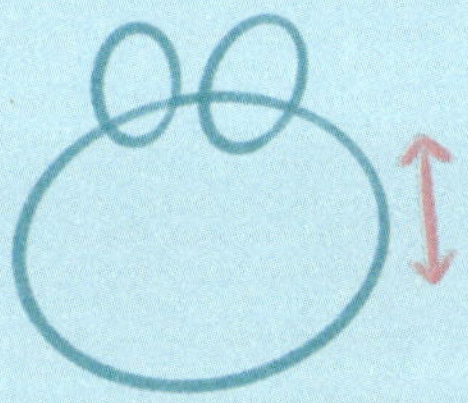

❶ ZEICHNE EINEN KREIS UND VERSIEH IHN OBEN MIT ZWEI KLEINEN FLÜGELCHEN.

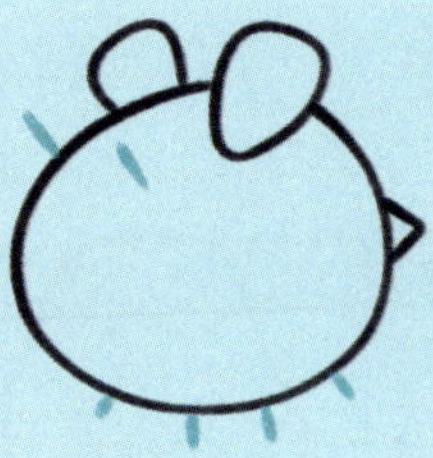

❷ ERGÄNZE DIE BEINCHEN UND DIE FÜHLER.

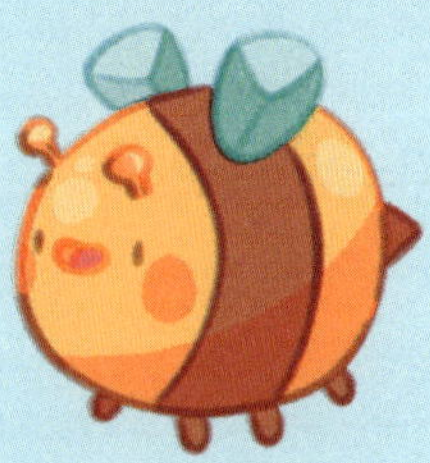

❷ NATÜRLICH DARFST DU DIE STREIFEN AM KÖRPER NICHT VERGESSEN! ZEICHNE SIE MÖGLICHST BREIT.

SCHNECKE

❶ ZEICHNE ZUNÄCHST DEN NACKTEN SCHNECKENKÖRPER MIT FÜHLERN AM KOPF.

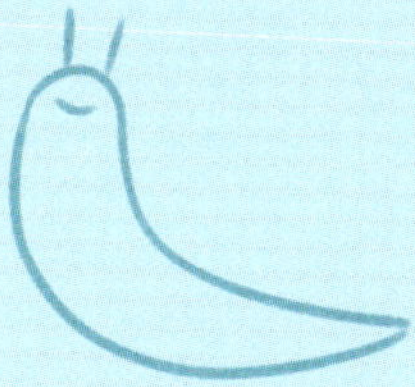

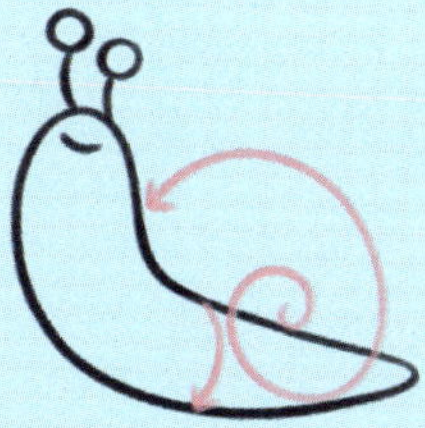

❷ DIE GRUNDFORM FÜR DAS SCHNECKENHAUS IST EINE SPIRALE. SIE IST IN DER MITTE ENG ZUSAMMENGEDREHT UND VERBREITERT SICH NACH UNTEN IMMER MEHR. VERGISS NICHT DIE RUNDEN AUGEN AUF DEN FÜHLERN!

❸ ZUM SCHLUSS NOCH EIN SALATBLATT IN DEN MUND, IHRE LEIBSPEISE.

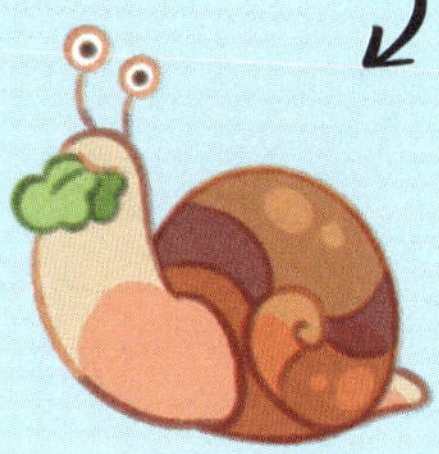

MEERESSCHILDKRÖTE

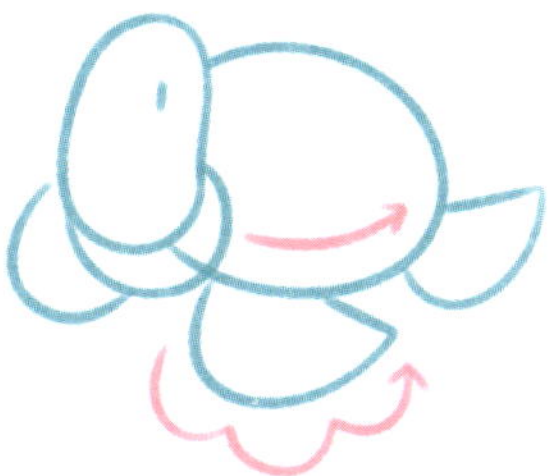

❶ BEGINNE MIT EINEM GROSSEN RUNDEN PANZER UND ERGÄNZE AN EINER SEITE EIN OVAL ALS KOPF.

❷ AM HALS KANNST DU BEIM ÜBERGANG ZUM PANZER NOCH EINEN KLEINEN WULST ZEICHNEN. DEUTE DIE FLOSSEN MIT HALBKREISEN AN. UND DANN IST DA AUCH NOCH DAS KLEINE SCHWÄNZCHEN.

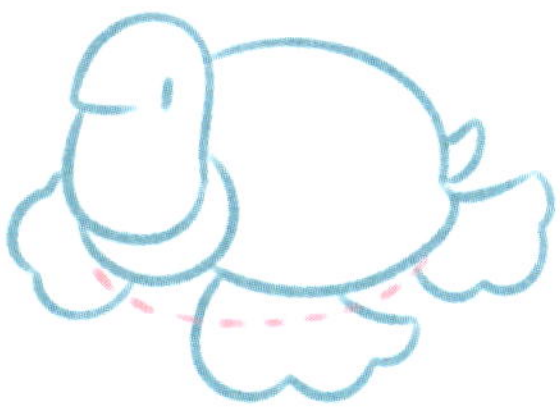

❸ DER PANZER IST AUCH NACH UNTEN HIN RUND.

OKTOPUS

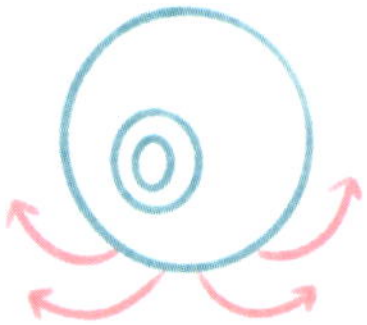

❶ ZUERST ZEICHNEST DU DREI KREISE INEINANDER. UNTEN AM GROSSEN KREIS SETZEN DIE TENTAKELN AN UND WINDEN SICH IN VERSCHIEDENE RICHTUNGEN.

❷ DIE TENTAKELN SIND AM ANSATZ DICK UND VERJÜNGEN SICH ZU DEN SPITZEN HIN. ERGÄNZE SO VIELE SAUGNÄPFE IN UNTERSCHIEDLICHEN GRÖSSEN, WIE DU LUST HAST.

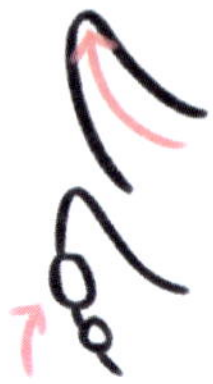

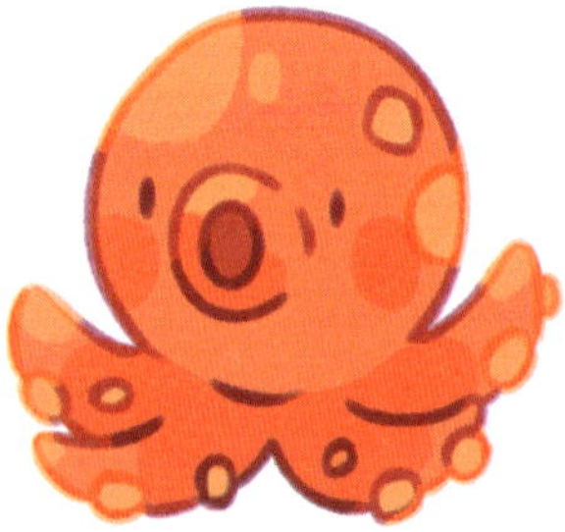

❸ MACH DIR KEINE GEDANKEN DARÜBER, WIE VIELE TENTAKELN EIN OKTOPUS TATSÄCHLICH HAT. ICH ZEICHNE NUR 4 BIS 5, DANN WIRKT ER NIEDLICHER. VERGISS NICHT, DIE AUGEN VOM OKTOPUS AM SCHLUSS ZU SETZEN.

KAULQUAPPE

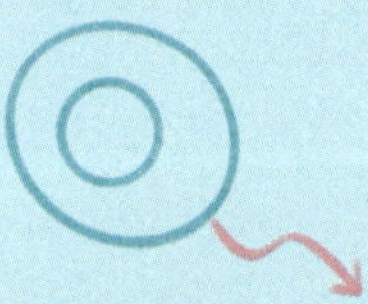

❶ ZEICHNE EINEN KREIS FÜR DEN KOPF UND SETZE EINEN ZWEITEN KLEINEREN FÜR DAS AUGE HINEIN.

❷ DER S-FÖRMIGE SCHWANZ IST SO LANG WIE DER KOPF.

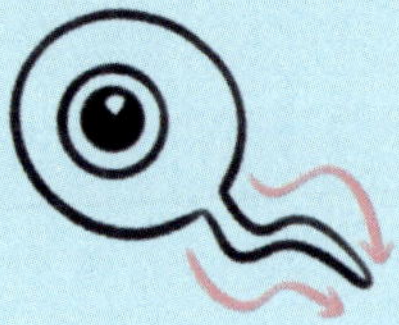

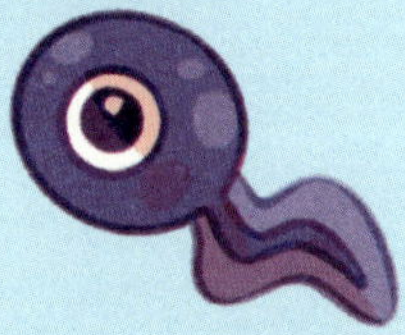

❸ ERGÄNZE DIE FLOSSEN UM DEN SCHWANZ IN EINEM HELLEREN FARBTON, DA SIE ETWAS TRANSPARENT SIND.

FISCH

❶ DU BEGINNST MIT EINEM OVAL, ERGÄNZT EIN GROSSES RUNDES AUGE, EINEN GROSSEN BOGEN FÜR DIE KIEMEN UND AN EINEM ENDE DIE SCHWANZFLOSSE.

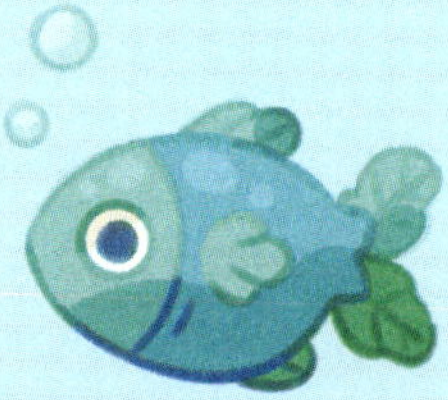

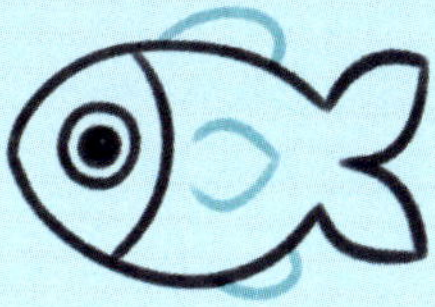

❷ DU KANNST NOCH WEITERE FLOSSEN HINZUFÜGEN. DAMIT SIE NIEDLICHER WIRKEN, KANNST DU DIE RÄNDER WELLENFÖRMIG GESTALTEN WIE BEI EINEM BLATT.

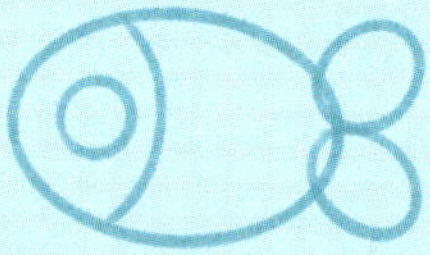

GOLDFISCHGLAS

DER KLEINE FISCH MUSS GANZ SCHNELL ZURÜCK INS WASSER. GEBEN WIR IHM ALSO EIN HÜBSCHES GOLDFISCHGLAS!

❶ ZEICHNE DAZU EINE GROSSE KUGEL MIT ZWEI KLEINEREN OVALEN OBEN UND UNTEN.

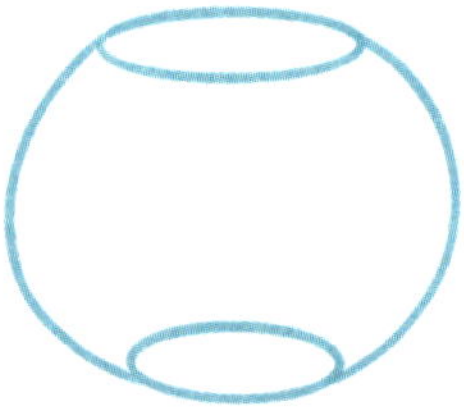

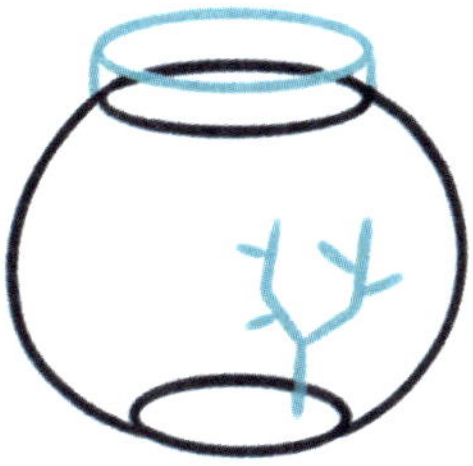

❷ SETZE EIN KLEINES KORALLENBÄUMCHEN HINEIN UND ZIEHE DEN RAND AN DER ÖFFNUNG HOCH.

❸ DER RAND WIRD NUN GEWELLT, UND WIR FÜLLEN DAS GLAS MIT WASSER.

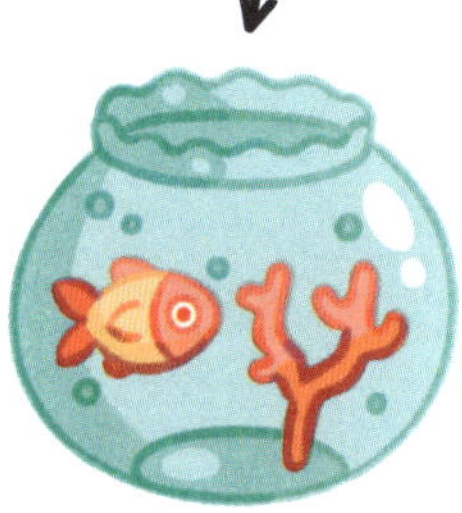

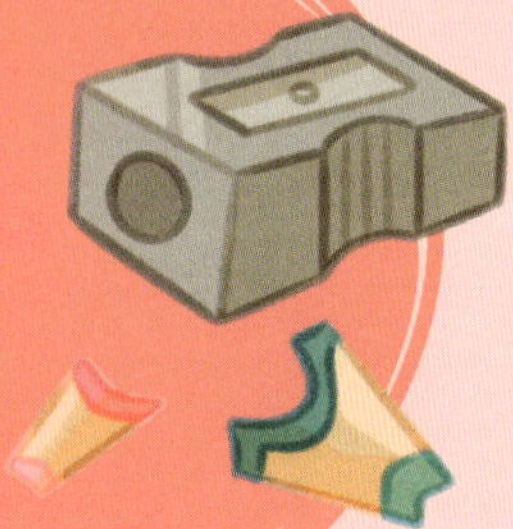

IN DER Schule

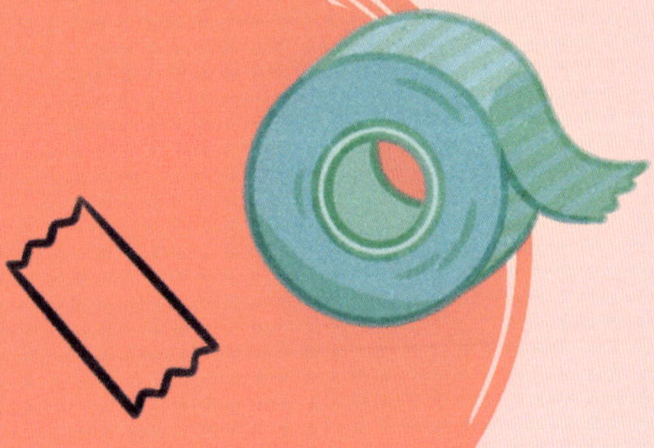

BLEISTIFT

❶ WIR BEGINNEN MIT EINEM LANGEN SCHMALEN ZYLINDER, DER AN EINEM ENDE SPITZ ZULÄUFT.

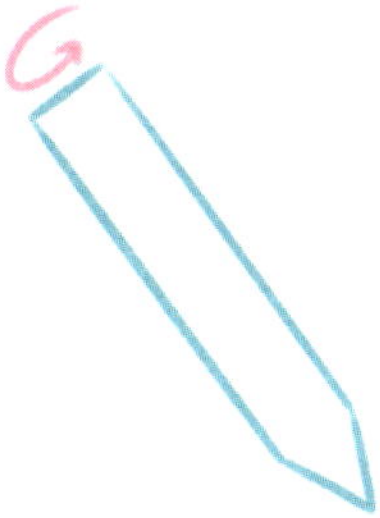

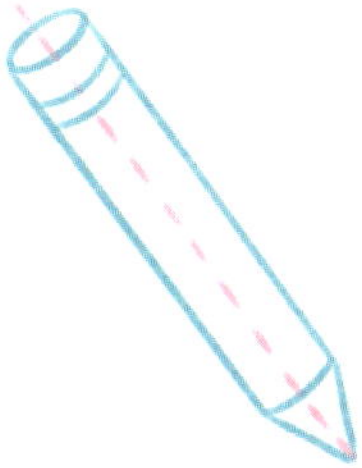

❷ DER ZYLINDER WIRD LÄNGS IN STREIFEN AUFGETEILT, SODASS ER AUSSIEHT WIE EIN ALTER SCHULBLEISTIFT.

❸ AM OBEREN ENDE ERGÄNZEN WIR NOCH DEN TYPISCHEN RADIERGUMMI.

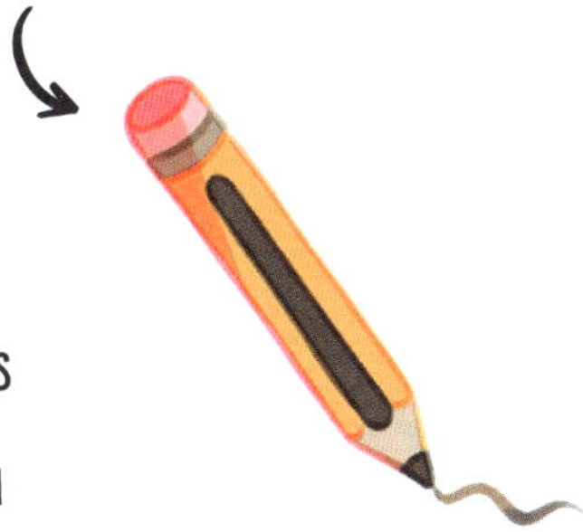

KUGELSCHREIBER

❶ STARTE MIT DER GRUNDFORM DES BLEISTIFTS.

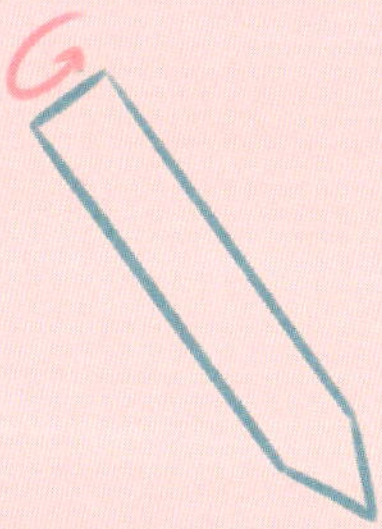

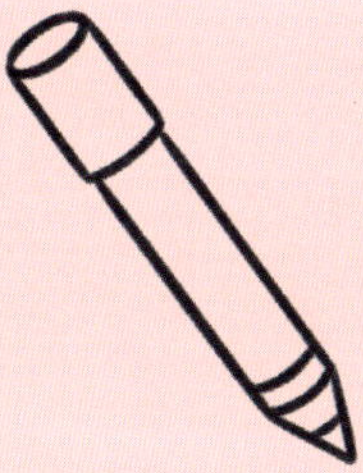

❷ ERGÄNZE AM SPITZEN ENDE EINE RUNDE KUGELSCHREIBERMINE.

❸ AUF DAS OBERE ENDE SETZT DU EINE KAPPE MIT EINEM CLIP.

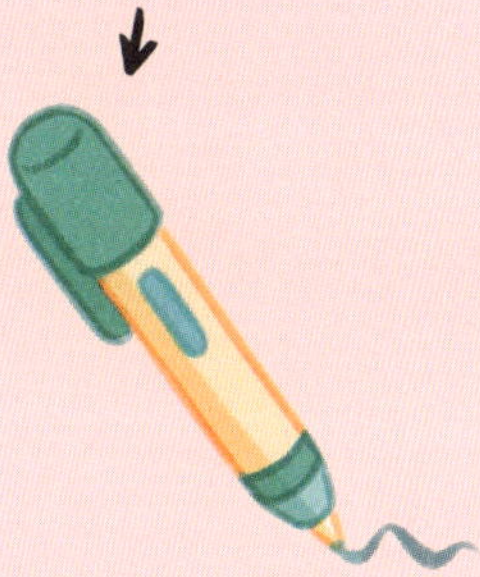

MARKER

❶ WIEDER DIENT DER BLEISTIFT ALS GRUNDFORM.

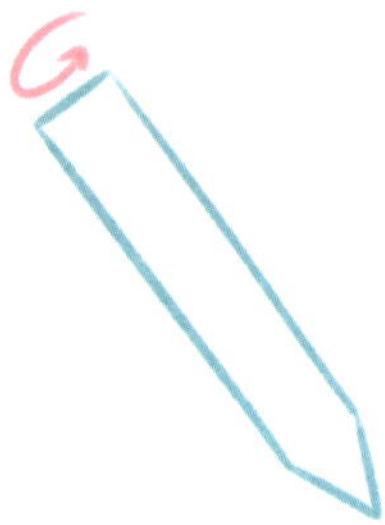

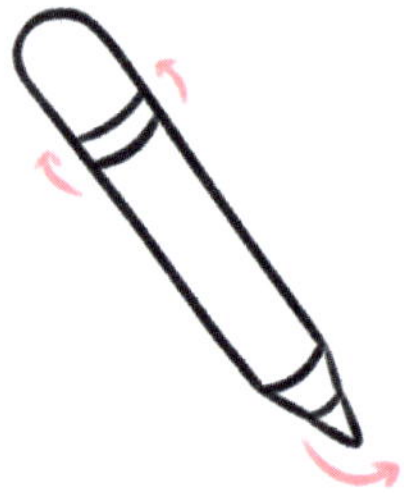

❷ JETZT BEKOMMT ER EINE KÜRZERE KAPPE OHNE CLIP.

❸ MARKER HABEN EINE FASER-SPITZE, DIE SICH VERFORMT, WENN DER STIFT AUF DAS PAPIER GEDRÜCKT WIRD.

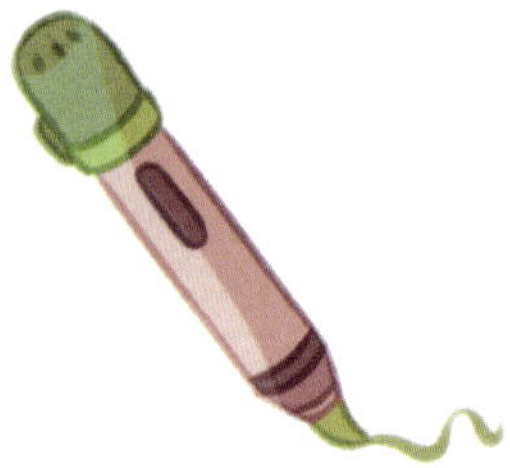

RADIERGUMMI

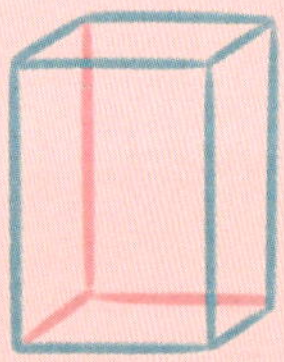

❶ DU KANNST EINEN RADIER-GUMMI ALS PERFEKTEN QUADER ZEICHNEN.

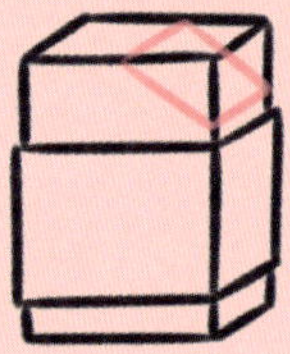

❷ ER SIEHT REALISTISCHER AUS, WENN ER AN EINEM ENDE SCHON ETWAS ABGENUTZT IST.

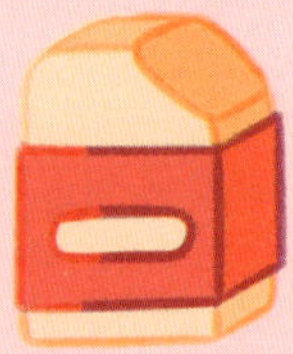

❸ GIB IHM NOCH EINE KLEINE FARBIGE HÜLLE.

SCHERE

SO EINE SCHERE SIEHT ZWAR ZIEMLICH KOMPLIZIERT AUS, ABER SCHRITT FÜR SCHRITT IST DAS ZEICHNEN KEIN PROBLEM.

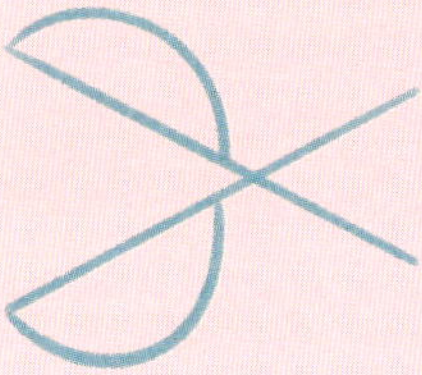

❶ WICHTIG IST EIN GROSSES X, DAS AN DER GRIFFSEITE ETWAS LÄNGER IST. ZEICHNE VORERST EINEN HALBKREIS AN DIE AUSSENSEITE DES X.

❷ ERGÄNZE DIE KLINGEN AUF DER AUSSENSEITE DES X.

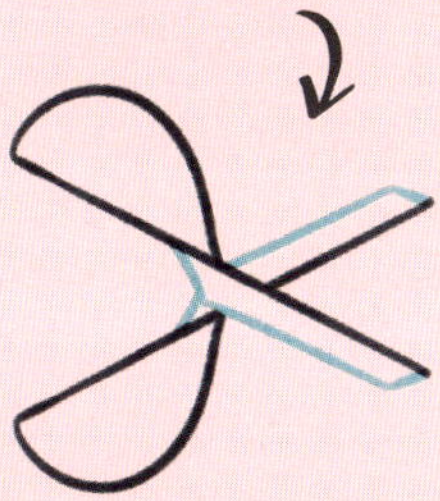

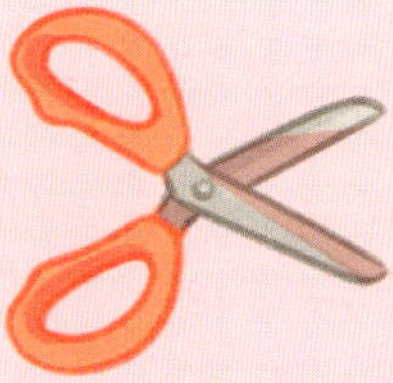

❸ EINE KLINGE WIRD ZUM TEIL VON DER DARÜBERLIEGENDEN VERDECKT. DAMIT DIE SCHERE GUT IN DER HAND LIEGT, MACHST DU DIE GRIFFE OVALER UND RUNDEST DIE SPITZEN DER KLINGEN AB.

SPITZER

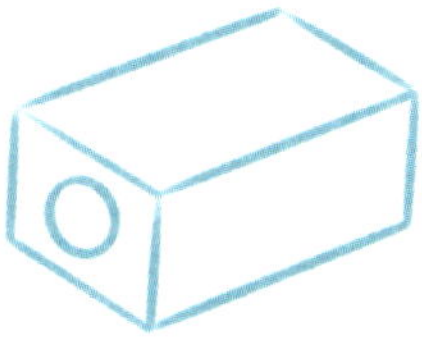

❶ BEGINNE MIT EINEM QUADER, DER HINTEN ETWAS SCHMALER WIRD. VORN ZEICHNEST DU EINEN KREIS FÜR DIE ÖFFNUNG.

❷ AN BEIDEN SEITEN BEKOMMT DER SPITZER GRIFFMULDEN.

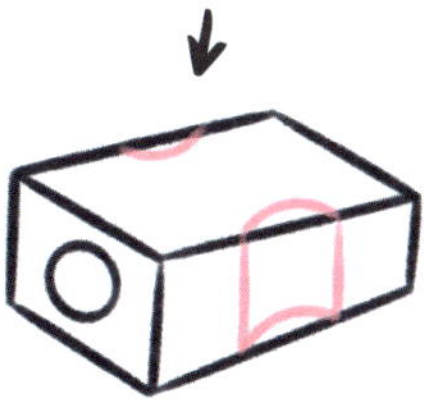

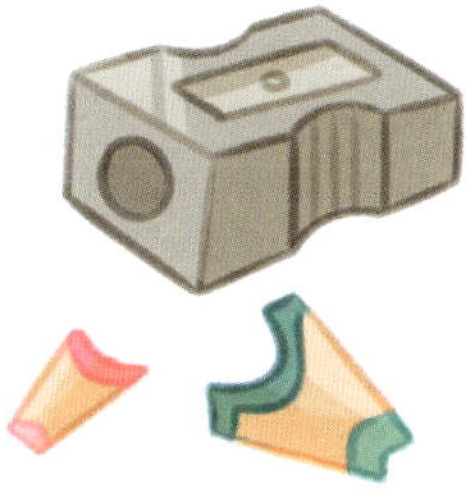

❸ ZUM SCHLUSS WIRD DIE KLINGE AUF DER OBERSEITE DES QUADERS HINZUGEFÜGT.

WASHI TAPE

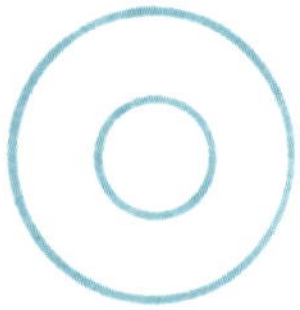

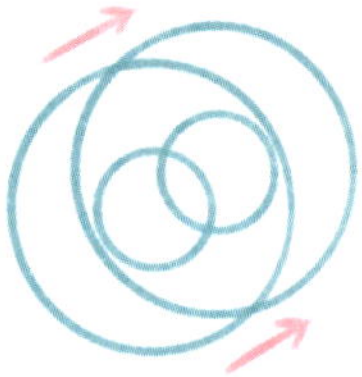

❶ EINE ROLLE WASHI TAPE SIEHT ÄHNLICH AUS WIE EIN DONUT MIT EXAKTEN KANTEN.

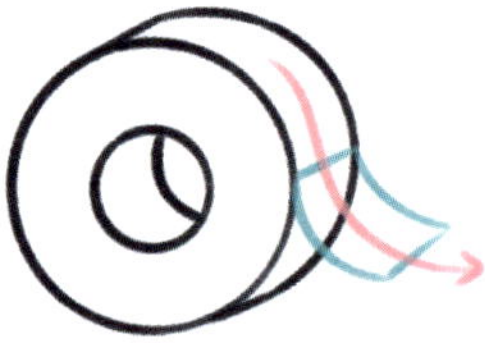

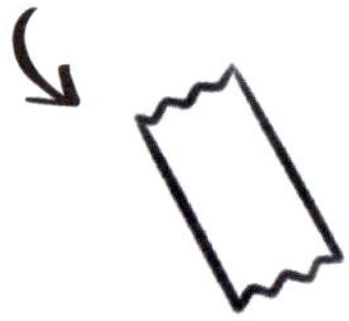

❷ ZEICHNE AN EINER SEITE EIN GEBOGENES RECHTECK: EIN STÜCKCHEN WASHI TAPE, DAS VON DER ROLLE ABSTEHT.

❸ DIE ABRISSKANTE IST GEZACKT.

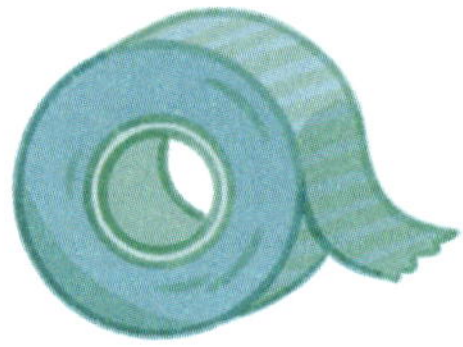

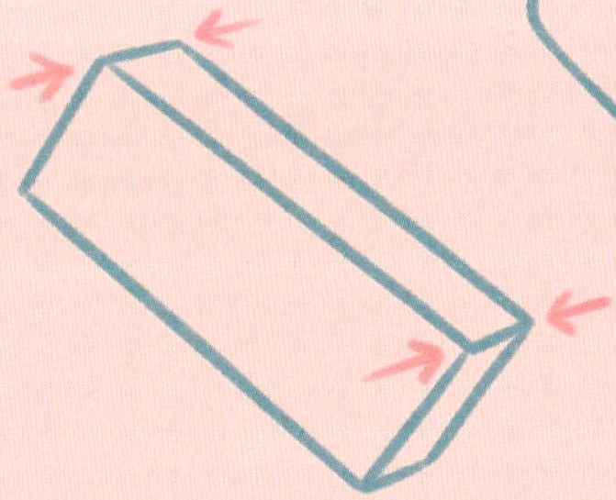

SCHLAMPERMÄPPCHEN

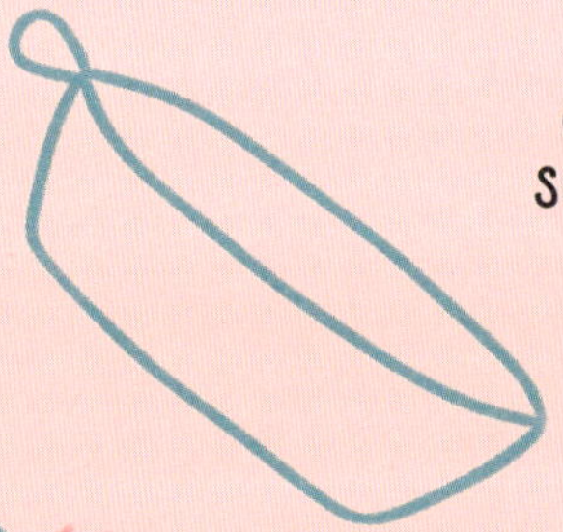

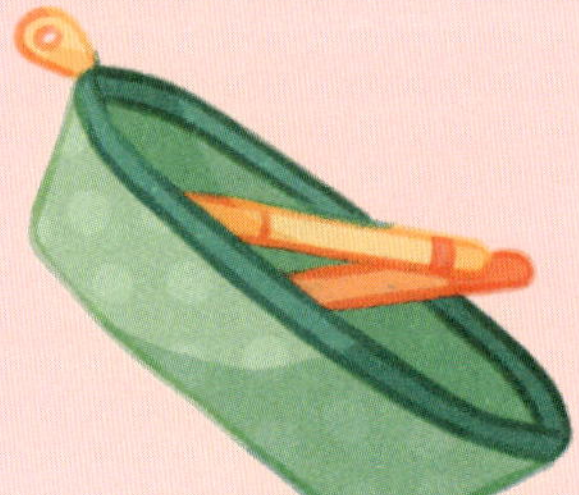

❷ ERGÄNZE EINEN REISSVERSCHLUSS AM OBEREN RAND UND LEGE DEINE STIFTE HINEIN.

❶ ZEICHNE EINEN QUADER, DER UNTEN BREIT UND AN DEN OBEREN ECKEN ZUSAMMENGEFASST IST.

SCHULRANZEN

❶ WIR ZEICHNEN DEN RANZEN ALS QUADER UND SCHLIESSEN IHN MIT EINEM ÜBERSCHLAG.

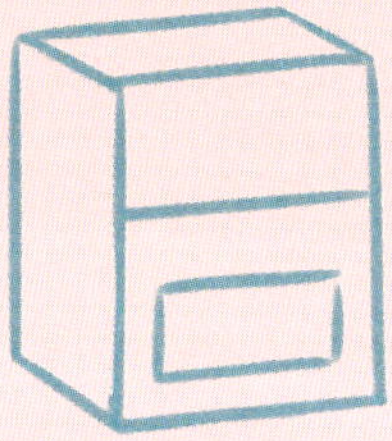

❷ EIN REISSVERSCHLUSS AN DER SEITE UND ZWEI VERSCHLÜSSE AUF DER VORDERSEITE SORGEN DAFÜR, DASS NICHTS HERAUSFALLEN KANN.

❸ ZULETZT KOMMT NOCH EINE GERÄUMIGE VORDERTASCHE SOWIE EIN HENKEL AN DER OBERSEITE HINZU.

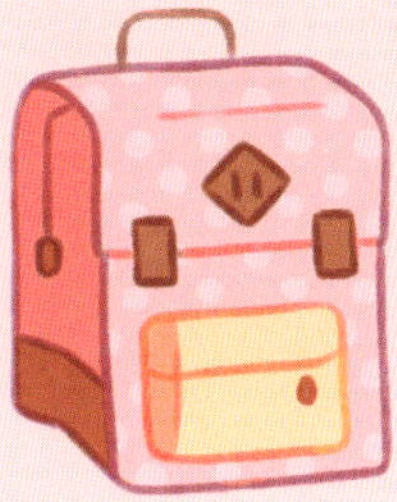

SCHULRUCKSACK

❷ EIN REISSVERSCHLUSS VERLÄUFT AUF DER OBERSEITE. DIE VORDERTASCHE IST UNTEN SCHMAL UND WIRD OBEN BREITER.

❶ HIER GEHEN WIR VON EINEM QUADER AUS, DER AN DEN OBEREN ECKEN ABGERUNDET IST.

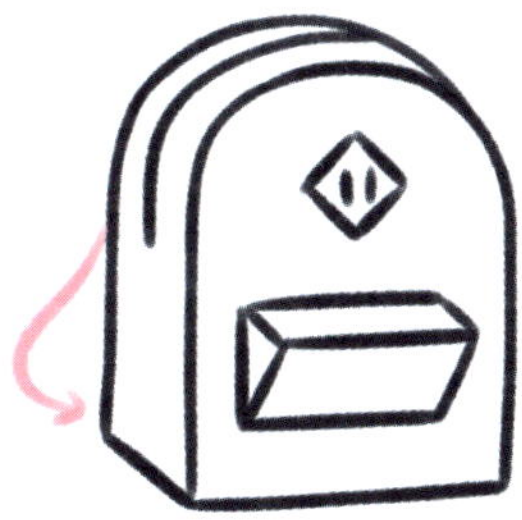

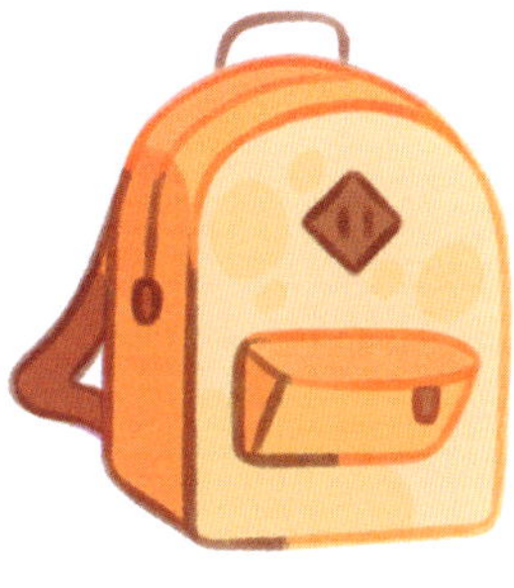

❸ WIR ERGÄNZEN NOCH DIE SCHULTERRIEMEN UND DEN HENKEL.

BUCH

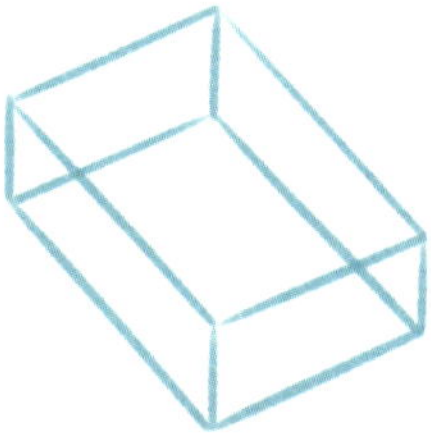

❶ DIE GRUNDFORM IST EIN QUADER.

❷ DIE KURZEN SEITEN WERDEN ALS BÖGEN GEZEICHNET, DIE ALLE NACH DERSELBEN SEITE AUSGERICHTET SIND.

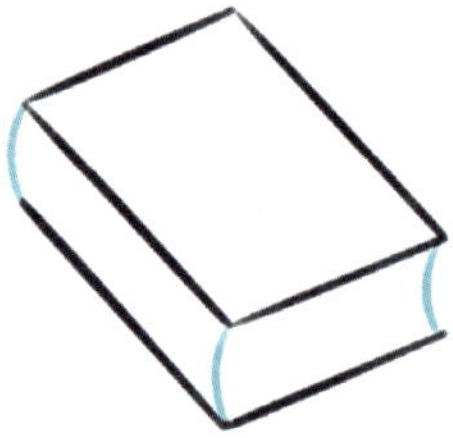

❸ VERSTÄRKE DIE BUCH-DECKEL. NUN KANNST DU BUCHRÜCKEN, -DECKEL UND DIE ECKEN GANZ NACH DEINEM GESCHMACK GESTALTEN.

COLLEGEBLOCK

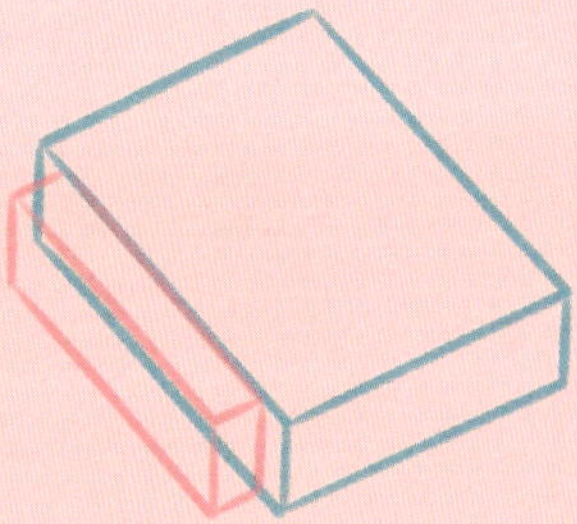

❶ ZEICHNE EINEN QUADER UND STATTE IHN OBEN UND UNTEN MIT EINEM DICKEN PAPPDECKEL AUS.

❷ AUF EINER DER LÄNGSSEITEN BEFINDET SICH EINE GROSSE SPIRALE. DAMIT DU ES LEICHTER HAST, KANNST DU LAUTER GLEICH GROSSE KREISE ZEICHNEN.

OFFENES BUCH

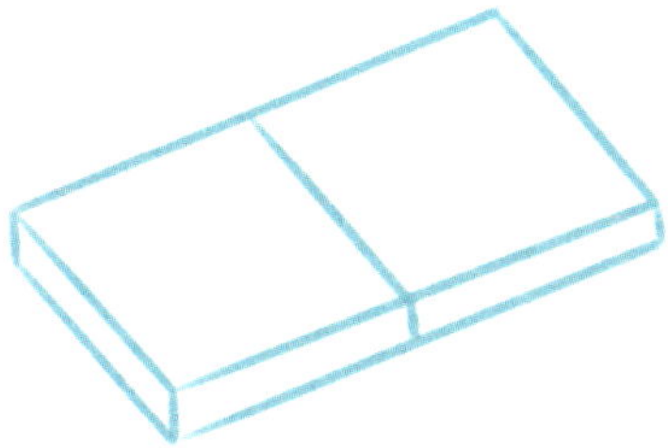

❶ WENN DAS BUCH AUFGESCHLAGEN IST, IST DER QUADER DOPPELT SO BREIT UND HALB SO HOCH WIE BEIM GESCHLOSSENEN BUCH.

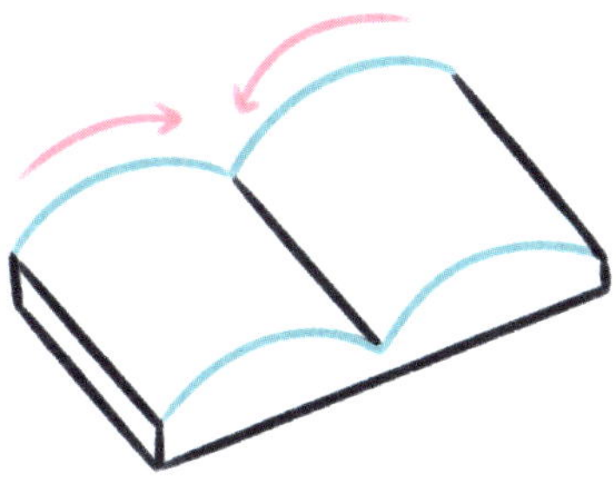

❷ VON DER MITTELLINIE AUSGEHEND ZEICHNEN WIR VIER BÖGEN FÜR DIE OFFENEN SEITEN.

❸ FÜR EINE EINZELNE UMGESCHLAGENE SEITE FÜGEN WIR VON DER MITTE AUSGEHEND EIN WEITERES GEBOGENES RECHTECK HINZU.

❹ NUN BRAUCHEN WIR NUR NOCH DIE DETAILS AUSZUARBEITEN: BILDER, TEXT, UND DICKE BUCHDECKEL.

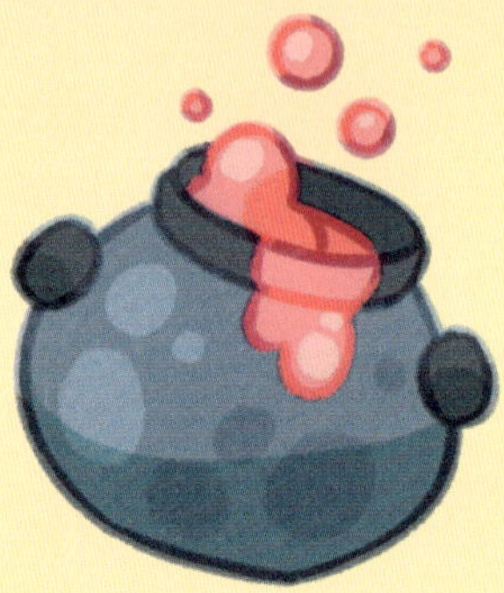

IN DER Zauber-schule

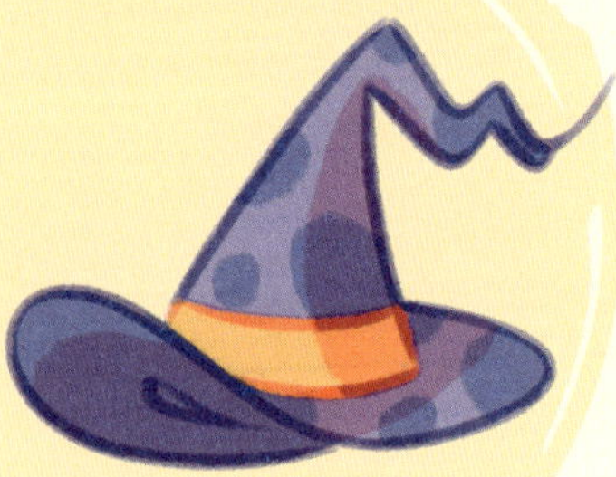

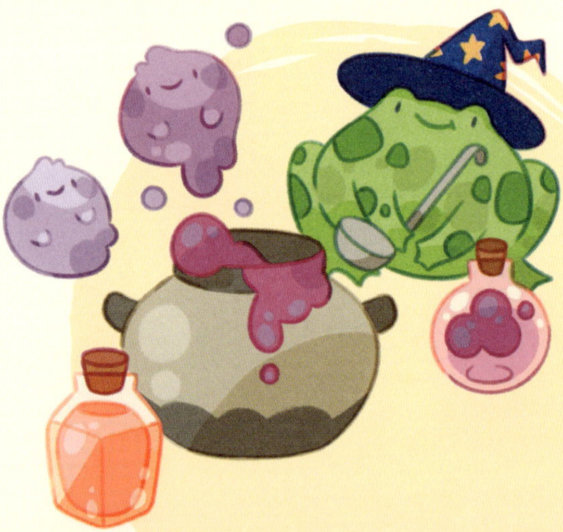

GESPENSTER

SELBST GESPENSTER KÖNNEN RICHTIG PUTZIG UND LIEBENSWERT SEIN.

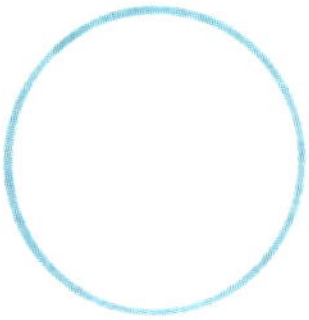

❶ DU ZEICHNEST ZUERST EINEN GROSSEN KREIS.

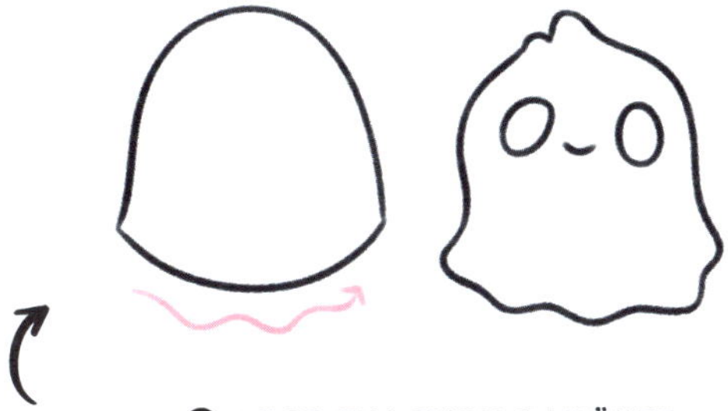

❷ LEGE EIN TUCH DARÜBER. ES HAT GROSSE WELLENLINIEN ALS KONTUREN UND EIN PAAR FALTEN.

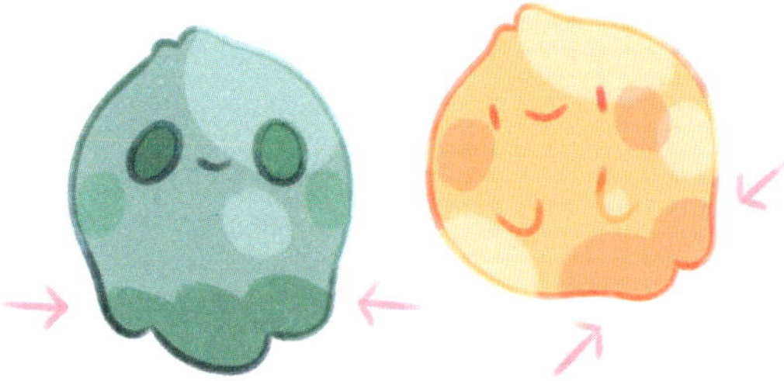

❸ DAMIT DEINE GESPENSTERCHEN NOCH MUNTERER WIRKEN, KANNST DU UNTEN MIT ZWEI ODER DREI KLEINEN BÖGEN DEN EINDRUCK ERWECKEN, SIE HÄTTEN WINZIGE FÜSSCHEN.

ALRAUNE

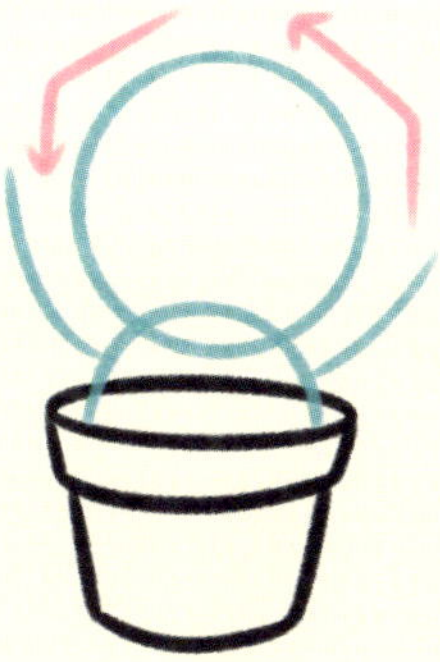

❶ ZUERST ZEICHNEST DU EINEN HÜBSCHEN BLUMENTOPF UND DANN DEN KOPF DER ALRAUNE, DIE MIT HOCHGERECKTEN ÄRMCHEN HERAUSSCHAUT.

❷ DIE ARME SOLLEN AUSSEHEN WIE KLEINE WURZELN ODER ÄSTE.

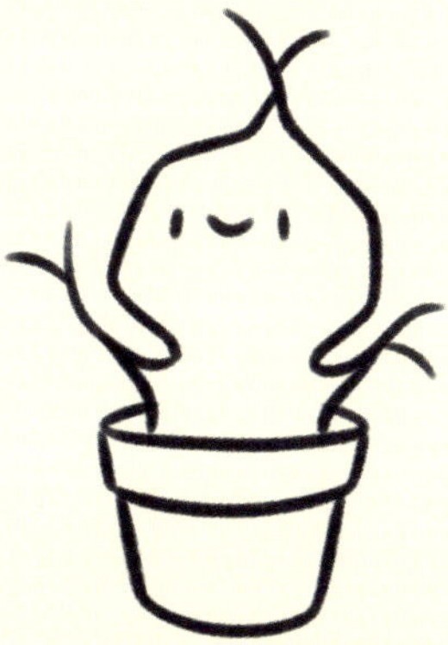

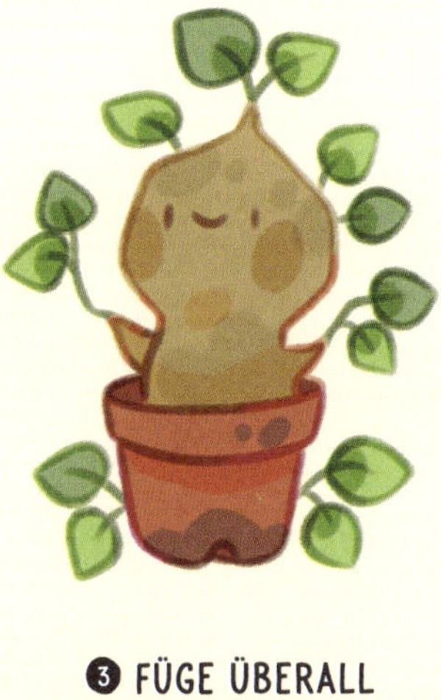

❸ FÜGE ÜBERALL BLÄTTER HINZU.

HEXENBESEN

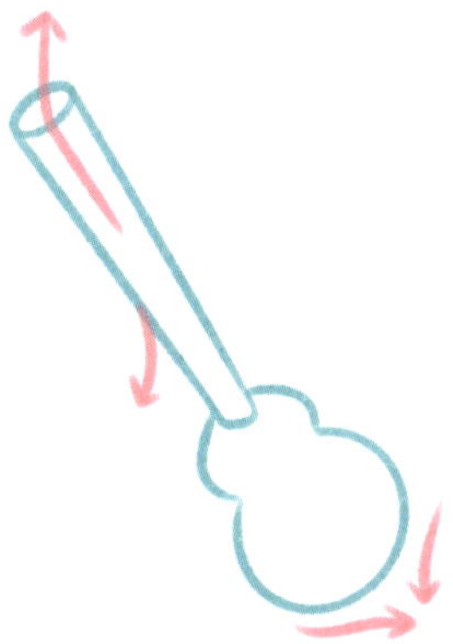

❶ ZEICHNE DEN BESEN ALS LANGEN GEBOGENEN AST, DER NOCH EIN PAAR BLÄTTER HAT.

❷ DAS DICKE REISIGBÜNDEL IST UNTEN DURCH DEN LANGEN GEBRAUCH AUSGEDÜNNT.

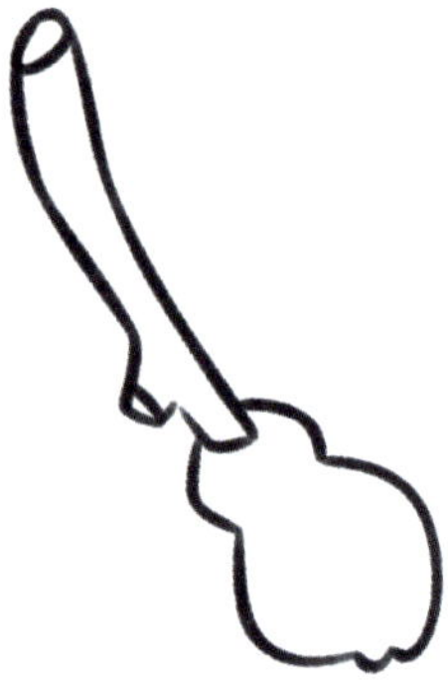

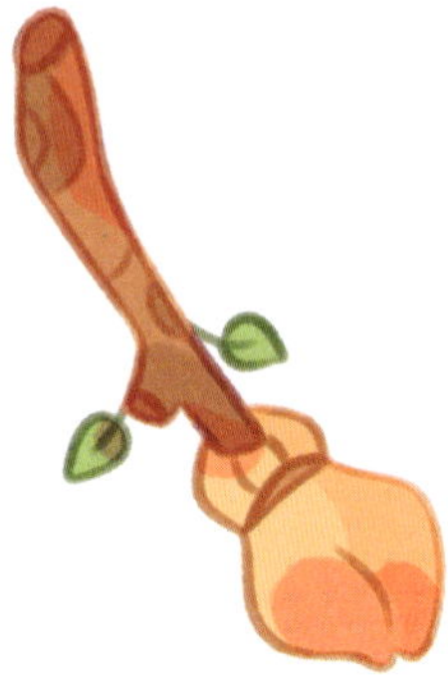

❸ VERGISS NICHT, ES MIT EINEM STRICK ZUSAMMENZUBINDEN.

ZAUBERSTÄBE

JEDER ZAUBERER HAT SEINEN EIGENEN ZAUBERSTAB.

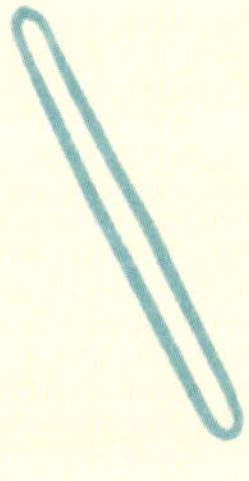

❶ DIE GRUNDFORM IST EIN DÜNNER STAB.

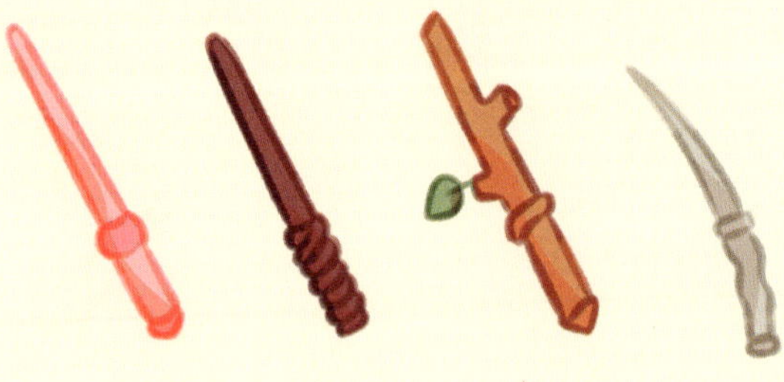

❷ GESTALTE GANZ INDIVIDUELLE ZAUBERSTÄBE MIT UNTERSCHIEDLICHEN GRIFFEN UND VERZIERUNGEN.

MAGISCHES FEUER

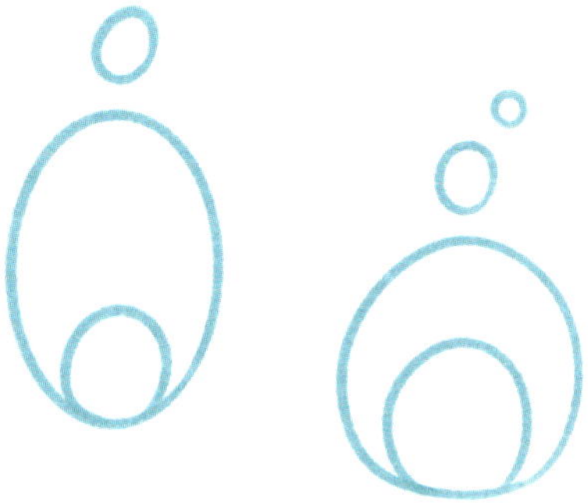

❶ ZEICHNE ZWEI OVALE INEINANDER, DIE DENSELBEN AUSGANGSPUNKT HABEN

❷ DAMIT DER EINDRUCK VON BEWEGUNG ENTSTEHT, ENDEN SIE OBEN MIT UNREGELMÄSSIGEN BÖGEN.

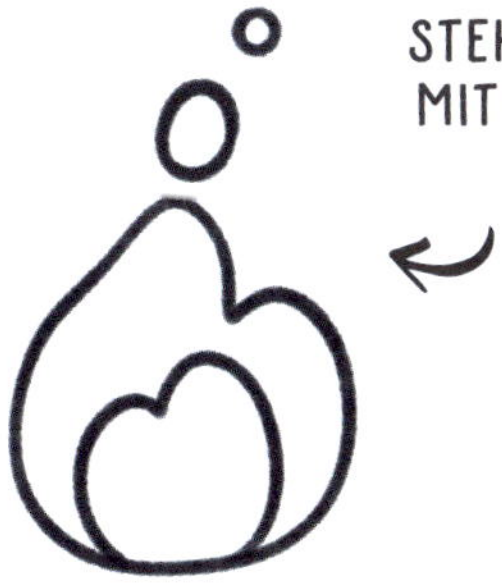

❸ MIT KLEINEN KREISEN WERDEN FLIEGENDE FUNKEN ANGEDEUTET.

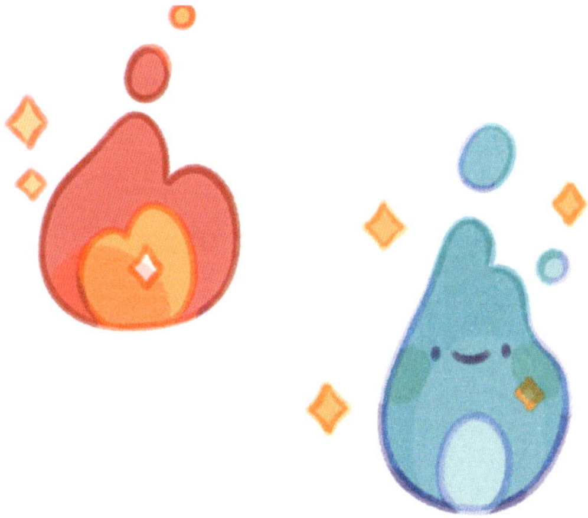

HEXENKESSEL

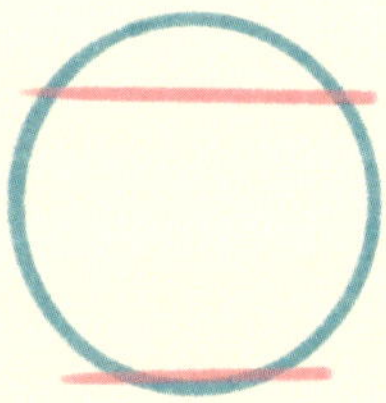

❶ WIR BEGINNEN MIT EINER KUGEL MIT GERADER STANDFLÄCHE UND EINER ÖFFNUNG OBEN.

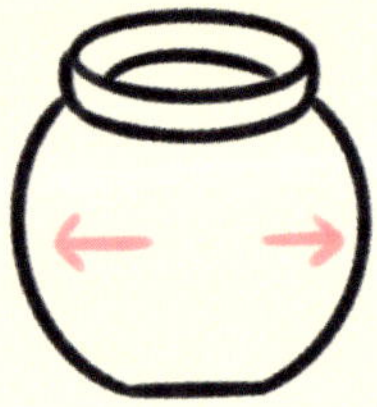

❷ FÜR EINE RICHTIGE KESSELFORM VERBREITERE DIE KUGEL ETWAS.

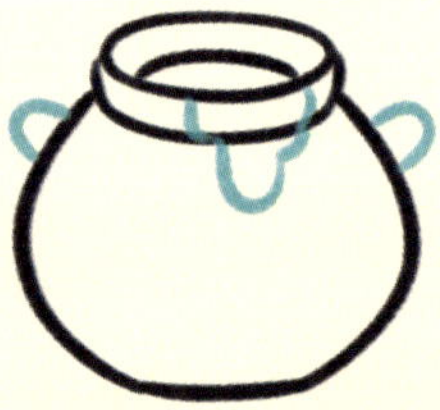

❸ JETZT WERDEN DIE GRIFFE UND DER RAND AN DER ÖFFNUNG ERGÄNZT.

❹ FÜLLE DEN KESSEL MIT EINEM BRODELNDEN ZAUBERTRANK, DER ÜBER DEN RAND SCHWAPPT.

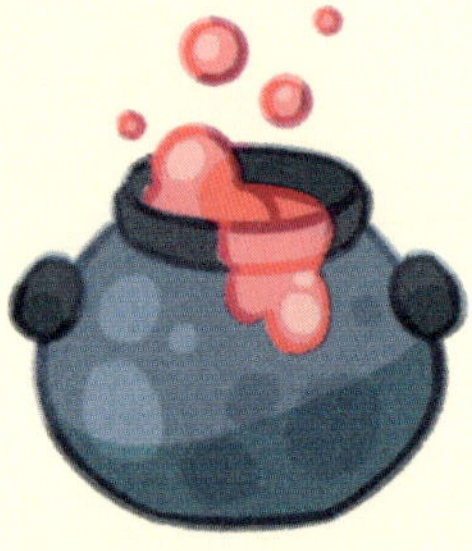

ZAUBERTRÄNKE

FLÄSCHCHEN FÜR ZAUBERTRÄNKE KÖNNEN ECKIG ODER RUND SEIN. SIE SEHEN NORMALEN FLASCHEN SEHR ÄHNLICH, ALLERDINGS IST DAS GLAS SEHR VIEL DICKER.

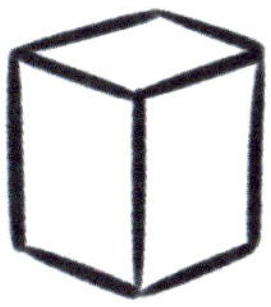

❶ FÜR EIN ECKIGES FLÄSCHCHEN ZEICHNE ZUNÄCHST EINEN QUADER.

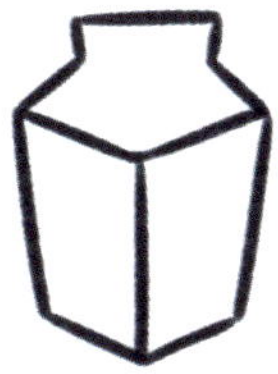

❷ DER QUADER WIRD NACH OBEN HIN ETWAS BREITER UND VERENGT SICH DANN ZU EINEM KURZEN FLASCHENHALS.

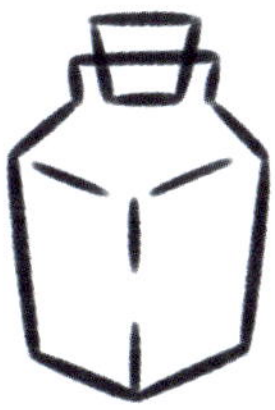

❸ DAMIT DIE DÄMPFE DER FLÜSSIGKEIT NICHT AUSTRETEN KÖNNEN, STECKT EIN KORKEN IN DER ÖFFNUNG.

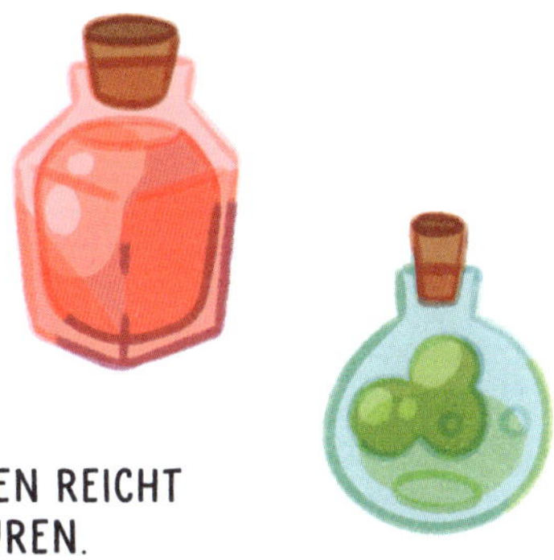

❹ DIE FLÜSSIGKEIT IM INNEREN REICHT NICHT BIS AN DIE KONTUREN. DIE GLANZLICHTER NICHT VERGESSEN!

HEXENHUT

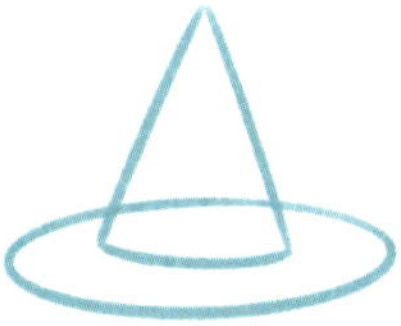

❶ ZEICHNE EIN OVAL UND SETZE EINEN KEGEL DARAUF.

❷ ZIEH DIE SPITZE DES KEGELS NACH OBEN UND ZUR SEITE, SODASS EIN ZIPFEL ENTSTEHT.

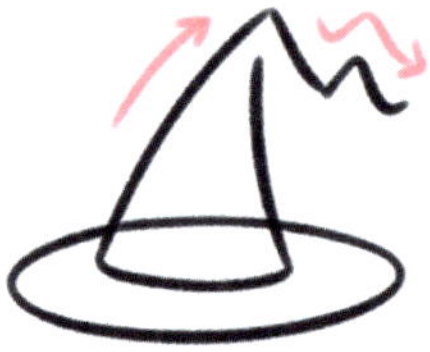

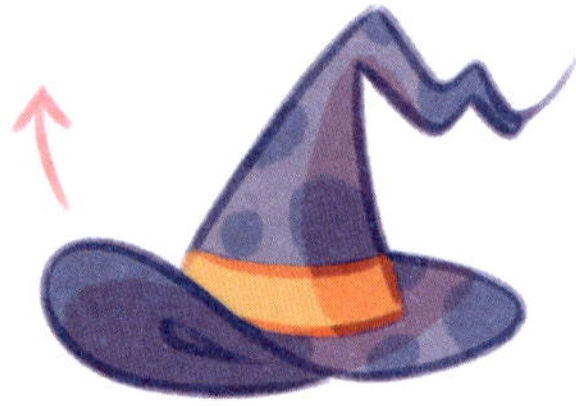

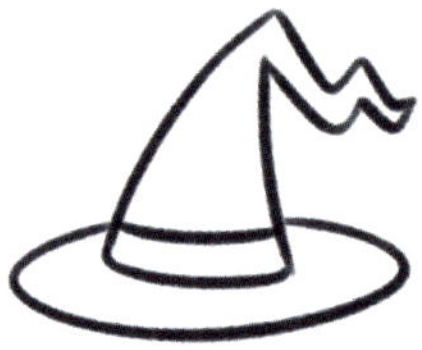

❸ BIEGE DIE KREMPE AUF EINER SEITE NACH OBEN, SO ALS WÄRE ES GERADE SEHR WINDIG.

ZAUBERERHUT

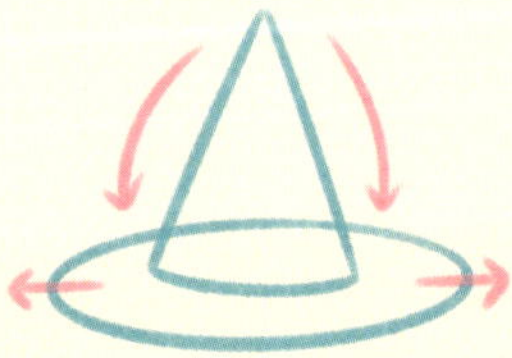

❶ DIE AUSGANGSBASIS IST DER HEXENHUT, NUR IST HIER DER KEGEL BREITER.

❸ WENN DU MÖCHTEST, KANNST DU JETZT NOCH LAUTER STERNE AUF DEN HUT ZEICHNEN.

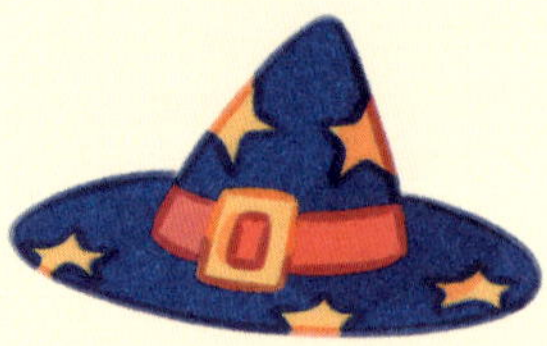

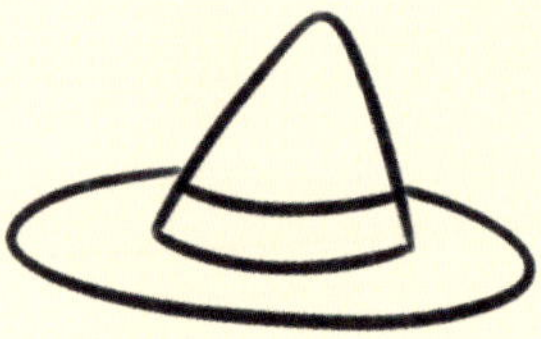

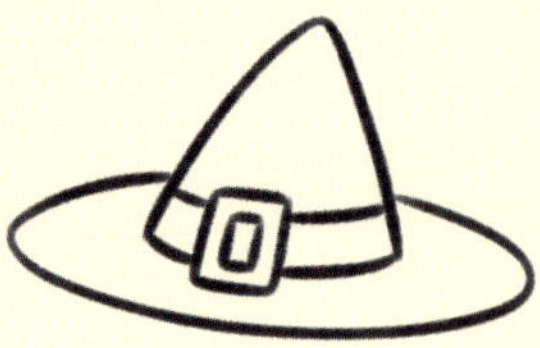

❷ ERGÄNZE EIN HÜBSCHES HUTBAND MIT EINER SCHNALLE.

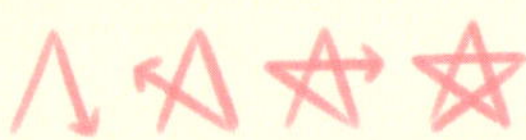

TIPP: SO WIRD EIN FÜNFZACKIGER STERN GEZEICHNET.

FROSCH

AUCH EIN ZAUBERER BRAUCHT EINEN FREUND! ZEICHNEN WIR IHM EINEN KLEINEN FROSCH.

❶ WIR BEGINNEN MIT EINEM GROSSEN KREIS FÜR DEN KÖRPER UND EIN PAAR KLEINERE FÜR DEN KOPF UND DIE AUGEN. ZWEI OVALE AN DEN SEITEN SKIZZIEREN DIE ANGEZOGENEN BEINCHEN.

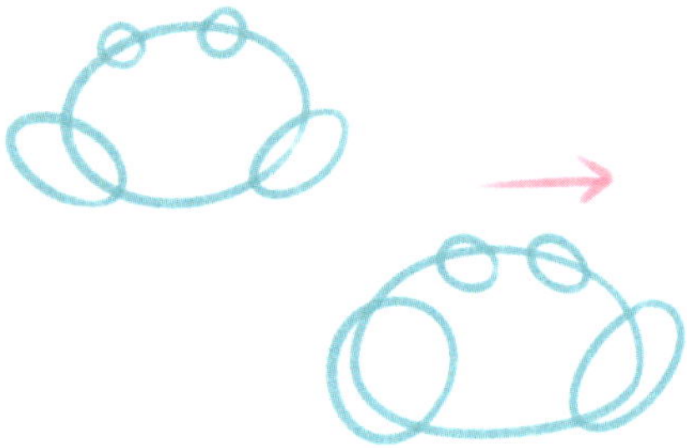

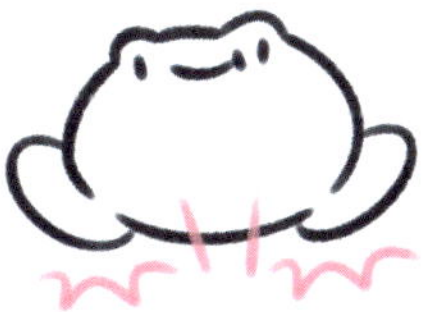

❷ BITTE DENK DARAN, DASS FRÖSCHE SCHWIMMHÄUTE ZWISCHEN DEN ZEHEN HABEN!

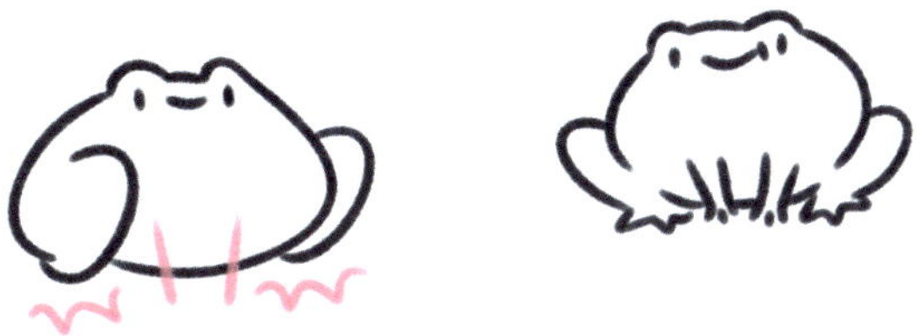

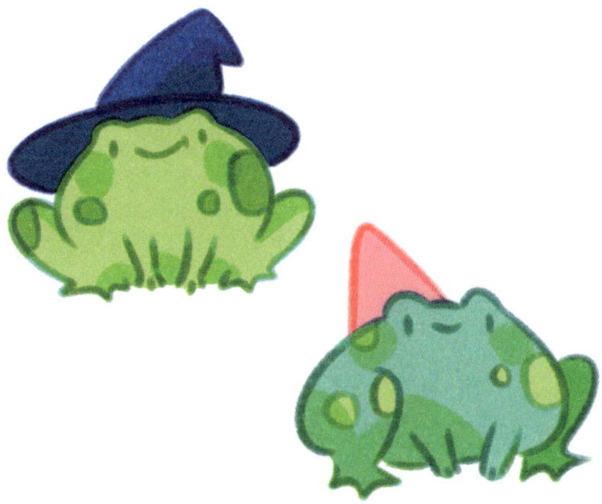

❸ WIE WÄRE ES MIT EINEM FROSCH MIT HEXENHUT? SO SIEHT DER KLEINE FREUND GLEICH VIEL MAGISCHER AUS!

KÜRBIS

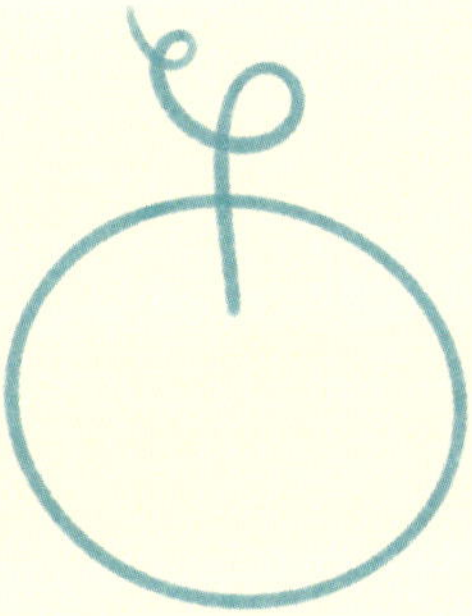

❶ ZEICHNE EINE KUGEL UND UNTERTEILE SIE IN VIERTEL. BEI JEDEM VIERTEL IST DIE KONTUR ETWAS NACH INNEN GEZOGEN.

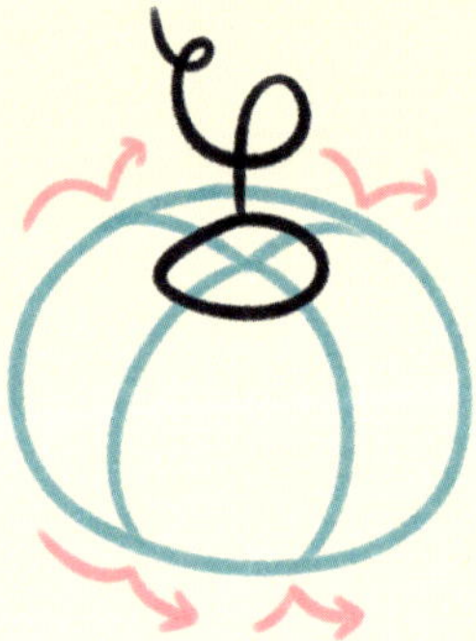

❷ OBEN BEKOMMT DER KÜRBIS EINEN DICKEN STÄNGEL MIT EINER KLEINEN RANKE, DIE IHN NIEDLICH WIRKEN LÄSST.

❸ WENN DU EINE DEKORATION FÜR HALLOWEEN BRAUCHST, „SCHNITZT" DU DEINEM PUTZIGEN KÜRBIS EIN GRUSELGESICHT.

PILZE

PILZE GIBT ES IN UNENDLICH VIELEN ARTEN, FORMEN UND GRÖSSEN. DAMIT SIE PUTZIG AUSSEHEN, BRAUCHT MAN NUR EINIGE IHRER MERKMALE ZU ÜBERTREIBEN.

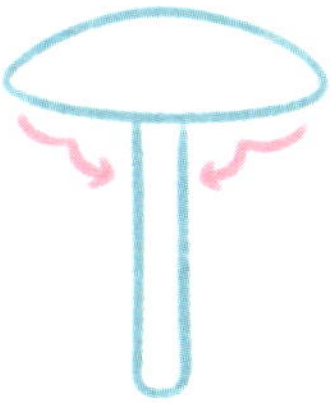

❶ EINEN LANGEN PILZ ZEICHNEST DU MIT EINEM LANGEN STIEL UND EINEM BREITEN HUT.

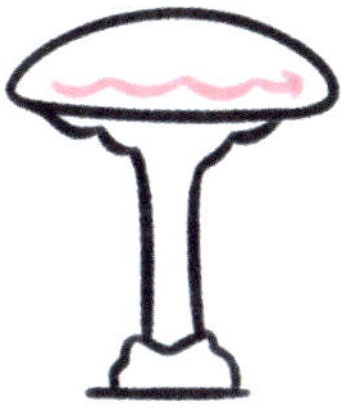

❷ ERGÄNZE DIE LAMELLEN UNTER DEM HUT UND RUNDE DEN FUSS DORT AB, WO ER AUS DER ERDE KOMMT.

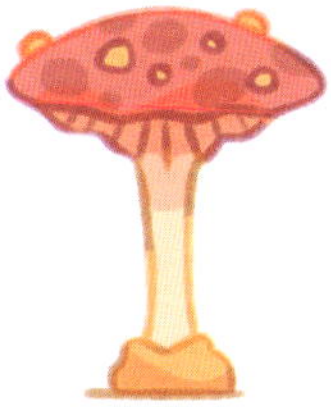

❸ JETZT NOCH EIN PAAR KLEINE SCHUPPEN AUF DEN HUT, UND ER IST PERFEKT.

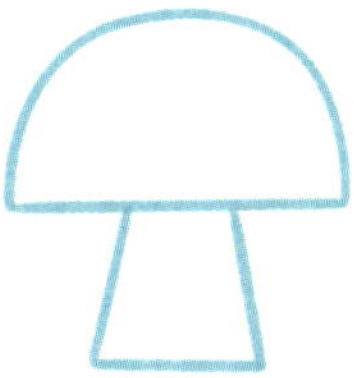

❶ EIN KLEINER RUNDLICHER PILZ HAT EINEN KURZEN KRÄFTIGEN STIEL UND EINEN GROSSEN RUNDEN HUT.

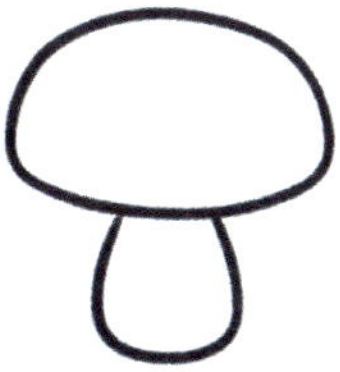

❷ DER PILZ IST SO KURZ, DASS DIE LAMELLEN UNTER SEINEM HUT AUS DIESEM BLICKWINKEL NICHT ZU SEHEN SIND.

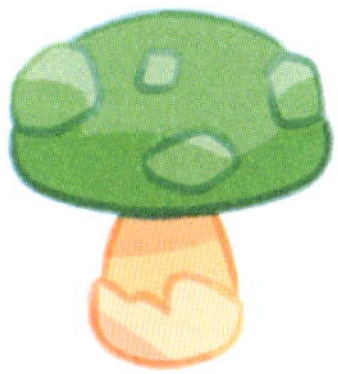

❸ AUCH HIER WIRD DER FUSS UNTEN ABGERUNDET, UND DER HUT BEKOMMT EIN PAAR (WENIGE) GROSSE SCHUPPEN.

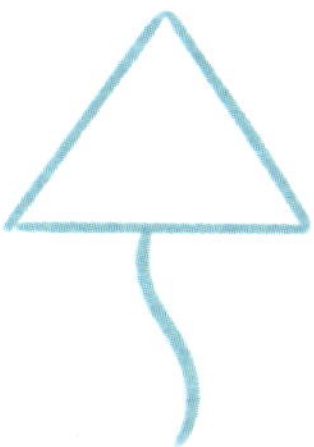

❶ DIESER FANTASIEPILZ HAT EINEN SEHR LANGEN STIEL, DER DÜNN UND GEBOGEN IST UND SICH NACH UNTEN VERBREITERT.

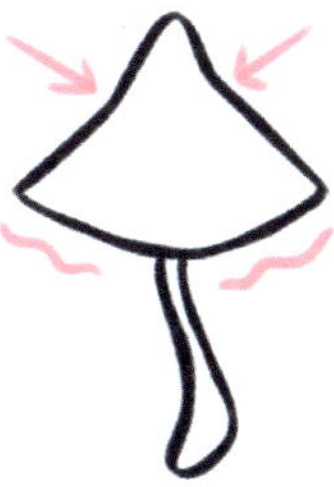

❷ DER HUT IST KEGELFÖRMIG, DIE LAMELLEN SIND LANG UND GEWELLT.

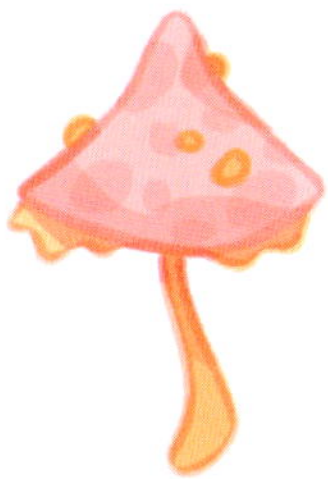

❸ EIN PAAR KLEINE SCHUPPEN RUNDEN DAS BILD AB.

MÄUSE

IM SCHULKELLER HAUSEN ALLE MÖGLICHEN GRUSELIGEN TIERCHEN. ABER NATÜRLICH HABEN AUCH SIE IHRE NIEDLICHEN SEITEN, UND DIE DÜRFEN SIE HIER ZEIGEN.

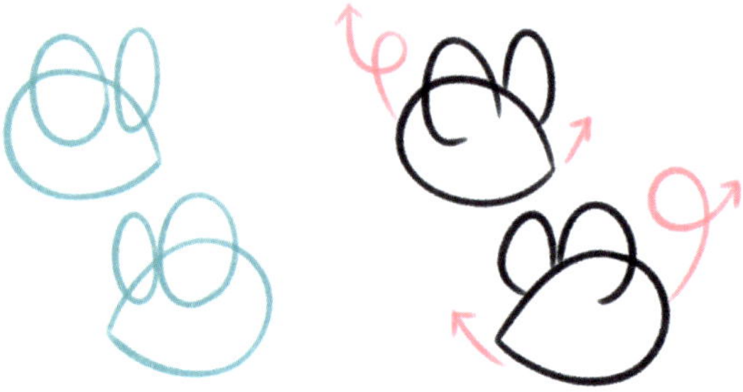

❷ MIT DEM LANGEN DÜNNEN SCHWÄNZCHEN UND DEN WINZIGEN FÜSSCHEN SIEHT DIE KLEINE MAUS SUPERNIEDLICH AUS.

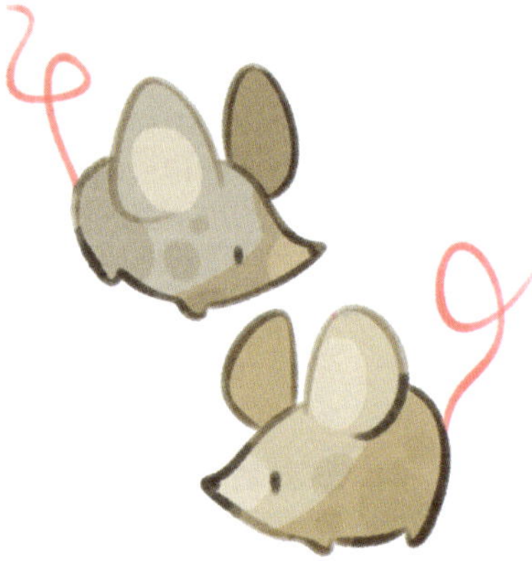

❶ FÜR DIE MAUS BEGINNEN WIR MIT EINER TROPFENFORM FÜR DEN KÖRPER UND ZWEI ABGERUNDETEN GROSSEN OHREN. DAS VORDERE OHR IST GRÖSSER ALS DAS HINTERE.

SPINNE

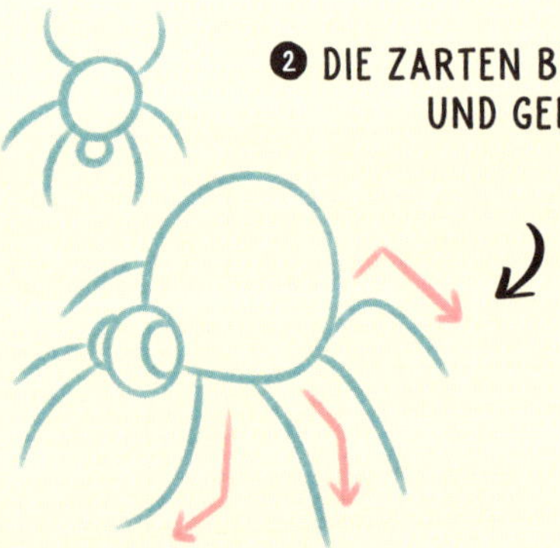

❷ DIE ZARTEN BEINE SIND LANG UND GEBOGEN.

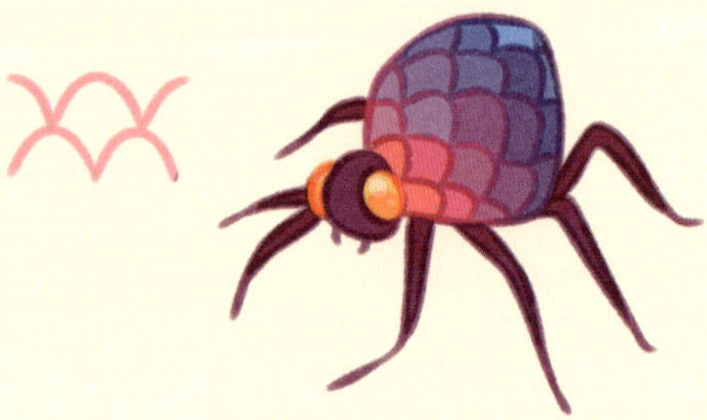

❶ ZEICHNE EINEN GROSSEN KREIS FÜR DEN KÖRPER UND EINEN KLEINEN FÜR DEN KOPF MIT ZWEI GROSSEN AUGEN.

❸ DIE SCHUPPEN AUF DEM KÖRPER WERDEN FARBIG KOLORIERT.

FLEDERMAUS

❶ FLEDERMÄUSE HABEN LANGE GROSSE OHREN, EINE WINZIGE SCHWEINESCHNAUZE UND ZACKIGE FLÜGEL.

❸ DENKE AN DIE KLEINEN SPITZEN FANGZÄHNE.

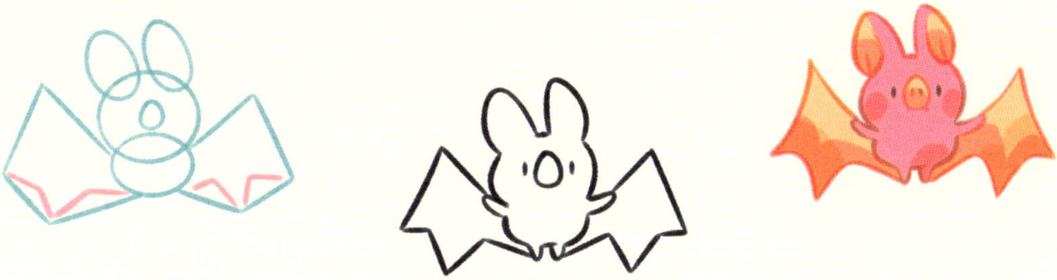

❷ DIE FLUGHÄUTE SPANNEN SICH ZWISCHEN IHREN ARMEN UND BEINEN, VON DEN WINZIGEN HANDGELENKEN BIS ZU DEN FÜSSCHEN.

SCHLAFENDE FLEDERMAUS

WENN FLEDERMÄUSE SCHLAFEN, HÄNGEN SIE KOPFÜBER AN EINEM AST UND WICKELN IHRE FLÜGEL UM DEN KÖRPER WIE EINE KUSCHELDECKE. IHRE ARME UND BEINE SIND DANN NICHT ZU SEHEN.

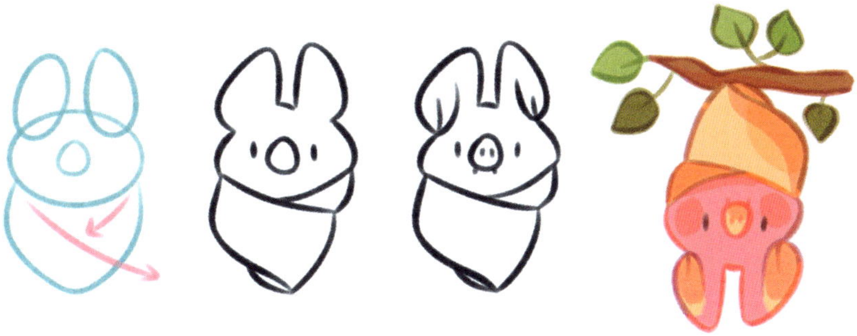

EULE

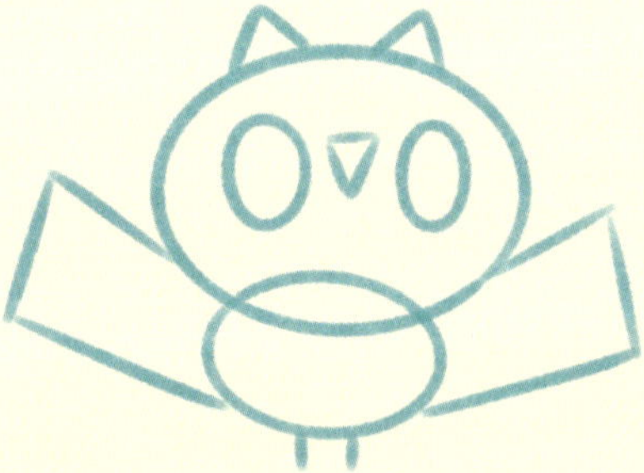

❶ DAMIT EINE EULE RICHTIG NIEDLICH AUSSIEHT, ZEICHNEST DU SIE MIT EINEM GROSSEN KOPF UND GROSSEN RUNDEN AUGEN.

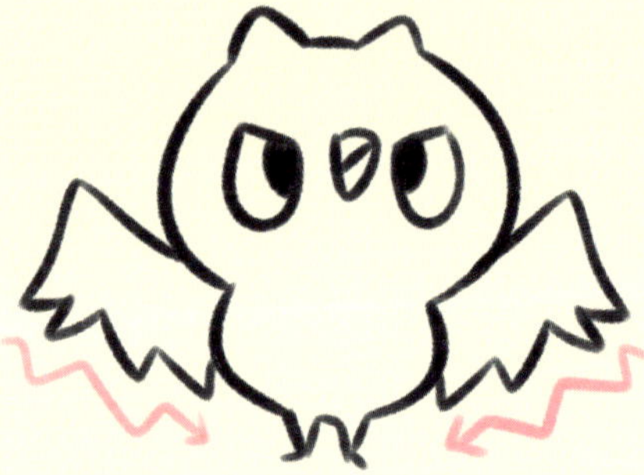

❷ AN DEN SEITEN DES KLEINEN KÖRPERS BEKOMMT DIE EULE NUN GROSSE FLÜGEL MIT GANZ VIELEN FLAUMIG WEICHEN FEDERN.

❸ IN VERSCHIEDENEN POSEN GEMALT, KANNST DU DER EULE CHARAKTER GEBEN. PROBIERE ES AUS!

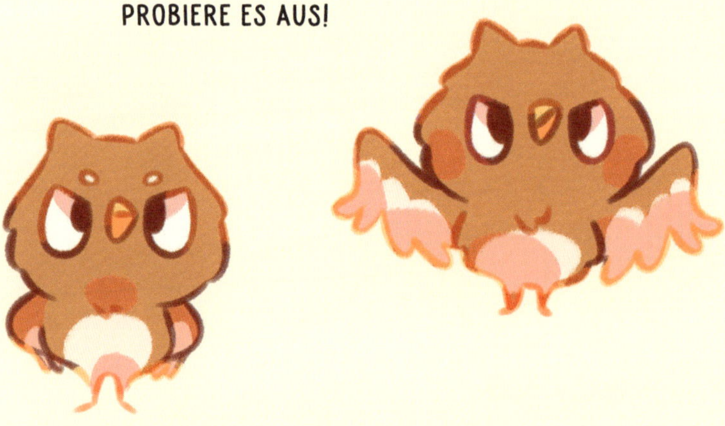

DRACHE

DIESER KLEINE DRACHE IST SICHER NICHT SEHR FURCHTERREGEND, SONDERN EINFACH NUR SÜSS.

❶ ZEICHNE EINEN SCHWUNGVOLLEN BOGEN FÜR DEN NACH VORN GERECKTEN KOPF, EINEN DICKEN BAUCH UND EINEN LANGEN S-FÖRMIGEN SCHWANZ.

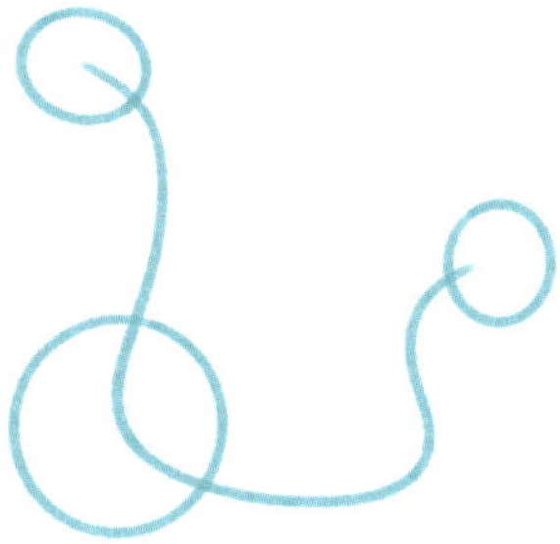

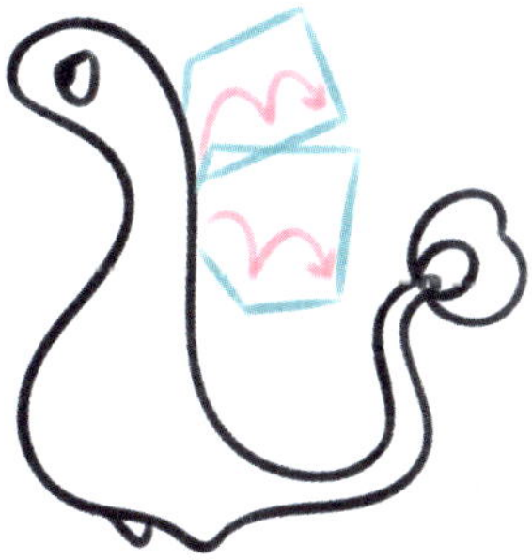

❷ DANN ERGÄNZT DU EINEN KLEINEN RUNDEN KOPF UND EINEN RIESIGEN BAUCH MIT ZWEI KLEINEN BEINCHEN. DAMIT DER DRACHE FLIEGEN KANN, GIB IHM ZACKIGE FLÜGEL. AUS DER SCHWANZSPITZE SCHLAGEN FLAMMEN.

❸ ZUM SCHLUSS BEKOMMT DAS PUTZIGE KERLCHEN NOCH KLEINE TATZEN UND EIN PAAR ZACKEN ENTLANG DER WIRBELSÄULE.

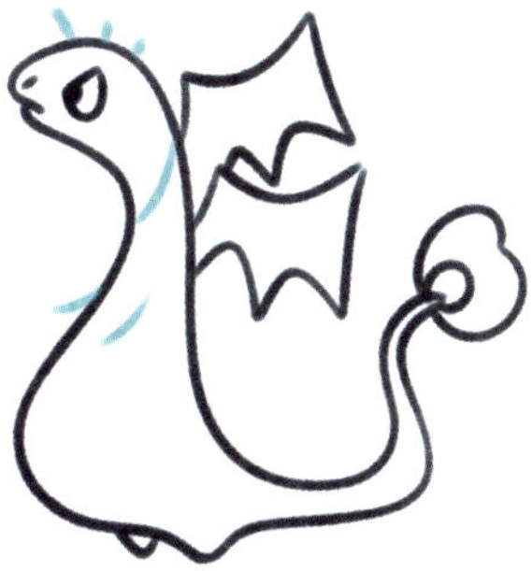

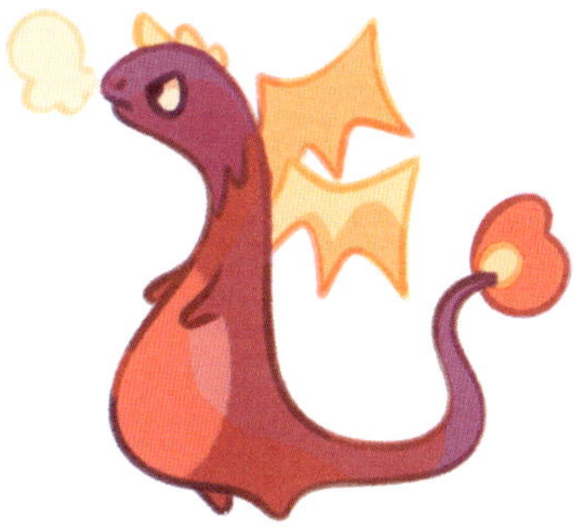

❹ MIT EINER RAUCHWOLKE, DIE AUS DEN NÜSTERN HERAUSKOMMT, SIEHT ER GEFÄHRLICHER AUS.

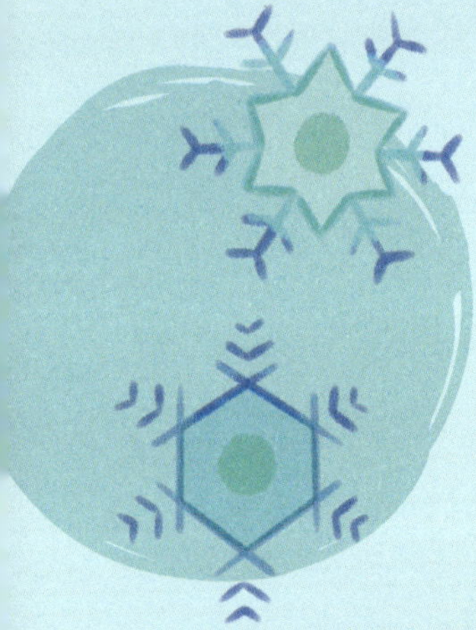

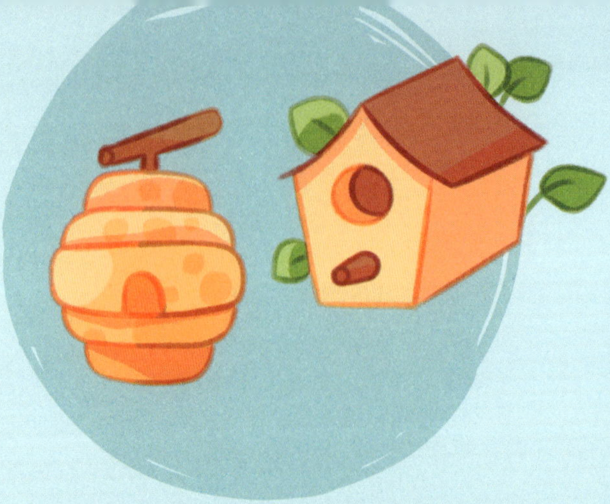

NIEDLICHES ZU JEDER Jahres-zeit

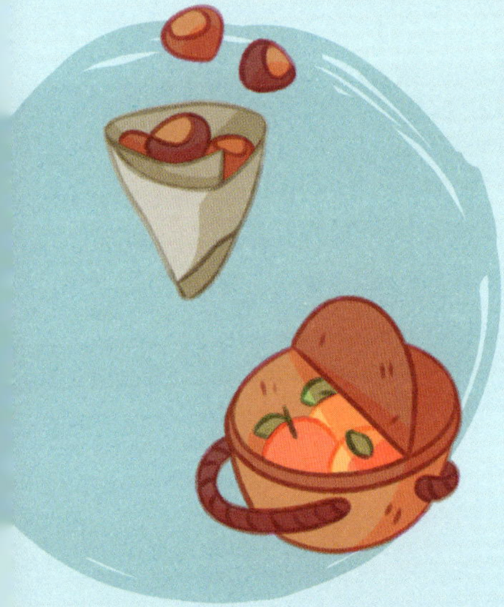

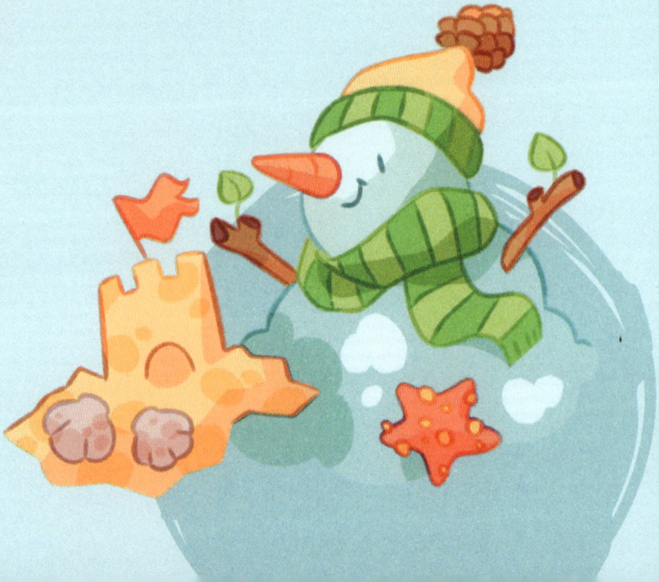

SCHNEEMANN

❶ WIR BEGINNEN MIT ZWEI GROSSEN SCHNEEBÄLLEN. DER UNTERE IST AN DER UNTERSEITE ABGEFLACHT, SONST HÄTTE ER KEINEN FESTEN STAND.

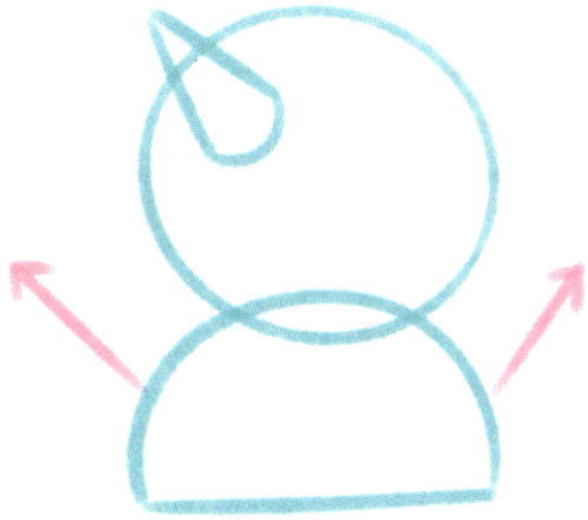

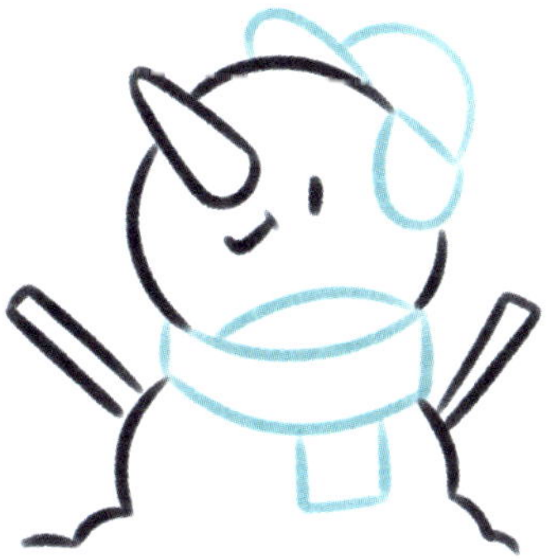

❷ UNSER SCHNEEMANN BEKOMMT EINE MÖHRE ALS NASE UND ZWEI ÄSTE ALS ARME.

❸ JETZT BRAUCHT ER NUR NOCH EINEN HUT ODER EINE KAPPE UND UNBEDINGT EINEN SCHAL – DENN DA DRAUSSEN IST ES EISKALT!

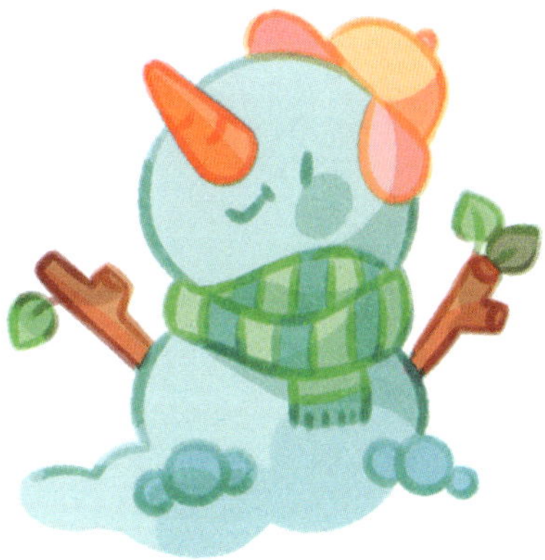

BÛCHE DE NOËL

DIESER KUCHEN, DER AUSSIEHT WIE EIN BAUMSTAMM, DARF IN MANCHEN LÄNDERN WIE Z. B. FRANKREICH ZU WEIHNACHTEN EINFACH NICHT FEHLEN.

❶ ZEICHNE EINEN LANGEN DICKEN ZYLINDER MIT EINER SPIRALE AUF DER VORDEREN SCHNITTSEITE.

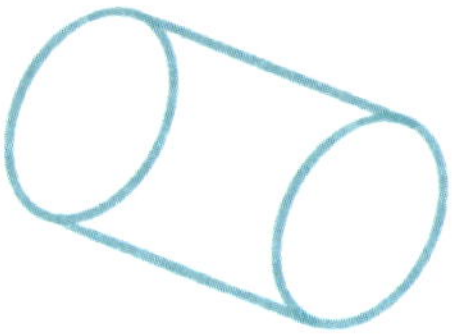

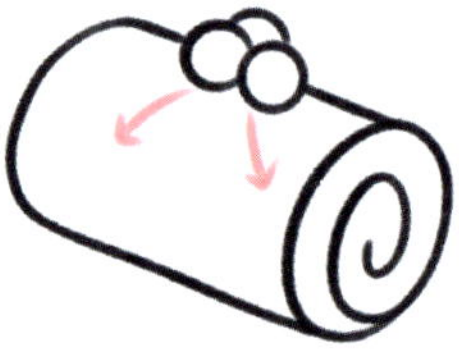

❷ DEKORIERE DEN KUCHEN MIT BEEREN UND ILEXBLÄTTERN.

❸ DER KUCHEN WIRD AUSSEN IN DUNKLEM SCHOKOLADENBRAUN KOLORIERT. DIE BISKUITROLLE KANN MIT ERDBEERMARMELADE, BAISER ODER SCHOKOLADE GEFÜLLT SEIN.

LEBKUCHENMANN

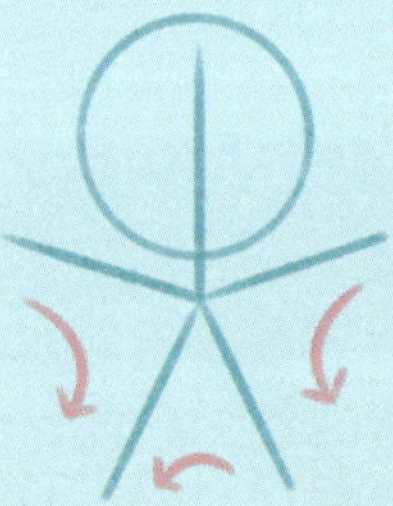

❶ DU BEGINNST MIT EINEM STERNFÖRMIGEN KÖRPER, DER KOPF IST GRÖSSER ALS ARME UND BEINE.

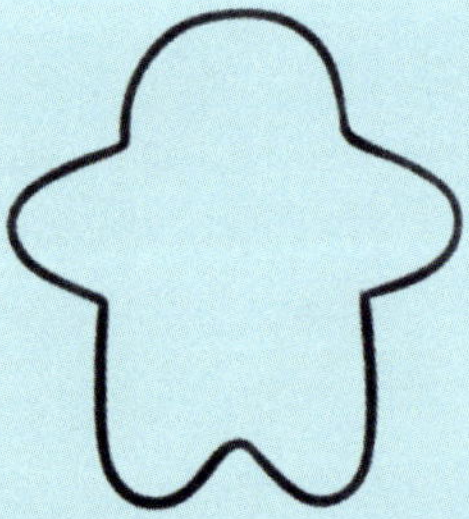

❷ MIT ETWAS ABSTAND ZUR KONTUR WIRD DIE GLÄNZENDE GLASUR AUFGETRAGEN.

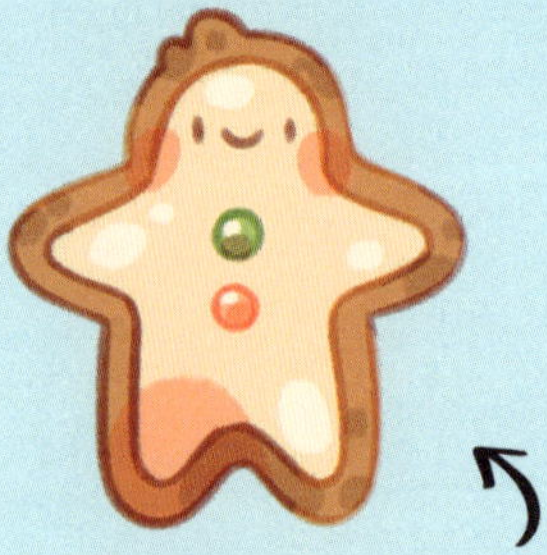

❸ ERGÄNZE EIN FRÖHLICHES GESICHT UND KNÖPFE AUF DEM KÖRPER. VERGISS DIE GLANZLICHTER NICHT!

SECHSECKIGE SCHNEEFLOCKE

❶ ZEICHNE EIN SECHSECK UND VERLÄNGERE DIE SEITEN ETWAS ÜBER DEN SCHNITTPUNKT HINAUS.

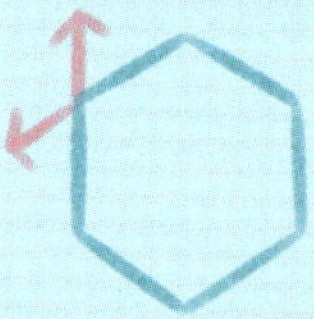

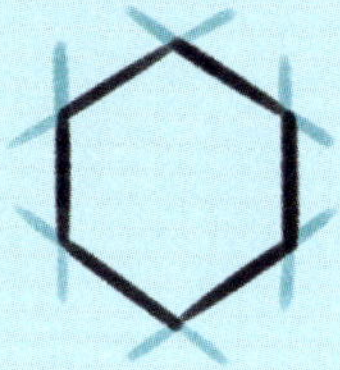

❷ ES ENTSTEHT EIN KLEINES V.

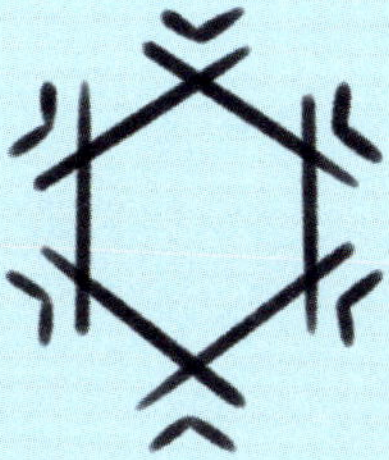

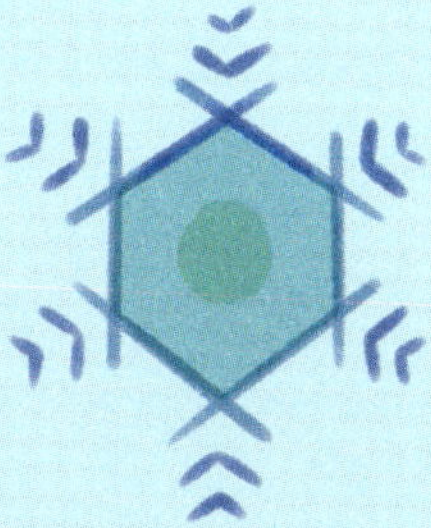

❸ SETZE DAS V-MUSTER MIT ZWEI WEITEREN REIHEN NACH AUSSEN FORT.

STERNFÖRMIGE SCHNEEFLOCKE

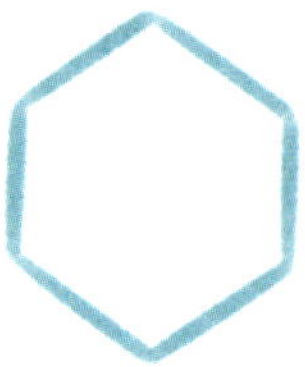

❶ SKIZZIERE EIN SECHSECK.

❷ ERGÄNZE AN JEDER SEITE EIN KLEINES V NACH INNEN, SODASS EIN STERN ENTSTEHT.

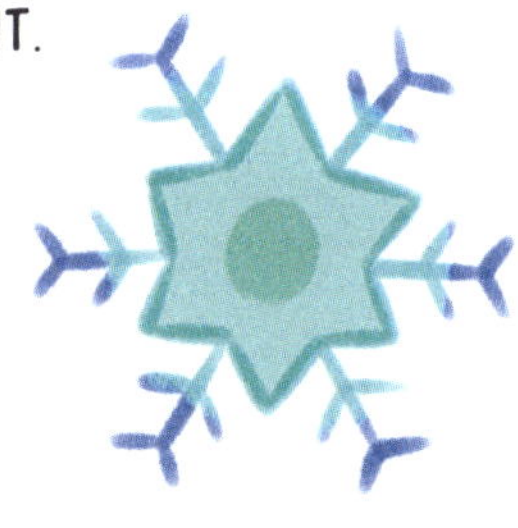

❸ ZEICHNE IN JEDEN EINSCHNITT ZWISCHEN DEN ZACKEN EINE LINIE MIT ZWEI KLEINEN V-FORMEN.

SONNENBLUME

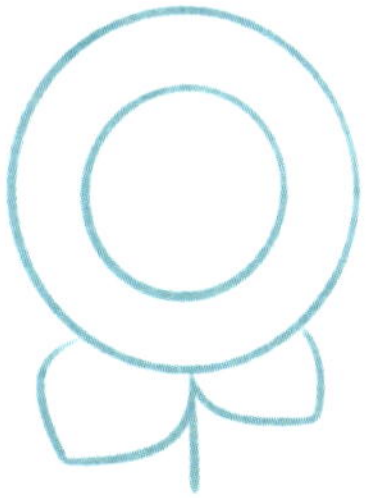

1 BEGINNE MIT EINEM GROSSEN UND EINEM KLEINEREN KREIS.

2 BESETZE DEN RAND DES INNEREN KREISES MIT EINER ERSTEN REIHE KLEINER BLÜTENBLÄTTER.

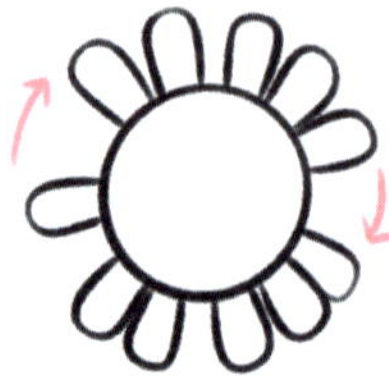

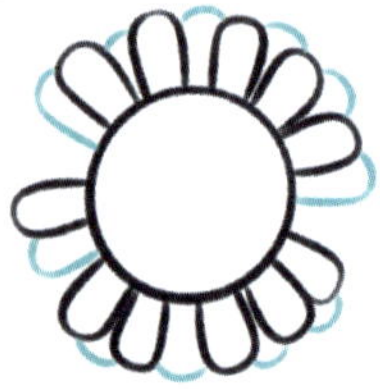

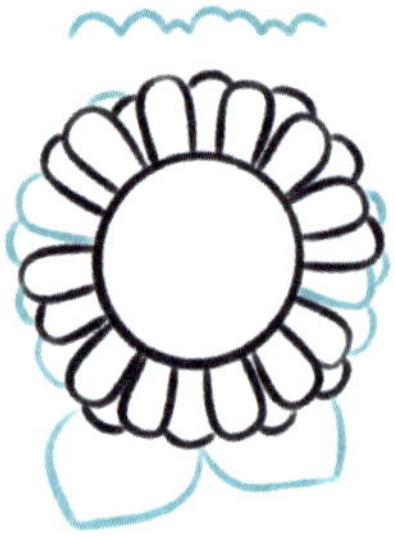

3 FÜLLE DIE LÜCKEN MIT GRÖSSEREN BLÄTTERN.

4 ZUM SCHLUSS WERDEN ZWEI GROSSE GRÜNE BLATTER AM STIEL ERGÄNZT.

BIENENSTOCK

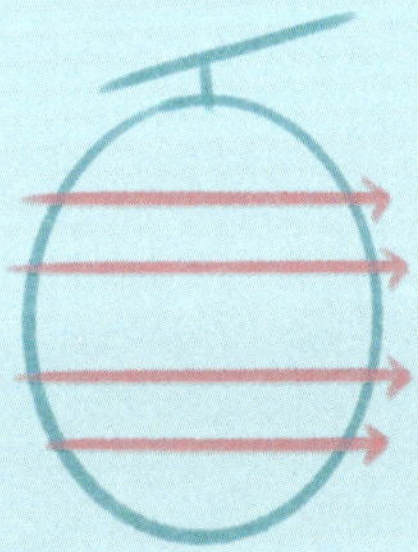

1 ZEICHNE EIN OVAL UND UNTERTEILE ES HORIZONTAL IN FÜNF GERADE STREIFEN.

2 GLÄTTE DIE ECKEN, ABER ACHTE DARAUF, DASS DIE KONTUR DES OVALS ERHALTEN BLEIBT.

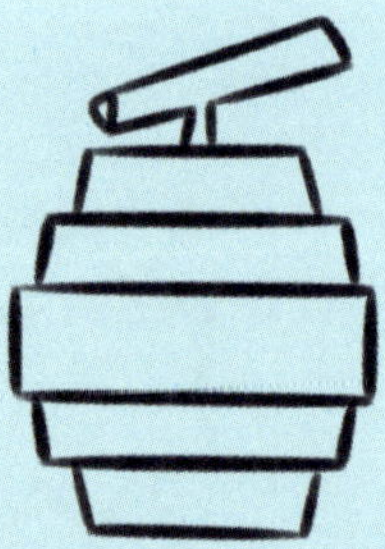

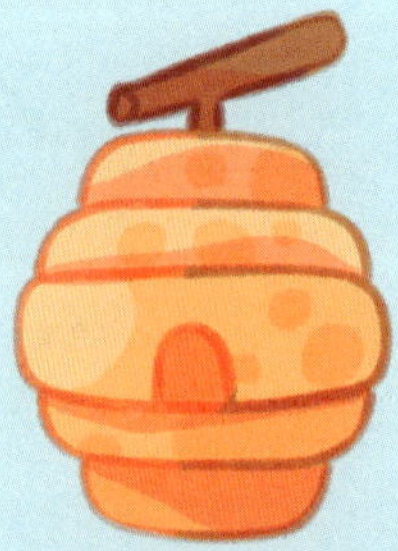

3 ERGÄNZE EIN KLEINES FLUGLOCH AN DER VORDERSEITE UND HÄNGE DEN BIENENSTOCK AN EINEN AST.

SANDBURG

❶ DIE GRUNDFORM SIEHT AUS WIE EIN UMGEDREHTER EIMER. TEILE DIE OBERFLÄCHE IN FÜNF SEGMENTE AUF.

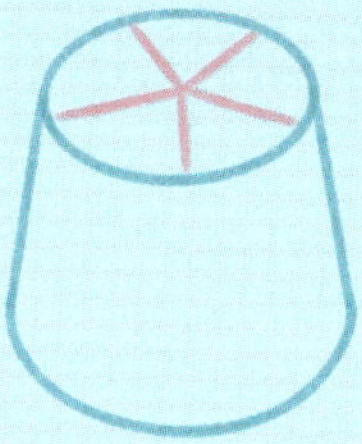

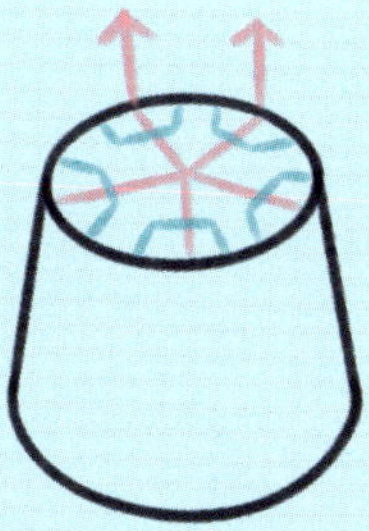

❷ SETZE EINEN WÜRFEL AN DAS ENDE JEDER TRENNLINIE. DARAUS WERDEN DIE BURGZINNEN.

❸ JETZT KANN DIE FAHNE GEHISST WERDEN!

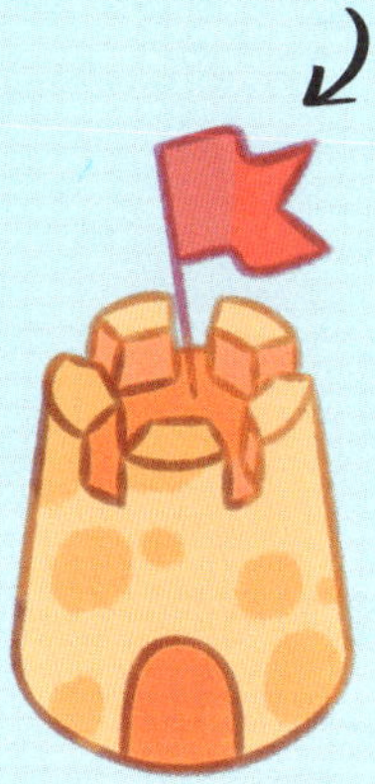

KREBS

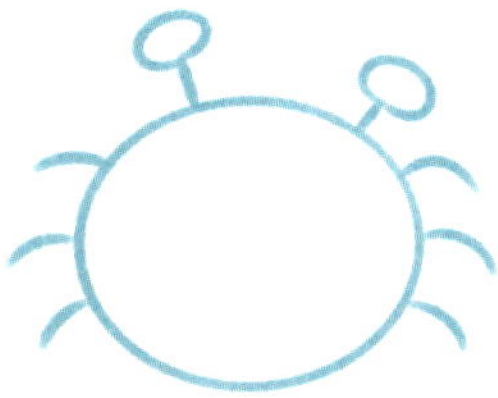

❶ ZEICHNE EINEN GROSSEN KREIS. FÜGE OBEN ZWEI ANTENNEN HINZU.

❷ DREI BEINE UND ZWEI GROSSE SCHEREN KOMMEN AN JEDE SEITE.

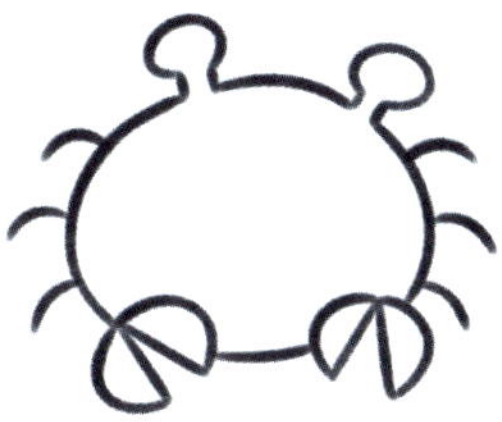

❸ GIB DEM DROLLIGEN KERLCHEN AUGEN UND EIN SÜSSES GESICHT.

MUSCHEL

❶ ZEICHNE EINEN KREIS MIT EINEM SCHMALEN RECHTECK.

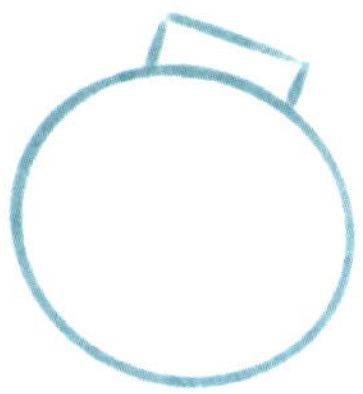

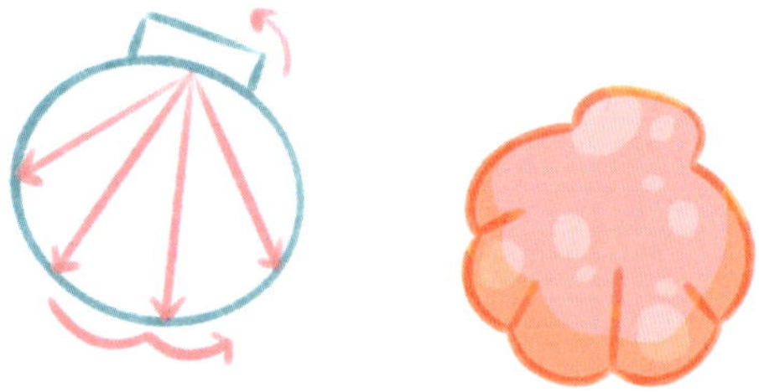

❷ UNTERTEILE DIE MUSCHELSCHALE IN FÜNF SEGMENTE, DIE DU AM RAND MIT KLEINEN BÖGEN ABSCHLIESST.

SEESTERN

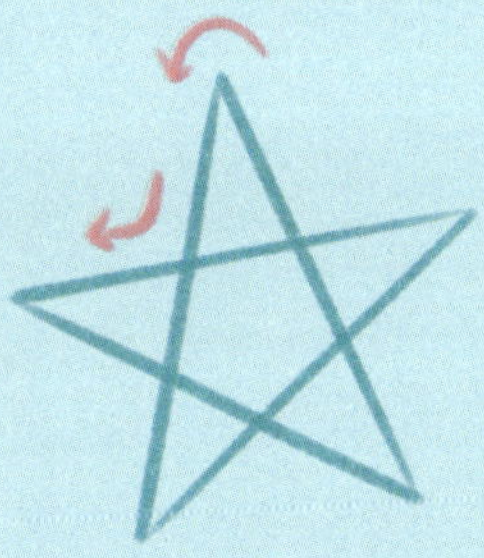

❶ ZEICHNE EINEN FÜNFZACKIGEN STERN UND RUNDE ALLE SPITZEN UND EINSCHNITTE AB.

❷ VERTEILE DANN VERSCHIEDEN GROSSE KREISE AUF DEM STERN, UM DIE RAUE OBERFLÄCHE ANZUDEUTEN.

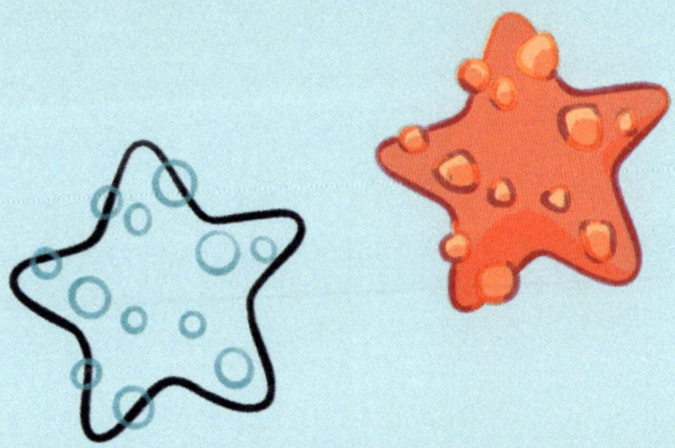

EICHEL

❶ ZEICHNE EINEN KREIS UND DARAUF EIN BREITES OVAL.

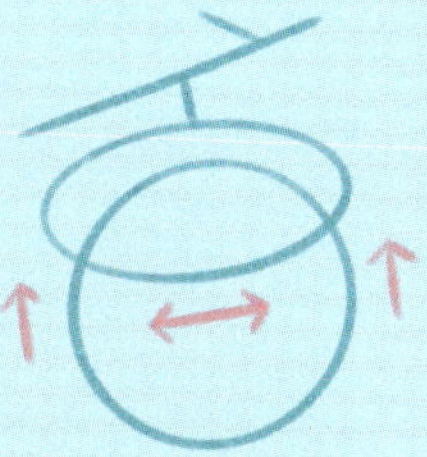

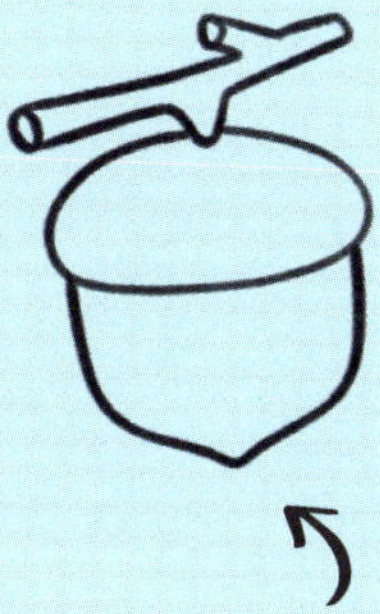

❷ DER KREIS ERHÄLT UNTEN EINE KLEINE SPITZE UND TRÄGT OBEN EIN HÜTCHEN.

❸ ERGÄNZE EIN PAAR SCHUPPEN AUF DEM HÜTCHEN UND HÄNGE DIE EICHEL AN EINEN ZWEIG.

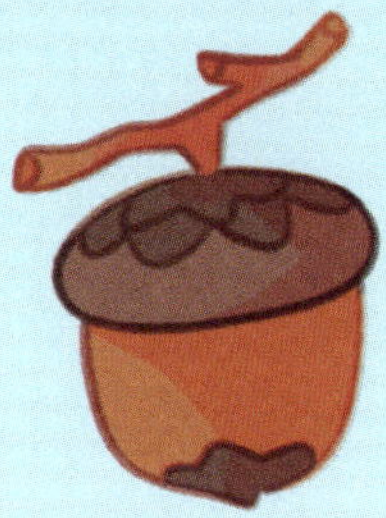

PINIENZAPFEN

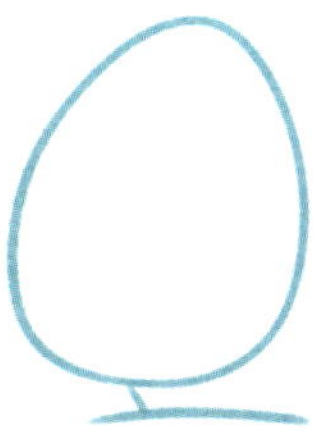

❶ HIER GEHEN WIR VON EINEM OVAL AUS UND BEDECKEN ES VON UNTEN BEGINNEND MIT EINZELN HERAUSGEARBEITETEN SCHUPPEN.

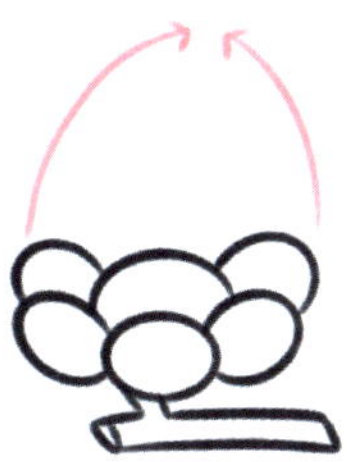

❷ WENN DER ZAPFEN REALISTISCHER WIRKEN SOLL, WERDEN DIE SCHUPPEN UNTERSCHIEDLICH UND ETWAS ECKIG DARGESTELLT.

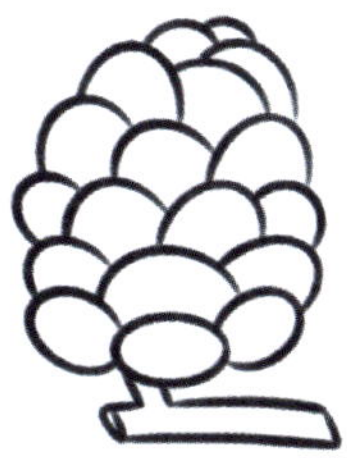

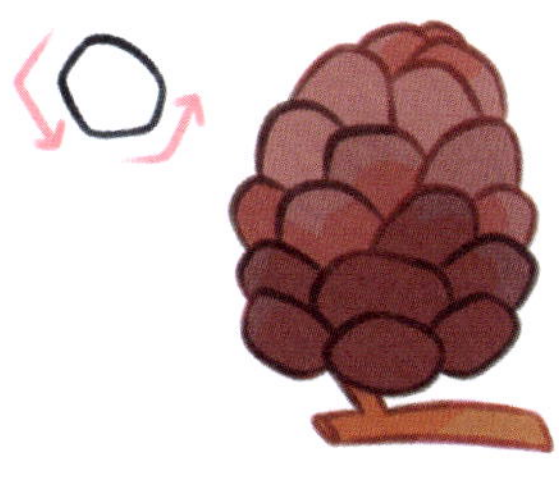

ESSKASTANIE

ESSKASTANIEN SEHEN EICHELN ÄHNLICH, HABEN ABER KEIN HÜTCHEN UND SIND OBEN ETWAS BREITER. ZUDEM SIND SIE UNTEN SEHR SPITZ.

❶ ZEICHNE ZUNÄCHST EIN OVAL UND EIN DREIECK AN DER UNTERSEITE.

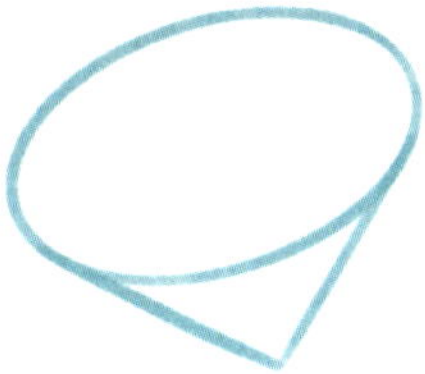

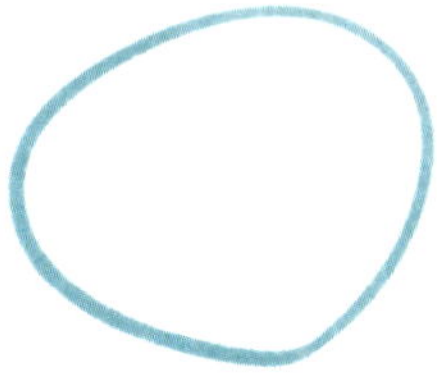

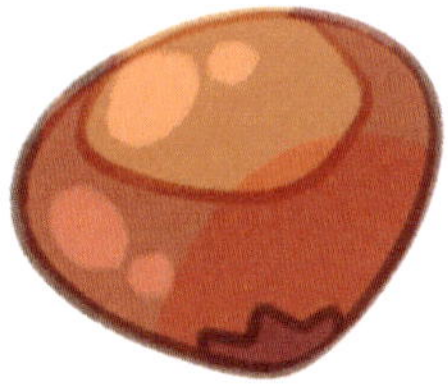

❷ RUNDE ALLE ECKEN AB UND ARBEITE MIT DREI VERSCHIEDENEN BRAUNTÖNEN.

MARONENTÜTE

❶ ZEICHNE EINEN KEGEL MIT DER SPITZE NACH UNTEN.

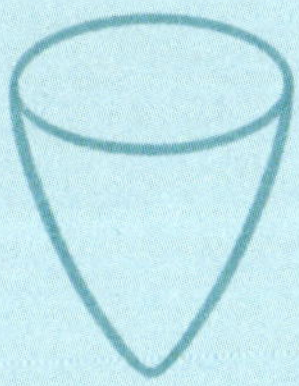

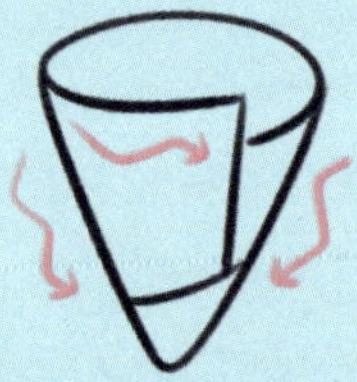

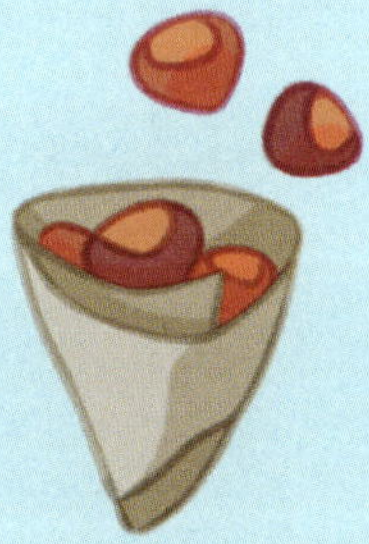

❸ JETZT KANN SIE MIT LECKEREN HEISSEN MARONEN GEFÜLLT WERDEN.

❷ TEILE DIE FORM SO AUF, DASS MAN ERKENNT, DASS DIE TÜTE AUS PAPIER GEWICKELT IST.

VOGELHÄUSCHEN

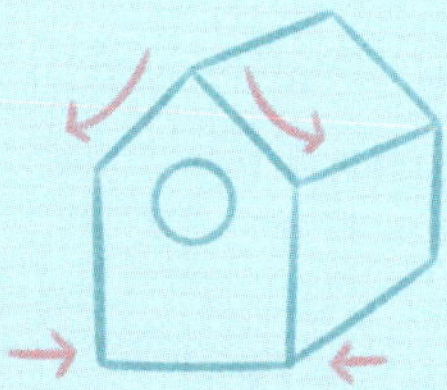

❶ DU BEGINNST MIT EINEM GANZ EINFACHEN HÄUSCHEN MIT SPITZEM DACH. STATT EINER NORMALEN TÜR BEKOMMT ES EIN RUNDES LOCH.

❷ WENN DU ES VERSCHÖNERN WILLST, KANNST DU DAS DACH GESCHWUNGEN ZEICHNEN UND DAS HÄUSCHEN UNTEN SCHMALER MACHEN.

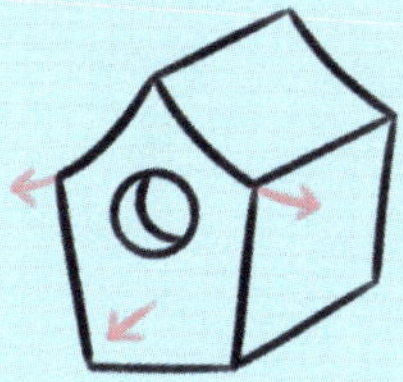

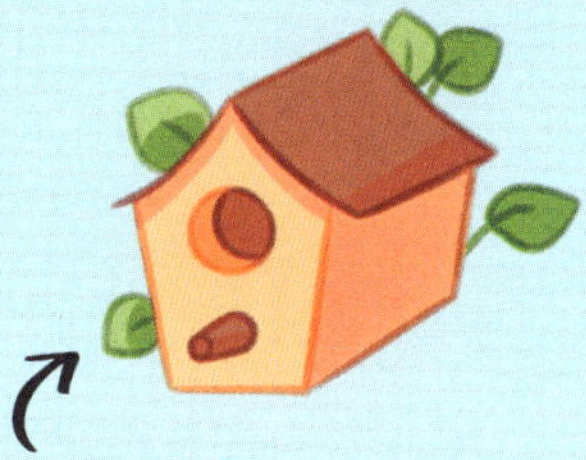

❸ ZUM SCHLUSS KOMMEN NOCH EINE STANGE UNTER DEM EINFLUGLOCH UND VIELE BLÄTTER HINZU.

PICKNICKKORB

IM FRÜHLING MACHT EIN PICKNICK WOHL AM MEISTEN SPASS. ABER ZUERST BRAUCHST DU DAZU EINEN HÜBSCHEN KORB.

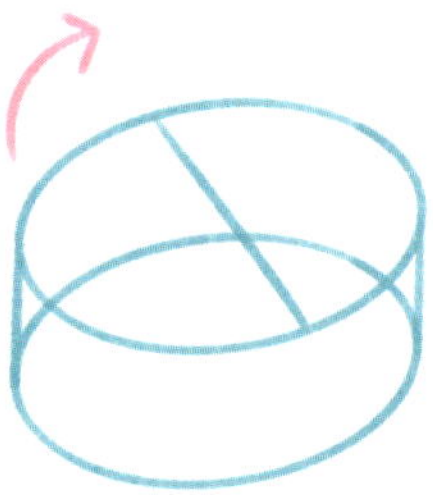

❶ ZEICHNE EINEN BREITEN ZYLINDER UND TEILE IHN OBEN IN DER MITTE, SO BEKOMMT ER SEINEN ZWEIGETEILTEN DECKEL.

❷ ÖFFNE DIE EIN HÄLFTE, DAMIT MAN HINEINSEHEN KANN, UND ERGÄNZE DIE HENKEL AUF BEIDEN SEITEN.

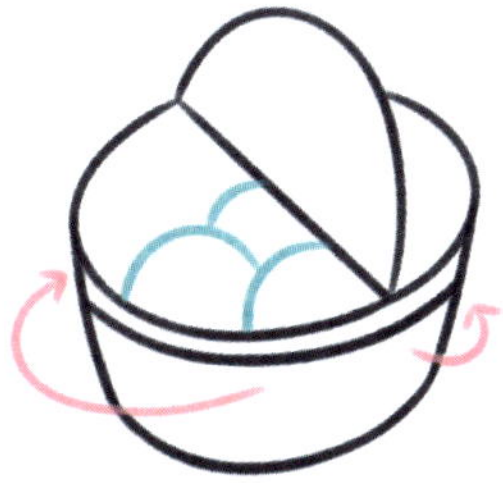

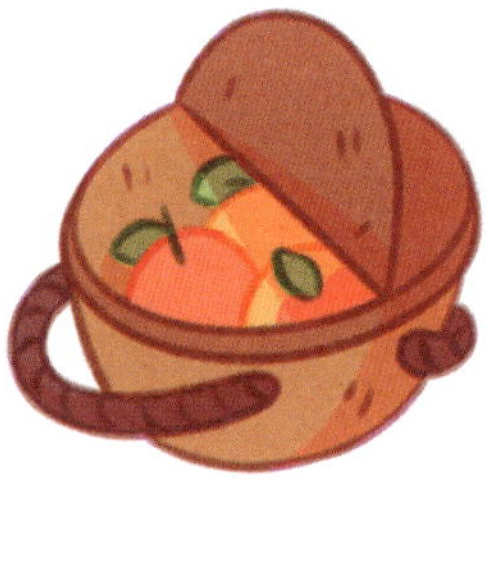

❸ NUN KANN ER MIT LECKEREM ESSEN ODER SAFTIGEM OBST GEFÜLLT WERDEN!

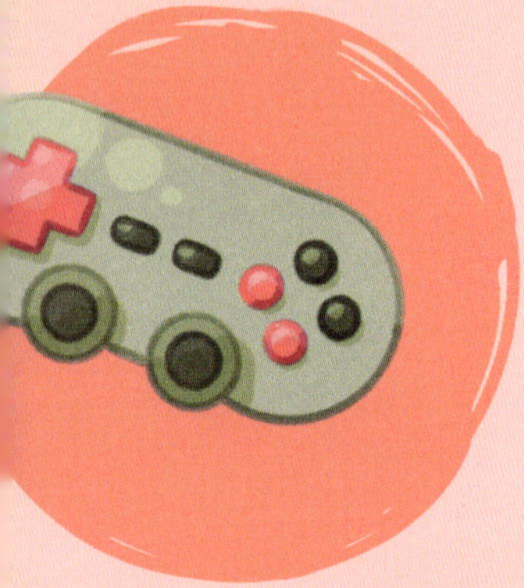

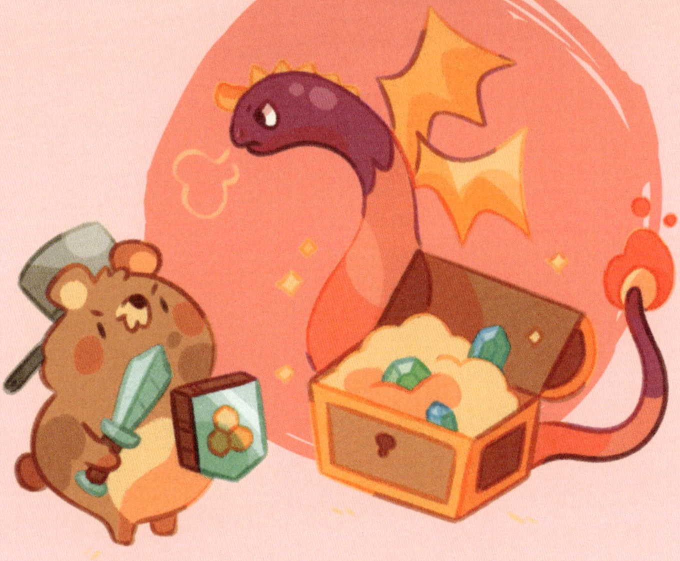

ZEIT ZUM Spielen

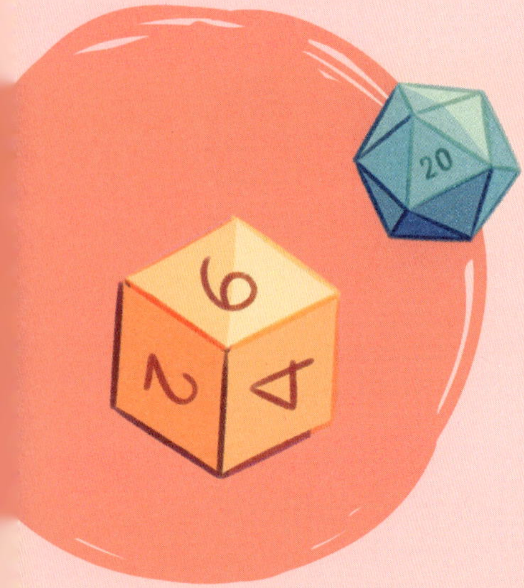

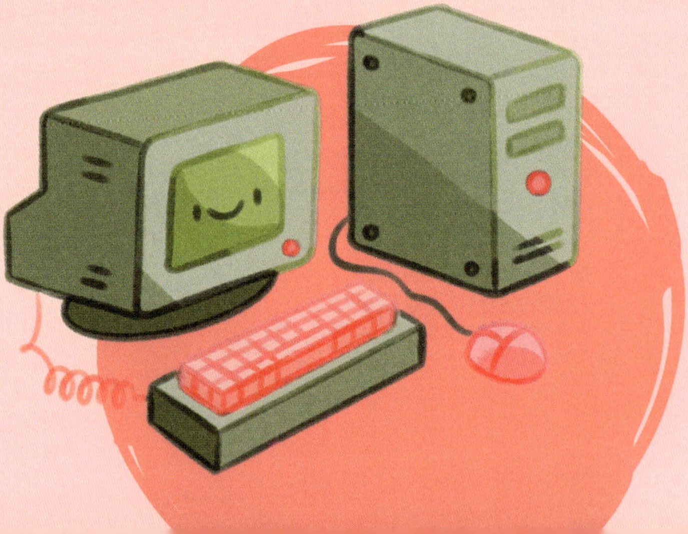

SCHATZTRUHE

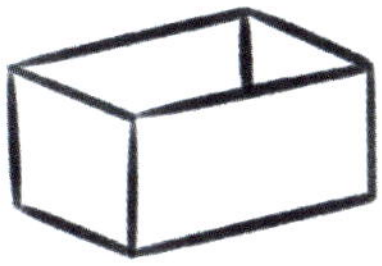

❶ DIE GRUNDFORM IST EIN GROSSER QUADER MIT OFFENEM DECKEL.

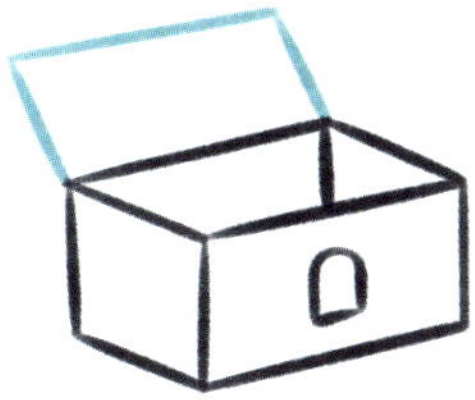

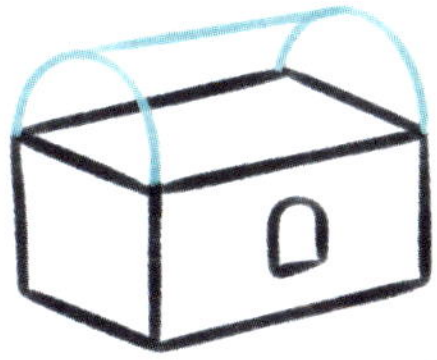

❷ WÖLBE DEN DECKEL UND VERZIERE DIE KANTEN MIT METALLBESCHLÄGEN. ERGÄNZE EIN SCHLOSS UND FÜLLE DIE TRUHE MIT GLÄNZENDEN GOLDMÜNZEN UND FUNKELNDEN EDELSTEINEN.

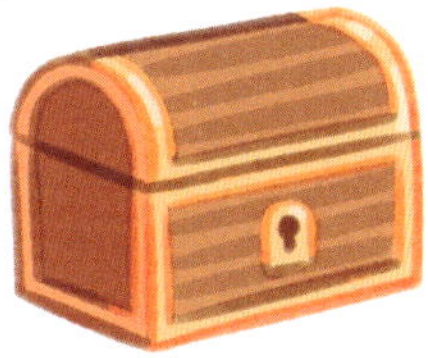

❸ FÜR EINE GESCHLOSSENE TRUHE ZEICHNE EINEN HALBEN ZYLINDER AUF DEN QUADER.

EDELSTEINE

DIESE EDELSTEINE HABEN EINEN SECHSECKIGEN SCHLIFF. DU KANNST IHNEN NATÜRLICH AUCH ANDERE FORMEN GEBEN.

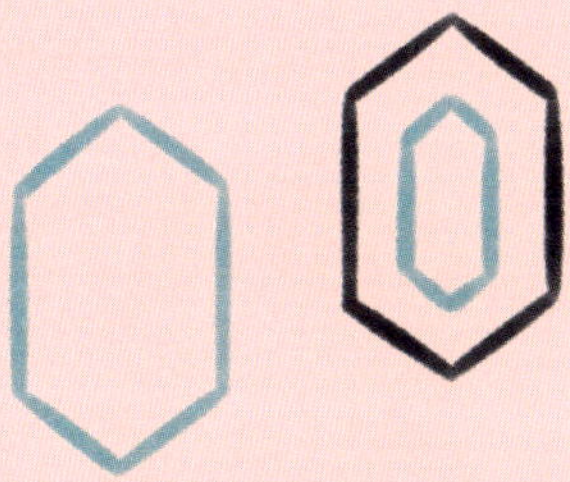

❶ DIE KLEINERE FORM MUSS INNEN MIT DEN KONTUREN ÜBEREINSTIMMEN UND MIT DEN ECKEN VERBUNDEN WERDEN.

❷ BEIM KOLORIEREN SOLLTEN MANCHE OBERFLÄCHEN DUNKLER AUSFALLEN ALS ANDERE, SO WIRKEN DEINE JUWELEN NOCH GLÄNZENDER.

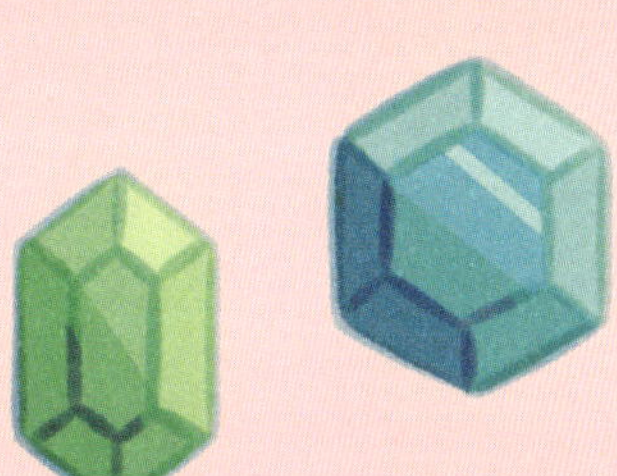

DAS SCHWERT DES HELDEN

❶ WIR BEGINNEN MIT EINEM LANGEN RECHTECK MIT EINEM SPITZEN ENDE, WELCHES BREITER IST ALS DER GRIFF.

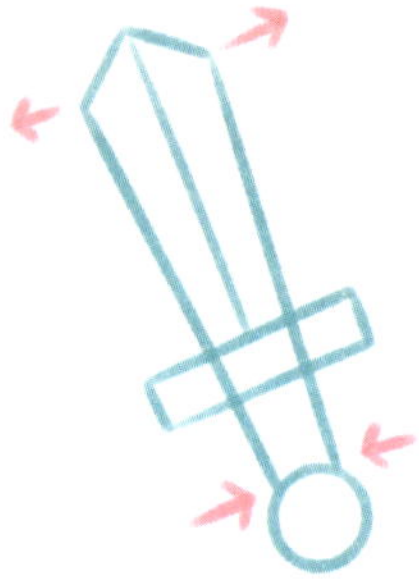

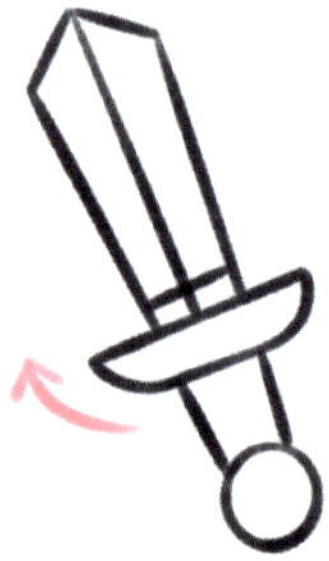

❷ DER GRIFF ENDET IN EINEM RUNDEN KNAUF, UND DIE PARIERSTANGE WIRD NOCH ETWAS ABGERUNDET.

❸ DER SCHWERTGRIFF KANN MIT EINEM EDELSTEIN VERZIERT ODER MIT EINEM LEDERBAND UMWICKELT WERDEN.

DER SCHILD DES HELDEN

❶ ZEICHNE EIN QUADRAT, DAS UNTEN SPITZ ZULÄUFT.

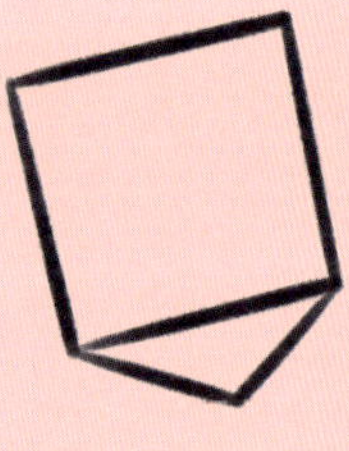

❷ GIB DEM SCHILD VOLUMEN.

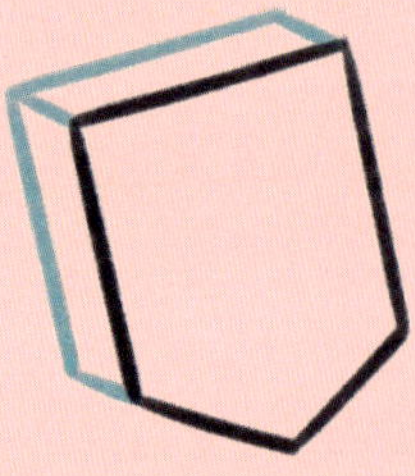

❸ BEMALE IHN MIT EINEM EINFACHEN, ABER HÜBSCHEN EMBLEM, AN DEM MAN SEINEN TRÄGER ERKENNEN KANN.

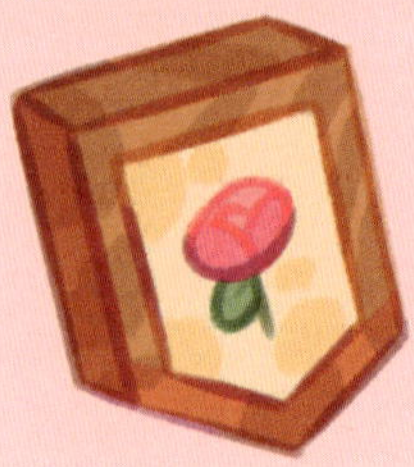

WÜRFEL

ES GIBT KAUM BRETTSPIELE, DIE OHNE WÜRFEL AUSKOMMEN. DIE ÜBLICHEN WÜRFEL HABEN SECHS SEITEN, ES GIBT ABER DURCHAUS WÜRFEL MIT 4, 8, 10, 12 UND SOGAR WELCHE MIT 20 SEITEN!

❶ FÜR EINEN 6-SEITIGEN SPIEL-WÜRFEL ZEICHNE EINEN WÜRFEL.

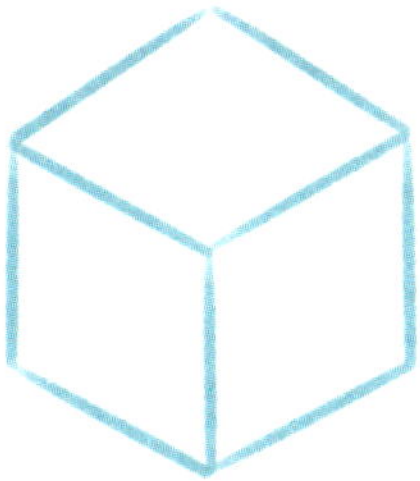

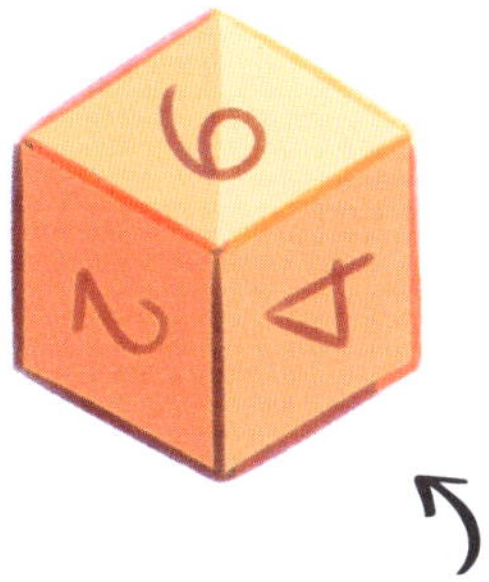

❷ VERSIEH IHN RUNDHERUM MIT ZAHLEN. ACHTE DARAUF, DASS DIE SUMME DER GEGENÜBERLIEGENDEN SEITEN IMMER 7 ERGIBT.

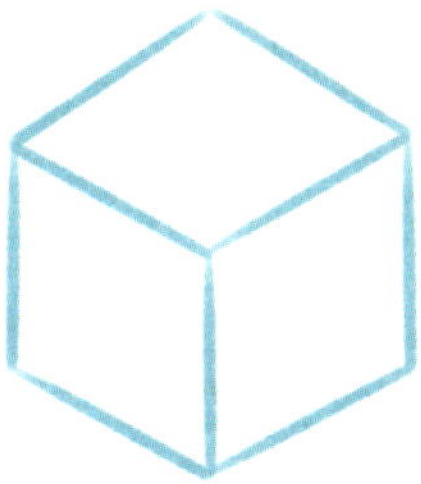

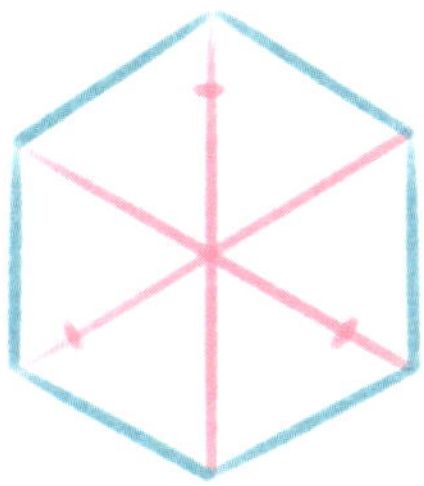

❷ ZEICHNE DIE SEITEN DES WÜRFELS EIN, INDEM DU VON ECKE ZU ECKE ZEICHNEST. SO ENTSTEHEN MEHRERE DREIECKIGE FLÄCHEN.

❶ BEGINNE FÜR DEN 20-SEITIGEN SPIELWÜRFEL MIT EINEM WÜRFEL MIT EINEM DREIECK IM INNEREN.

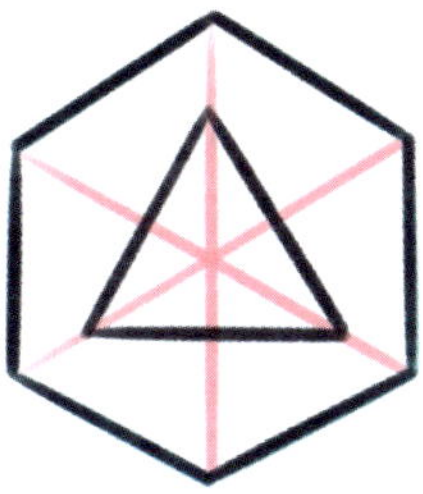

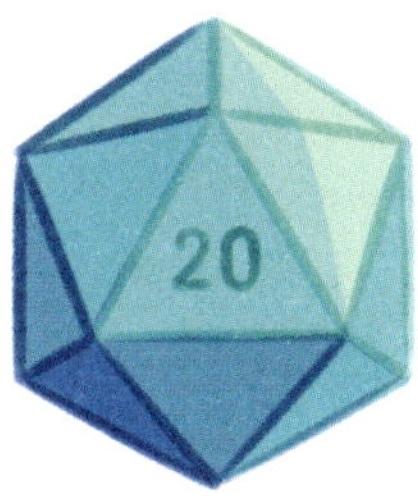

GAMEPAD

GAMECONTROLLER GIBT ES IN ALLEN MÖGLICHEN AUSFÜHRUNGEN, ABER ICH MAG DIE ALTEN MODELLE IMMER NOCH AM LIEBSTEN, SIE WAREN SCHLICHT UND HÜBSCH.

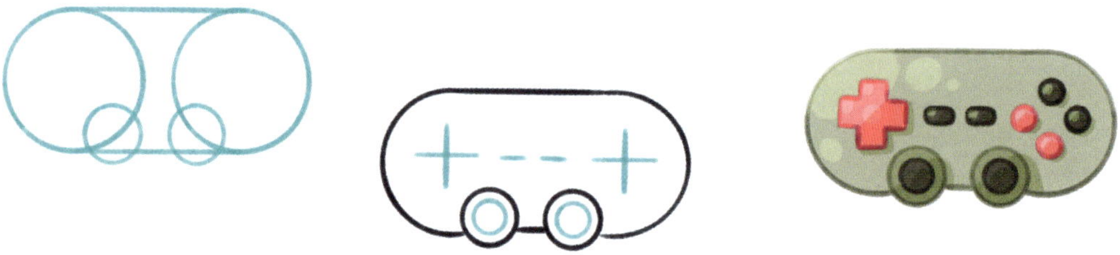

❶ BEGINNE MIT 2 KREISEN UND VERBINDE SIE ZU EINEM LÄNGLICHEN TEIL. DIE BEIDEN KNÖPFE UNTEN SIND DIE STICKS.

❷ SKIZZIERE AUF BEIDEN SEITEN EIN KREUZ, DAS EINE IST FÜR DIE STEUERUNG, DAS ANDERE FÜR DIE KNÖPFE.

SPIELKONSOLE

DU KANNST DAS CONTROLLER-DESIGN ALS AUSGANGSBASIS BENUTZEN UND EINEN BILDSCHIRM INTEGRIEREN, UM SO DEIN EIGENES DESIGN FÜR EINE TRAGBARE KONSOLE ZU KREIEREN. DIES IST EIN GANZ EINFACHES MODELL.

❶ DU ZEICHNEST ERST MAL EINEN QUADER.

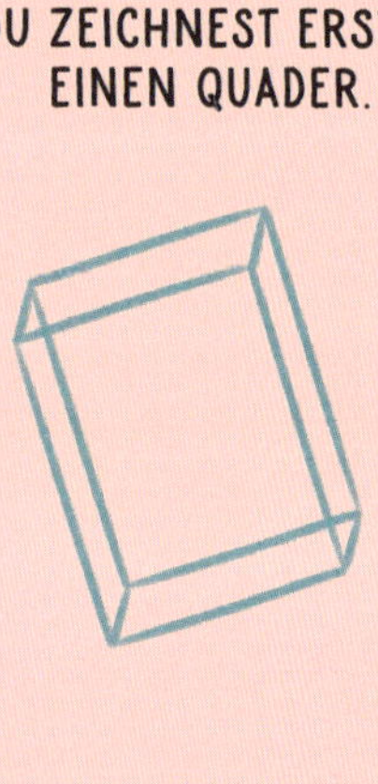

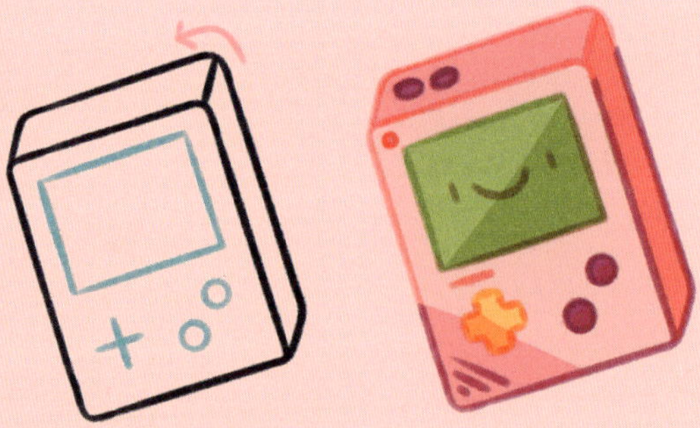

❷ ERGÄNZE DIE KNÖPFE IN DER UNTEREN HÄLFTE. PLATZIERE IN DER OBEREN EINEN GROSSEN BILDSCHIRM. VERGISS NICHT, SÄMTLICHE ECKEN ABZURUNDEN!

ALTER COMPUTER

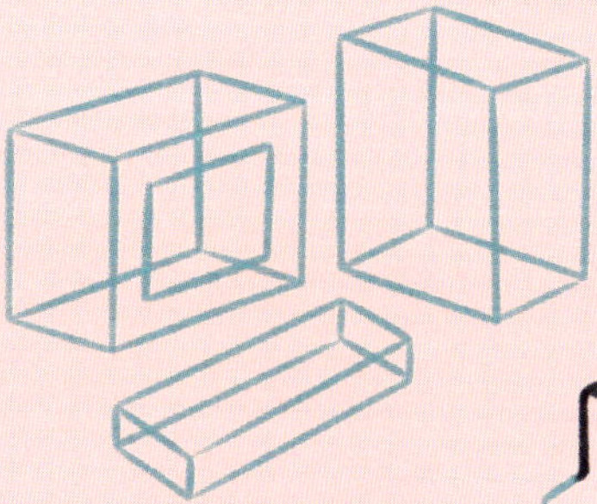

❶ ZEICHNE ALLE TEILE ALS WÜRFEL UND QUADER, UM SIE ZU VEREINFACHEN.

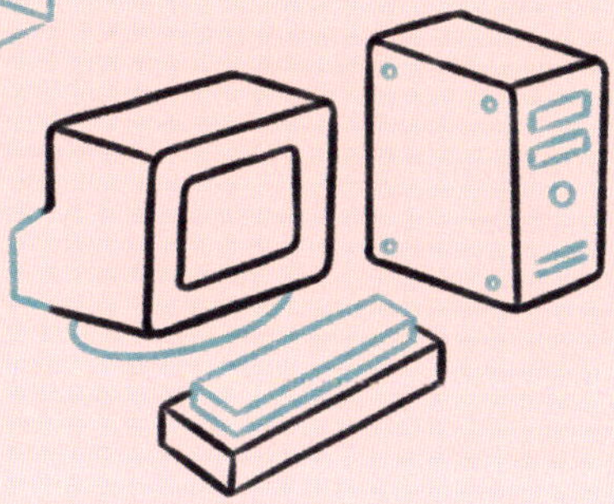

❷ ANSCHLIESSEND ERGÄNZT DU DETAILS UND RUNDEST DIE ECKEN AB.

❸ DA DIESES MODELL SCHON SO RICHTIG ALT IST, DARFST DU KEINESFALLS DIE KABEL AUF DER RÜCKSEITE VERGESSEN!

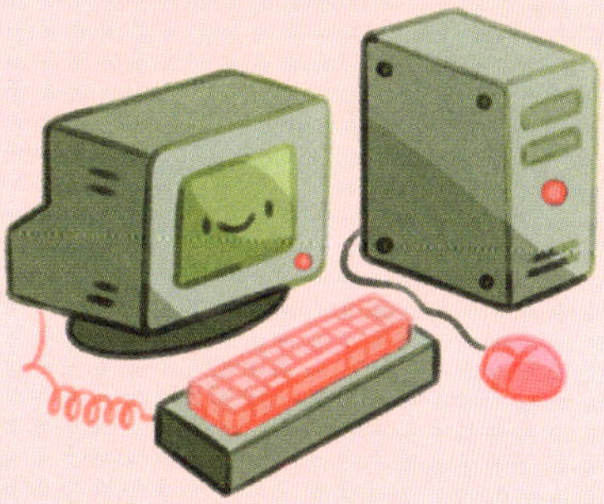

KATZENKOPFHÖRER

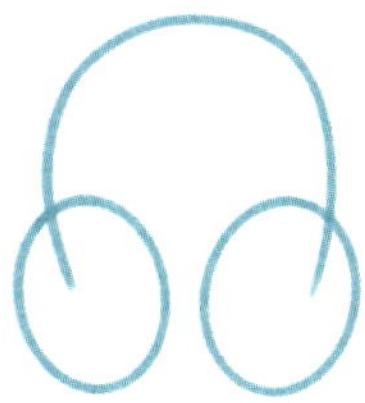

❶ ZEICHNE DEN BOGEN FÜR DEN BÜGEL UND ERGÄNZE DIE MUSCHELN AUF BEIDEN SEITEN.

❷ ZEICHNE DIE POLSTERUNG DER MUSCHELN, DAMIT SIE ANGENEHMER ZU TRAGEN SIND – UND DANN NATÜRLICH DIE NIEDLICHEN KATZENÖHRCHEN!

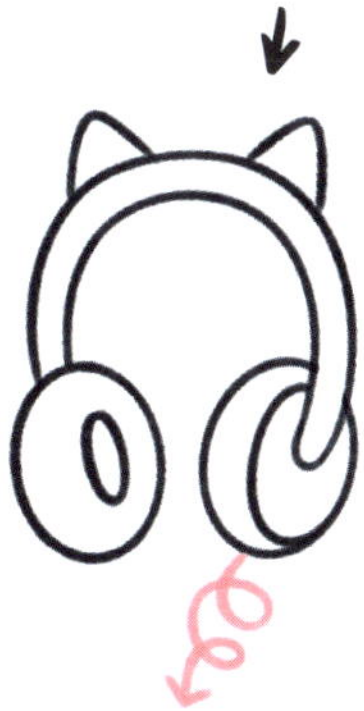

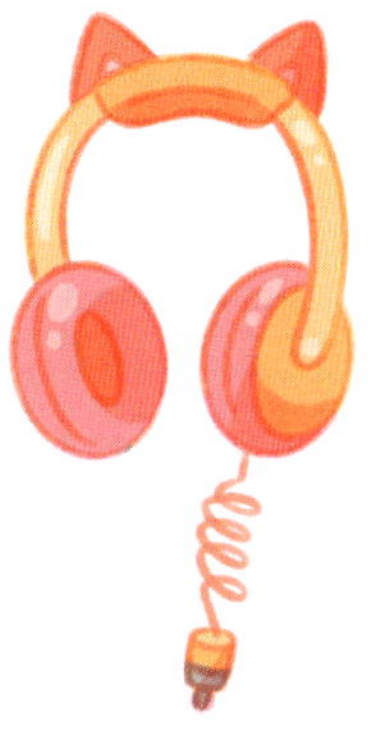

❸ VERGISS NICHT, DAS LANGE SPIRALKABEL MIT DEM STECKER AM ENDE ZU ZEICHNEN.

DANKSAGUNG

Noch vor ein paar Jahren wäre es mir überhaupt nicht in den Sinn gekommen, ein Buch wie das vorliegende zusammenzustellen. Zeichnen war für mich nur ein Hobby und ein eigenes Buch etwas, wovon ich höchstens träumen konnte.

Irgendwann habe ich nur zum Spaß angefangen, Tutorials ins Netz zu stellen, und sie wurden sehr schnell beliebt in der kleinen Community, die sich da zusammenfand. Ohne die unermüdliche Unterstützung meiner Follower wäre ich heute nicht an diesem Punkt meiner künstlerischen Karriere. Ich danke euch von Herzen! Eure Wertschätzung meiner Arbeit hat mir Mut gemacht und mich schließlich darin bestärkt, dass das Zeichnen für mich viel mehr sein könnte als ein Hobby und dass ich es wirklich zu meinem Beruf machen kann.

Ich möchte auch meiner Familie danken, dass sie mich auf meinem Weg, Illustratorin zu werden, immer unterstützt hat. Ein besonderer Dank geht an meine Mutter, von der ich gelernt habe, dass Kawaii-Gesichter etwas Besonderes sind. Albert, dir danke ich, dass du immer an mich geglaubt hast, mehr als ich selbst. Ich danke auch Saskia, die so nett ist und beweist, dass Sprache keine Barriere sein muss. Und Danke an alle, die meine Werke durch dieses Buch entdecken. Ich danke euch!

ÜBER DIE AUTORIN

Olga Ortiz, auch bekannt als Olguioo, lebt zurzeit in Lleida, einer kleinen Stadt in Katalonien (Spanien), wo sie als Illustratorin und Grafikdesignerin arbeitet. Ursprünglich hat Olga eine Ausbildung im Bereich Architektur gemacht, ihr großes Interesse galt aber schon immer dem Grafikdesign. Diese Leidenschaft veranlasste sie dazu, über die sozialen Medien eine kleine Community aufzubauen, mit der sie ihre Zeichnungen und Tutorials geteilt hat – bis sie schließlich die Entscheidung traf, ihr Hobby zum Beruf zu machen. Am liebsten zeichnet Olga süße Tiere, niedliche Pflanzen, Lebensmittel und Dinge des täglichen Lebens, die sie glücklich machen, und sie hofft, so nicht nur ihre Zeichnungen, sondern auch dieses Gefühl mit anderen teilen zu können.

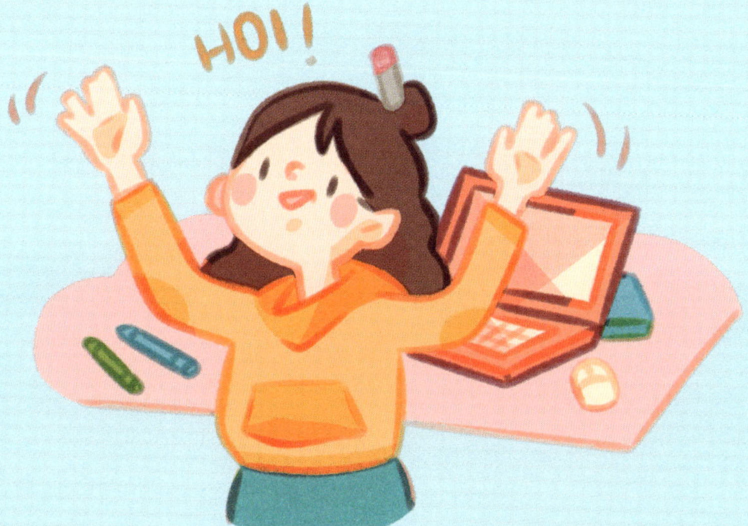

IMPRESSUM

Bibliografische Information der Deutschen Bibliothek.

Die Deutsche Bibliothek verzeichnet diese Publikation in der Deutschen Nationalbibliografie.

Detaillierte bibliografische Daten sind im Internet über http://www.dnb.de/ abrufbar.

EIN BUCH DER EDITION MICHAEL FISCHER

1. Auflage 2022

Covergestaltung: Silvia Keller

Redaktion und Lektorat: Saskia Hauck

Layout: Silvia Keller, Zoe Mitterhuber

Satz: Silvia Keller, Anna Obermüller

Übersetzung: Beate Wellmann

ISBN 978-3-7459-0975-3

Gedruckt bei PNB Print SIA „Jansili“, Silakrogs, Ropazu novads, LV-2133, Lettland

www.emf-verlag.de